RECUERDOS Y DESINFORMACIÓN

JIM CARREY Y DANA VACHON
RECUERDOS Y DESINFORMACIÓN

Traducción de Alba Pagán

temas de hoy

3 1357 00324 7209

Obra editada en colaboración con Editorial Planeta – España

Título original: *Memoirs and Misinformation*

Jim Carrey y Dana Vachon

© 2020, Some Kind of Garden, LLC
© 2020, Traducción: Alba Pagán
Corrección de estilo a cargo de Andrés Prieto

Esta traducción ha sido publicada de acuerdo con Alfred A. Knopf, un sello editorial de The Knopf Doubleday Group, una división de Penguin Random House, LLC

© 2020, Editorial Planeta S.A. – Barcelona, España

Derechos reservados

© 2020, Editorial Planeta Mexicana, S.A. de C.V.
Bajo el sello editorial TEMAS DE HOY M.R.
Avenida Presidente Masarik núm. 111,
Piso 2, Polanco V Sección, Miguel Hidalgo
C.P. 11560, Ciudad de México
www.planetadelibros.com.mx

Primera edición impresa en España: agosto de 2020
ISBN: 978-84-9998-821-4

Primera edición en formato epub en México: noviembre de 2020
ISBN: 978-607-07-7313-6

Primera edición impresa en México: noviembre de 2020
ISBN: 978-607-07-7277-1

Impreso en los talleres de Litográfica Ingramex, S.A. de C.V.
Centeno núm. 162-1, colonia Granjas Esmeralda, Ciudad de México
Impreso en México –*Printed in Mexico*

A mi hermano mayor John

Porque el nombre de un hombre es un golpe
entumecedor del que nunca se recupera.

MARSHALL MCLUHAN

PRÓLOGO

Se le conocía como Jim Carrey. Y a mediados de aquel mes de diciembre su césped se había quemado hasta volverse de una fragilidad ámbar y apagada. Y por la noche, después de que los aspersores lo remojaran durante los diez minutos de riego que permitía el racionamiento de agua de la ciudad, las briznas de hierba flotaban flácidas y gastadas en el agua encharcada, como el cabello de su madre en los últimos sudores provocados por la morfina. La ciudad de Los Ángeles había tomado un cariz infernal desde abril; los embalses se habían secado por completo, se sucedían los días abrasadores y las predicciones del tiempo parecían la pulsera de amuletos de un sádico: 36-37-40-39. La semana anterior, un F-16 había surcado como una navaja el cielo lleno de ceniza justo cuando uno de los jardineros de la finca de Hummingbird Road se desplomaba por un golpe de calor y empezaba a convulsionar. El hombre forcejeaba mientras lo llevaban a la casa e iba diciendo que la Virgen

María le había prometido un baile agarrado a la fresca sombra del barranco si le daba tres dólares. Por la noche llegaban los Santa Anas, esos vientos demoniacos que debilitaban el alma, que encendían los lamentos de las sirenas de policía cuando los atardeceres ardían en una paleta de colores que iba desde el naranja napalm hasta los malvas tiznados. Y cada mañana, un hálito de niebla tóxica atravesaba los cañones hasta la enorme casa, atravesando los filtros de aire a los que se había equipado hacía poco con sensores para detectar gas nervioso letal. Le había crecido la barba y estaba adormilado tras meses de crisis y catástrofe. Tendido en la cama, desnudo, en tan mal estado que, si en este momento lo vieras por una cámara de seguridad hackeada, casi no lograrías reconocerlo, puede que lo confundieras con un rehén libanés. Entonces, cuando el reconocimiento facial aumentara, te darías cuenta: «Esto no es como el típico encierro en el que te quedas viendo la televisión a solas en una cama enorme», y cuando el logo rojo sangre de Netflix brillara desde una tele fuera de plano, pensarías: «Conozco esa cara, la he visto en todas partes, desde vallas publicitarias hasta paquetes de cereales. Es la estrella de cine: Jim Carrey».

Unas semanas antes, algún traidor de su extenso equipo de protección personal filtró treinta segundos de una grabación de seguridad a The Hollywood Reporter. En ella, Carrey se balanceaba boca abajo, en posición fetal, dentro de la piscina, gimiendo bajo el agua como una orca en cautiverio. Su agente, Sissy Bosch, informó a Variety que estaba preparando su papel de Juan el Bautista para Terrence Malick, que se negó a hacer comentarios, por el bien de Carrey. El video se vendió por cincuenta mil dólares, una suma lo suficientemente sustanciosa como para inspirar el más sagrado de los comportamientos animales: una reacción espontánea del mercado. Después de que el quinto *paparazzi* se subiera a la valla de su jardín, su equipo de seguridad la alzó hasta que alcanzó los cinco metros, la electrificó y la bordeó con concertina; una obra que costó ochenta y cinco mil dólares, soborno al ayuntamiento incluido. Desde entonces, Jim había empezado a escuchar los chisporroteos y chillidos de la fauna electrocutada como una triste necesidad, un sacrificio animal a su divinidad. Y mientras algunos se creyeron la historia de Juan el Bautista que se inventó Sissy Bosch, la mayoría convinieron que no explicaba que Carrey hubiera engordado tanto o que algunos escucharan un acento chino en sus lamentos.

Eran las 2:58 de la madrugada.

Llevaba siete horas viendo la tele.

El maratón había empezado con un episodio de *Ancient Predators* sobre el megalodón, el terrorífico supertiburón de los mares de la antigüedad. A este le sucedió *Cro-Magnon vs. Neanderthal*, la historia de cómo los primeros humanos se separaron siendo primos en las llanuras africanas y luego se reencontraron como auténticos desconocidos en Europa y empezaron una competencia genocida. Los cromañones masacraron sin piedad a los neandertales y los dejaron hambrientos y huérfanos en las cuevas francesas, observando una ventisca cuya atronadora blancura, Jim lo sabía, era la de una aniquilación total. Él era mitad francocanadiense y acababa de enterarse por voz del narrador de que tenía ADN de neandertal; *él* era el descendiente de aquellos huérfanos. Sintió aquella desdicha como propia y estalló en lágrimas, desolado; entonces, cuando ya no podía soportarlo, su pulgar bañado en grasa de pizza le dio al botón de PAUSA, que congeló la imagen en las caritas de los neandertales. Se pasó diez minutos temblando y balbuceando «Dios mío...» una y otra vez hasta que Netflix, ávido de su banda ancha, volvió al menú de inicio, y arrojó su brillo escarlata sobre él y sus perros guardianes, dos gemelos idénticos, unos rottweilers con dientes de acero que respondían al nombre de *Jophiel*. Compartían el nombre para ser más eficientes en caso de emergencia, de manera que, si alguno de los numerosos enemigos de Jim Carrey entraba en la casa y solo tenía unos segundos para reaccionar, podía convocarlos a ambos con un solo aliento.

Temiendo que aquel fuera el momento en que descubriría su propia y prolongada inexistencia, cuestionándose incluso el valor de una existencia como parte de una especie que vive en un bucle infinito que pasa del horror a la angustia, se preguntó si la última noticia viral que irritaba a sus publicistas era real. ¿Había muerto mientras hacía *snowboard* en Zermatt? Había visto un video de YouTube sobre el extraño comportamiento del tiempo en el momento de la muerte: los últimos segundos se dilatan y dejan espacio a abundantes estelas de experiencias pasadas. ¿Y si había muerto hacía poco y no había llegado ni al cielo ni al infierno, sino a un purgatorio limitado a una cama?

Había oído historias sobre la morgue de Los Ángeles. Empleados aburridos que tomaban fotos indecentes de famosos difuntos y las vendían a TMZ para pagar la señal de una casa en el valle. Volteó para ver YouTube, cuyos algoritmos, como si le hubieran leído la mente, mostraban un montaje de fotos de decesos de famosos. Una imagen de John Lennon. Su cara encharcada en una camilla. Allí tumbado para la multitud. Si podían hacerle eso a John Lennon...

Entonces su mente invocó una imagen de su propia forma inerte, hinchada y repugnante, con los imbéciles de la morgue a su alrededor y las cámaras centelleando.

—Mierda —dijo, y respiró, sin estar seguro de si lo había hecho o no.

Había ido al baño para intentar recuperar la certeza de su existencia gracias a un cálido torrente de orina que pasó por su uretra de mediana edad. Se le aceleró el corazón. ¿Y si le fallaba mientras dormía y lo encontraban por la mañana, cubierto con sus propios excrementos? ¿Y si toda la paranoia que lo había conducido al momento de la temida muerte era la premonición de una muerte inminente, y el accidente de *snowboard* en Zermatt solo una forma que tenía el destino de desviar la atención con destreza? No, si la muerte tenía que venir encontraría su mejor versión, con los intestinos más limpios que una patena.

Decidido, se sentó en su retrete japonés y evacuó sus intestinos, se limpió y saltó a la ducha, se pasó la esponja con esmero por el orificio y luego se secó y se empolvó. Fue al espejo del tocador y continuó, se recortó las ásperas cejas, se depiló los pelos lupinos de las orejas, se extendió una capa de maquillaje por la frente, el cuello y las clavículas con un amplio gesto, hasta parecer un busto griego.

Ahora estaba listo para los chicos de la morgue.

—He aquí una verdadera estrella —dirían—. Un dios taquillero de los que ya no se fabrican.

Ahora estaba un poco menos asustado.

Volvió a meterse en la cama y empezó a ver lo primero que Netflix le sugería: *Pompeii Reconstructed: Countdown to Disaster*.

—Estos eran los Hamptons o la Costa Azul de la antigüedad —dijo el narrador, Ted Berman, un Indiana Jones de pacotilla con un fedora de tienda de segunda mano.

Jim volvió a sentir la realidad desdibujándose en la ficción, como la nube de cenizas ardientes hecha con animación digital que se inflaba desde el Vesubio. Con ella se elevaba el punto de vista de la cámara informatizada, sobrevolaba la ciudad, para luego detenerse y tomar una panorámica del cráter del volcán. De repente parecía tan infinito y aniquilador que Carrey gritó:

—¡Control de seguridad!

—Interior despejado —contestó su casa, con la voz de una heredera de un comerciante de opio de Singapur que veranea en la Provenza—. Estás a salvo, Jim Carrey.

—¿Estado de la barrera de seguridad?

—Electrizada.

—Descarga una oleada. Solo para asegurarnos.

La luz de la televisión se atenuó y escuchó un sonido parecido al de un cierre gigante abriéndose alrededor de la propiedad, una oleada de veinte mil voltios que se extendía por la concertina.

—Vuelve a decirme que estoy a salvo —dijo Carrey—. Y que me aman.

—Estás a salvo. Y te aman.

—Di algo bueno sobre mí.

—Tu uso mensual de agua ha disminuido un tres por ciento.

—Barbera.

La televisión recuperó su brillo. El programa se reanudó.

Un terremoto acababa de sacudir Pompeya, un fenómeno natural que los romanos nunca habían sentido antes. Algunos creyeron que era la primera manifestación de un milagro y se quedaron a esperar la continuación. Otros estaban menos seguros de ello y huyeron por las puertas de la ciudad.

—Nadie podría haber previsto —dijo Ted Berman— que todos los que se quedaron morirían.

Se sucedieron los momentos de desesperación de los

protagonistas del documental: un magnate de la navegación y su mujer embarazada, unas jóvenes hermanas que habían nacido en un burdel y un magistrado de alto rango, su familia y su esclavo africano.

Sumido en el llanto, Jim se preguntó: ¿era sensato seguir viendo Pompeya con las imágenes de los megalodones todavía frescas en su mente? ¿Con aquellos huérfanos neandertales todavía detenidos en pausa en su cueva francesa? Charlie Kaufman le dijo una vez que el truco que constituye la principal ilusión del cine, por el cual la sucesión de las imágenes da el efecto de un flujo continuo, es el mismo que crea la impresión de tiempo en la mente: que el pasado y el presente son conceptos inventados, ficciones indispensables. ¿Eran tanto él como los pompeyanos cuadrados dispersos de celuloide? ¿Sentían que su mundo se desmoronaba al mismo tiempo que él sentía la destrucción del suyo? ¿Existía un único y solo dolor? Si eso era así, debía contener no solo a los pompeyanos sino a los actores que hacían de ellos, a la gente que luchaba por encontrar su próximo trabajo.

Ser visto. Ser relevante.

El dinero era el amo ahora. El dinero los había convertido a todos en soñadores contratados.

«No tengo por qué ser así...»

«Podría marcharme ahora y ser feliz...»

Pero ¿cómo sería ser feliz? No conseguía recordarlo en aquel instante.

Un terrible dolor lo volvió a arrastrar a las profundidades de su cama y multiplicó cada kilo de su cuerpo por mil. Reunió la fuerza suficiente para mover sus pulgares y escribirle a Nicolas Cage, un hombre cuya osadía artística siempre le había dado ánimos: «Nic, cuando afirmaste que los espíritus de los muertos están a nuestro alrededor, ¿lo decías como una figura poética o de verdad?».

Pero su excelente amigo no contestó.

Otra vez: «¿Nic?».

Otra vez sin respuesta.

Sentía cada segundo como un montón de granito sobre él.

Consideró la posibilidad de salir de Netflix.

Se comería la ensalada *niçoise* que había en el refrigerador, luego saldría y tal vez jugaría a hacerse el muerto en la piscina. Levantó la cabeza de la almohada, listo para la acción, pero luego se detuvo; de repente tuvo la certeza de que le debía un vistazo entero y sin interrupciones al fin de Pompeya.

Le dio PLAY.

Unos arqueólogos de Frankfurt reconstruían por computadora un conjunto de restos desenterrados. Jim Carrey se preguntó adónde habría llegado aquella tecnología cuando lo exhumaran a él. ¿Qué afirmaría de él la gente del futuro? ¿Podrían intuir las luchas que se habían llevado a cabo dentro de su cráneo? ¿Imaginar a su vapuleado padre? ¿A su dulce y sufridora madre? ¿Reconstruirían las ruinas de la mente como antes hacían con las del cuerpo?

Los esqueletos de las dos hermanas que encontraron en el burdel de Pompeya tenían los dientes torcidos; los efectos, afirmaban los investigadores, de una sífilis congénita.

—Nacieron con esta enfermedad de transmisión sexual sin haberla contraído ellas mismas —dijo Ted Berman, el presentador—. Inocentes pero portadoras de un sufrimiento constante.

Ahora se veía un primer plano de las chicas en un *flashback* dramatizado, tenían úlceras de látex sobresaliéndoles de los párpados y la mirada dirigida al Vesubio. En 1993, el gurú Viswanathan dijo del aura de Carrey que era de un color «rosa y dorado radiante, espléndido», y le enseñó a sentir los cambios dentro de su forma efímera. Ahora podía sentirla arqueándose hacia la televisión mientras las gemelas sifilíticas se encogían de miedo bajo la lluvia volcánica. Temió que le estuvieran arrebatando el alma o, peor aún, que esta estuviera huyendo.

«¡*Jophiel*! ¡Cariño!», intentó decir, pero se quedó sin aliento antes de hacerlo cuando en la tele la nube de cenizas del Vesubio ocultó el sol. Inmerso en la oscuridad y descubriendo un nuevo sentido a la impotencia de las palabras, Carrey consiguió ladrar, «¡Cariño!», y de inmediato los dos rottweilers se apresuraron a colocarse cada uno a un lado de él y a lamerle las lágrimas de la barba.

—¡Mucho cariño! —gritó Carrey, y los perros (que habían sido entrenados para tratar a quien pronunciara esas palabras como a una madre lactante y a actuar como si tuvieran seis semanas exactas) pasaron de lamerle la cara a acariciarle el cuello con los hocicos, con tanta calidez que Carrey podría haber confundido el acto pavloviano con la verdadera lactancia de no ser porque sus dientes de acero le rozaban el contorno de la yugular.

Volvió la vista a la tele, que ahora mostraba un plano de huesos humanos en una mesa quirúrgica.

—Restos femeninos —dijo uno de los alemanes. La cámara hizo zoom en una matriz de láser azul que completaba el escaneado—. Una mujer pudiente. De unos dieciocho años.

Esa escena daba paso a un *flashback*: una mujer de belleza delicada en su villa, cenando en un sofá de seda, una belleza delicada que limpiaba la boca de su marido con una amabilidad que tenía su origen en la propia forma que la actriz tenía de amar, Jim podía verlo.

El único amor desinteresado que jamás había conocido, que solo daba sin esperar recibir a cambio, fue el que sintió por Linda Ronstadt en el lluvioso julio de 1982. Ella tenía dieciséis años más que él y le cantaba una canción de amor mexicana, «Volver, volver», una canción de cuna cuyo anhelo le recorría todo el cuerpo cuando ella lo abrazaba contra su pecho bronceado y le pasaba los dedos por el pelo. «Volver, volver, volver...»

Las palabras viajaron en el tiempo en aquel instante: «Volver, volver, volver...».

Pero ¿cómo?

Ya no era el chico de ojos vivos que ella había abrazado. ¿Había asesinado a aquel niño inocente y luego disuelto su cuerpo en los ácidos del desenfreno? Envidió al sentenciado pompeyano y a su dulce mujer; se sentía muy solo allí, tirado en la cama. La voz susurrante de Linda lo atravesaba.

«Volver, volver, volver...»

La matriz del láser bailaba por el esqueleto de la mujer y se paró en un conjunto de huesos desperdigados por debajo de su caja torácica. Uno de los alemanes escribía comandos en la computadora. En la pantalla, los huesos se reunían en un vientre digital y formaban un diminuto esqueleto. Pulsó algunas teclas más que le proporcionaron una capa de piel rosa uniforme, un par de ojos de renacuajo, una mano a medio hacer y un dedito metido en una boca hueca...

—Está embarazada —dijo el alemán—. De un niño.

Entonces, nuevas lágrimas de desesperanza se unieron a las viejas lágrimas de vacua desolación.

—La nube de cenizas sobrecalentadas cae por su propio peso —explicó Ted Berman—. Y aunque la mujer y su marido estuvieran a salvo de la lluvia de piedras volcánicas en su casa abovedada, ahora sufrirán el fatal destino de Pompeya: el colapso térmico. Cuando la temperatura del aire llegue a los 260 °C, los tejidos blandos de la mujer explotarán, su cerebro hará añicos su cráneo.

—No... —dijo Jim Carrey.

—El cerebro del bebé también explotará. Tal vez lo haga una fracción de segundo después de que los intestinos de la madre exploten y atraviesen su caja torácica.

—No, por favor —suplicó sin poder cambiar de canal.

Entonces, en su pantalla de miles de millones de pixeles, la columna de humo volcánico se derrumbó bajo su propia masa, en torrentes que caían por las faldas del Vesubio digital. Las chicas sifilíticas, el magistrado, los jóvenes amantes y su hijo, todos ellos y sus sueños, carbonizados. La negrura de una toma de la nube mortífera oscureció la habitación de la finca de Hummingbird Road al extenderse por la bahía digital de Nápoles. Carrey gimió apenado y cerró los ojos como un niño pequeño, incapaz de soportarlo.

Cuando volvió a abrirlos, Ted Berman paseaba por las calles actuales de Pompeya, llenas de excavaciones. La cámara hizo una panorámica y mostró filas de moldes de yeso, cuerpos sorprendidos por la muerte: unos con caras de terror abyecto; otros, armados y protegiendo tesoros; algunos, tranquilos y resignados. Y al fin, un marido acostado al lado de su mujer, con la mano sobre su vientre embarazado. Y Jim Carrey, famoso por sus salvajes caídas y su divertido caos, se hizo un ovillo y empezó a sollozar. Sí, era un desastre. Pero hubo un tiempo en el que brilló tanto. Tendrían que haberlo visto.

CAPÍTULO 1

En otra vida había protagonizado un éxito de verano que llegó a recaudar doscientos veinte millones de dólares en todo el mundo sin ningún esfuerzo, de los cuales el treinta y cinco por ciento se destinó a Carrey en persona y afluyó hasta sus reservas económicas desde los territorios de distribución, que se extendían, como se dice, «desde Tuscaloo hasta Tombuctú». Que la película no estuviera, incluso según él, entre las mejores que había hecho endulzaba todavía más el éxito; cuanto mayor era la impunidad, más se acercaba a Dios.

Se alimentó del amor de las multitudes durante la exitosa trayectoria de la película, con los estrenos en Londres, Moscú y Berlín. Llegó a Roma como un césar del *slapstick*[1] caminando por una alfombra roja de cien metros donde advirtió a un

(1) Estilo de comedia que se basa en las acciones físicas de los actores, exageradas y falsas y que a menudo implican cierto tipo de violencia sin consecuencias. Sus representantes más famosos son Charlie Chaplin y Buster Keaton. (*N. de la t.*)

publicista agachado en medio de su camino y —calibrando el momento igual que calibra la marea alguien que está a punto de saltar desde un acantilado— se tropezó con el tipo y cayó como un águila en picado. La cabeza y los hombros impactaron con tal fuerza en la alfombra que la multitud pensó que acababa de morir frente a ellos. Allí tirado, Carrey pensó en su tío Des, asesinado de un disparo mientras iba a hacer la broma de la mazorca de maíz disfrazado de *bigfoot*. Algunos se lanzaron a ayudar a la estrella. Otros se quedaron sin aliento. Carrey dejó que la preocupación creciera antes de ponerse de pie de un salto como un muelle y de dar todas las entrevistas de aquel día con un ojo bizco.

Después hubo una cena en su honor en el palacio del Quirinal. El presidente de la República italiana había dispuesto una mesa para cien comensales. Todos habían acudido para codearse con el genio de la interpretación y lanzaron miradas de elogio cuando Carrey, que presidía la mesa, le pidió al experimentado sumiller que escanciaba el vino en su copa si podía ver la botella. El hombre dejó de servirle y se la tendió. Todos miraron a Jim, que olisqueó el corcho y leyó la etiqueta, como preámbulo a lo que haría después: empinarse la botella, darle un buen trago y luego decir, con la cara de un verdadero experto: «Maravilloso. Les va a encantar». Y así fue. Todos lo aclamaron: el marchante de arte suizo, los tres hombres de Merck y los meseros que presenciaban el espectáculo desde la cocina, donde también los cocineros se rieron. Y el sicario de la Camorra que esa misma semana había tirado dos cuerpos al Tíber. Y el marido de la embajadora sueca. Se rieron por el súbito alivio que les produjo aquella infracción de los modales y la risa los unió más allá de los diferentes idiomas, y comieron y bebieron en la terraza de mármol bajo la noche romana.

Una orquesta de doce músicos se puso a tocar tangos, una música que llevó a la propietaria de una cadena de tintorerías, una solitaria y rolliza mujer de más de cincuenta años, a decidir, después de haberse bebido tres vasos de *prosecco*, pedirle un baile a Carrey, ya que le había pagado cinco mil dólares a la secretaria de un senador corrupto —que era todavía más corrupta que él— para poder asistir al evento. Se movió hacia él como un aparador en busca de calor y hubo algo en su descaro que conmovió a Jim Carrey. Le hizo un gesto a sus guardaespaldas para que se alejaran y, cuando le preguntó si le concedía un baile, se levantó, la tomó de la mano y la condujo hasta la columnata. Bailaron un tango con pasión. Ella era sorprendentemente ágil y giraba con facilidad a pesar de que sus dedos, grasientos por la lubina a la plancha, no paraban de resbalarse entre sus manos. Lo convirtió en una escena de película: fingía la frustración de un amante y exageraba cada vez que sus manos se soltaban para después tomarle el brazo y echarlo por encima de su hombro, agarrándola con fuerza y mirándola como si dijera: «No volveré a perderte». Hacía tanto tiempo que no la abrazaban. Giraron como galaxias colisionando, la música de la orquesta ganó intensidad, la multitud de estafadores pidió un *crescendo* y lo consiguió cuando Carrey dejó que la mujer se hundiera entre sus brazos y, al ver sus labios fruncirse en una invitación a un beso, le lamió la sudorosa cara desde la barbilla hasta la frente y luego la miró como un cachorrito feliz. El gesto puso de pie a toda la sala, la caricatura del amor había sembrado el deseo de su forma real en los corazones de todos los allí presentes, incluido él mismo.

Pronto estuvo de vuelta en su casa en Brentwood, sin un ápice de divertido caos en su famosa cara, solo desánimo allí donde acababa de encarnarse tanto carisma en bruto.

La película se desvanecía de la psique colectiva.

Sintió que sus ánimos se disipaban con ella, movidos por leyes desconocidas de correspondencia entre lo humano y lo industrial. Se sentía solo. Y de verdad deseaba, aunque fuera ridículo, la versión real de la payasada que había interpretado con la *duchessa* de la limpieza en seco. Esta le había dado un cupón para el lavado de diez prendas y, al sacarlo de su cartera, empezó a pensar, movido por un impulso masoquista, en todo lo que podría haber vivido con Renée Zellweger, su último gran amor. Lo había dejado por un torero, Morante de la Puebla. Solo, en el sofá de su casa en Brentwood y entumecido por la televisión, se dio cuenta de que las heridas del abandono no habían sanado del todo. Hacía *zapping* entre *Engineering the Reich*, donde Werner von Braun lanzaba a hombres como proyectiles que atravesaban la barrera del sonido como experimento para el programa espacial del *Apolo*, y *Vietnam Reunions in HD*, donde un estadounidense sin piernas abrazaba a un vietnamita sin dientes en el montículo de la selva donde ambos habían perdido su juventud.

Al cambiar de un canal a otro, Carrey entrevió *Oksana* en TNT, y una entre los billones de sinapsis de su mente se disparó con un brillo mayor que las demás, obligándolo a quedarse en el canal. Allí vio a una actriz de serie B o C, Georgie DeBusschere, tan metida en el papel de una asesina rusa como sus modestos talentos le permitían, torturando al traficante kirguís de armas al que había seducido y conducido a una casa de seguridad en Bucarest con promesas de sexo salvaje. Ella lo drogaba y ataba, y cuando el hombre se despertaba, le pedía el antídoto para un virus carnívoro que estaba desbaratando el arco narrativo de su personaje. Alegando la «rápida tasa de mutación del virus», el hombre decía que no podía ayudarla. Entonces ella le introducía el taladro eléctrico en el fémur y luego lo mataba con un golpe de yudo en la nariz. Al contemplar a Georgie en aquel instante de violencia excesiva, el subconsciente de Jim vio los ojos de su madre en los de ella, la piel de su madre en la de ella, y la nariz de su madre en su nariz. Sin embargo, su mente consciente sabía que solo era un arrebato empalagoso.

Los primeros años de su vida los marcaron las dificultades económicas de su querido padre, Percy, cuya sonrisa crecía a la misma velocidad con la que la familia caía en la miseria. A veces su madre, Kathleen, canalizaba su declive de manera visceral, imaginándose su propia muerte.

—¡Los médicos dicen que mi cerebro se deteriora a una velocidad alarmante! —solía decirle a la familia a la hora de cenar.

Aquellas palabras aterrorizaban al joven Jim, que temía encontrarse cualquier día al volver de la escuela a su madre en el suelo, sin cerebro. Los médicos le recetaron codeína y Nembutal. Se hizo adicta a los analgésicos, como muchas otras personas. Algunas de sus primeras actuaciones cómicas nacieron de un intento de hacer que ella se sintiera mejor: un niño de siete años, delgado como un cerillo, entrando en su habitación en calzoncillos, fingiendo ser una mantis religiosa que la atacaba, con la cabeza torcida, sacudiendo sus pinzas, haciéndola reír para alejar el sufrimiento de ella, que iba creciendo con el paso del tiempo.

Pero todos aquellos analgésicos, década tras década, pasaron factura. Se quedaba tumbada en el sofá, rígida por la artritis, fumando un cigarro tras otro, en el piso de North Hollywood que Carrey les había invitado a compartir con él cuando se jubilaron y se quedaron sin dinero. Cuando volvía de trabajar en su primera serie de televisión para la NBC, *The Duck Factory*, se la encontraba profundamente dormida en el sofá y con los cigarros que había olvidado apagar quemando los cojines.

Después el programa se canceló y, como se estaba quedando sin dinero, les dijo con todo su pesar que tenían que volver a Canadá, donde por lo menos, si se ponían enfermos, podían permitirse ir al hospital. Les dijo que les enviaría dinero.

—Nunca consigues nada, Jim —le espetó ella—, nunca consigues nada.

Fue un golpe demoledor. A veces soñaba con estrangularla y se despertaba con sudores fríos, sintiéndose culpable por su matricidio fantaseado, deseando los cuidados maternales que nunca había tenido, una sensación que volvía ahora mientras veía a Georgie en la tele. ¿Quién era aquella actriz cuya imagen tanto le conmovía? ¿Qué era aquel programa? Le dio al botón de INFO: «*Oksana*: los sujetos de un experimento abortado de la Guerra Fría van finalmente en busca de la verdad».

Se unió a ellas durante veinte horas que le pudrieron el cerebro. Vio a Georgie DeBusschere y a sus hermanas luchando hasta llegar al laboratorio de Moscú en el que descubrían que todas eran asesinas programadas, todas salidas de los ovarios de gimnastas soviéticas fertilizados con el esperma congelado de un tal Iósif Vissariónovich Dzhugashvili, más conocido como Iósif Stalin, y criadas por supercomputadoras en una isla de las Aleutianas que no aparece en el mapa. Absorto por su belleza, se la imaginó siendo una Kennedy, la única chica de una familia de hombres. «Seguro que jugaban futbol americano en la playa después de comer mariscos», pensó al verla noquear a uno de los malos con una patada giratoria.

No podía estar más equivocado.

Había nacido a cien kilómetros de Iowa City y crecido en una calle con las aceras deterioradas. Su padre era un profesor de Educación Física alcohólico; su madre, una tranquila y complaciente enfermera de sala de partos. Georgie era una de ocho hermanos que se peleaban con furia por pasar al baño y por las cenas de comida congelada. El día de su decimocuarto cumpleaños pasó de estar en el medio a encaramarse a la cima del orden jerárquico y dominar a sus siete hermanos —Cathy, Bobby, Cliff, Gretchen, Vince, Buster y Denise—, cada cual más astuto que el anterior a causa de los recursos cada vez más escasos de la familia.

Había conseguido una beca de los rotarios para ir a la Universidad de Michigan State, donde un error informático la había asignado a un seminario de posgrado de teoría de juegos, «Toma de decisiones en tiempos difíciles», en el que se inscribió casi sin proponérselo: entendía los conceptos de manera innata. Después de titularse, se mudó a Los Ángeles, donde trabajó como modelo de revistas antes de presentar un ensayo sobre *Robinson Crusoe* y una colección de fotografías en bikini a un agente de *casting* que le consiguió un puesto de participante en el *reality Survivor: Lubang*.

Allí, durante el verano del 2000, se ganó el odio de millones de personas por traicionar a su mejor amiga de la tribu Gee-Lau, una vendedora de Mary Kay que se llamaba Nancy Danny Dibble. A Nancy, que tenía una cara sin gracia y llena de marcas de acné, la habían seleccionado por las poderosas reacciones que generaba en los *focus groups*: lástima pura y dura. Los productores la habían introducido para hacer de ella un obstáculo moral. Para el resto de los concursantes, la estrategia más lógica era correrla rápido, sin piedad. Pero ¿qué pasaba con la deuda que tienen los fuertes con los débiles? ¿Y con las ilusiones de moralidad de la audiencia y con la ira que vivía dentro de ellos?

Pensando que ganaría una aliada gratis, Georgie compartió cacao con Nancy durante sus primeras horas en la isla, mientras pedían a los náufragos que hiciesen diecisiete tomas de paseos por la orilla de la playa. Y, a pesar de que era posible que Nancy Danny Dibble nunca hubiera tenido un amante, era una criatura tan erótica como cualquier otra. Todo está en internet, los cinco segundos, una ópera de *voyeurs*: un deseo compacto que atraviesa la mirada de Nancy mientras Georgie le pone cacao en los labios. ¿Hacía cuánto tiempo que Nancy Danny Dibble no se estremecía? «Necesito más», dice, de modo que Georgie le vuelve a aplicar el bálsamo en los labios. El gesto sobrepasó con creces cualquier modesta aspiración que Georgie hubiera tenido y plantó la semilla de una amistad que se consolidó en el tercer episodio, cuando, con la cara iluminada por una hoguera, esta le comentó que le parecía que «Danny» era un segundo nombre un poco raro para una mujer. El camarógrafo se agachó, con la lente a pocos centímetros de la cara de Nancy mientras ella contaba que se lo había puesto en honor a su hermano, que había muerto ahogado en la lluviosa primavera de 1977 al tirarse a un crecido arroyo del Misisipi para rescatar a Dolly, una masa de trapos de cocina y trozos de trapeador con ojos de color violeta hechos con botones, la única muñeca que Nancy había tenido en su vida. La suya no era una desgracia común y corriente, ni siquiera para Estados Unidos, ni siquiera para un *casting* de ochenta mil personas. El aria del lamento de Nancy se elevó hasta que, con un débil sollozo, penetró en la noche como si esta contuviera un mechón del pelo de Danny. Georgie consoló a Nancy y le pasó la mano por el pelo, que ya estaba perdiendo el color de su tinte de droguería debido a la acción del sol.

—Georgie —dijo Nancy—, me hubiera gustado que fuéramos hermanas.

—Nancy —dijo Georgie como si los camarógrafos no estuvieran—, somos hermanas.

Se prometieron ganar y compartir el dinero. Pero la desgracia de Nancy resultó ser contagiosa: perjudicada por aquella mujer (que también tenía artritis en las rodillas y cuya forma de andar ya era una señal de debilidad), la tribu Gee-Lau perdió una prueba eliminatoria tras otra. No tardaron en verse superados por la fuerza de los Layang y empezaron a caminar en la cuerda floja de la extinción del concurso.

Los índices de audiencia se dispararon. El cuerpo en bikini de Georgie DeBusschere se hizo famoso entre los banqueros y los conserjes, tanto en los departamentos de lujo como en los de protección oficial. ¿Por qué no? Había un millón de dólares aquí para quien lo quisiera, dinero suficiente como para cumplir los deseos estadounidenses más salvajes: huir de la clase inferior. Nancy Danny Dibble seguía creyendo que Georgie les proporcionaría la victoria. Por las noches soñaba que conducía un Chevrolet Malibu nuevo, con el depósito lleno, a través de Jackson, el mejor barrio residencial de Misisipi, y que un grupo de amas de casa relucientes la consideraba su mejor amiga.

Pero Georgie sabía que no ganarían y lo único que deseaba era un buen baño caliente. Una noche caminó hasta la playa, luego reptó por los matorrales y se tumbó en un riachuelo donde, dejándose inundar por el cieno, sintió el filo de un puñal que se le había caído a un cabo japonés tres días antes de Hiroshima. Sacó el acero del cauce del río y se lo metió en los pantalones. A la mañana siguiente, con el puñal entre los dientes, nadó hasta las oscuras profundidades de la cueva, pasada la superficie turquesa, donde se cruzó con una anguila adulta.

¿Cuántos vieron a Cristo en el monte de los Olivos?

Diez millones de personas le miraron las tetas a Georgie cuando salió de entre las olas con la pobre anguila (el único ser inocente de toda la ecuación) colgada del cuello, goteando tripas de color verde oscuro por entre su canalillo. Volvió a cazar y cambió su presa por un favor tras la siguiente unión de las tribus. Estaba claro que uno de los Gee-Lau se iría y, mientras los Layang querían eliminar al más fuerte, Georgie los sobornó para que corrieran al más débil, Nancy Danny Dibble.

—Nancy nos ha debilitado —susurró—. También los destruirá a ustedes.

—Creía que éramos hermanas —dijo Nancy entre lágrimas en la ceremonia de eliminación, cuando ya habían leído los votos—. ¡Lo prometiste! ¡Di algo! —suplicó Nancy.

Y allí, como en todas partes, a Georgie le salió más cara la honestidad brutal que la simple astucia. A los espectadores, aquella afirmación les pareció reprobable únicamente por su verdad implacable, por la impávida forma de los primitivos engranajes que alientan la ilusión de libertad. Georgie pensaba que no había hecho nada malo. Se olvidó de las cámaras y sacó provecho de su clase favorita de la Universidad de Michigan State: «Toma de decisiones en tiempos difíciles».

—La vida es una serie de juegos conectados, muchas veces sin sentido, puede que amañados —le dijo a Nancy—. Algunos siguen reglas que conocemos, la mayoría sigue reglas que ignoramos. ¿Nos están conduciendo a un estado superior? ¿O solo nos obligan a avanzar de un tablero a otro sin ningún objetivo? La única forma de saberlo es haciendo lo que nos piden los juegos; yo solo he hecho lo que el juego me pedía.

Las lágrimas hicieron relucir las mejillas de Nancy.

Las antorchas chisporrotearon.

Y los Layang, al sentirse en presencia de un jugador avanzado, decidieron que la próxima en irse sería Georgie. No tardó en volver a Los Ángeles, decidida a convertir la infamia en fama. Se pasó tres años intentando convertirse en actriz bajo la representación de Ventura Talent Associates y el sobrenombre de la «Asesina de anguilas de Lubang», yendo a reuniones para programas de entrevistas que nunca llegaban a realizarse, consiguiendo papeles en episodios pilotos de series que ya estaban muertas antes de nacer, incapaz de utilizar la mala fama que había cosechado en *Survivor* hasta que, horror, esta se esfumó.

Posó para revistas masculinas, cada vez con menos ropa, cada vez por menos dinero. Un trabajito de azafata en traje de baño en un salón del automóvil la llevó a un puesto de vendedora de coches en el concesionario Mazda de Calabasas, donde, según ciertos documentos del juzgado, una vez robó un Miata de segunda mano. Acabó casándose con Darren *Lucky* Dealey, un especialista con tendencia a los ataques de ira al que una vez despidieron de un trabajo en el que tenía que saltar muros de fuego en lugar de Rutger Hauer por agredir a un técnico de sonido. Poco después de su primer aniversario de bodas, le dejó un ojo morado y ella, para vengarse, le echó veneno para ratas en los polvos proteínicos. El romance se volvió trágico, incluso para una apagada estrella de *reality*. Pasaron siete años, la duración bíblica de las plagas, antes de que el destino le concediera un pequeño hálito de ternura; e, incluso entonces, fue cruel.

Mitchell Silvers era un guionista y productor de televisión que se había obsesionado con Georgie cuando la vio en *Survivor* durante su primer año de carrera en la Universidad del Sur de California. Ya como adulto, se aprovechó de su poder para cumplir su fantasía y habló con el agente de Georgie para organizar una reunión con ella en el Chateau Marmont. Allí, con una falta de afecto provocada por la medicina que ella confundió con una personalidad inocente, le ofreció un papel en su próxima serie de espionaje para TNT a cambio de sexo en una de las *suites*. «Es solo sexo —se dijo ella—, el fin justifica los medios, solo son moléculas rebotando de un lado a otro.»

Dos meses más tarde, a raíz de la amenaza de Silvers de abandonar el proyecto, TNT le dio el papel de la criminal rusa Nadia Permanova a Georgie, una asesina hercúlea que luchaba contra los caudillos militares de Asia Central vestida con el traje ajustado de *dominatrix* que tanto cautivaba a Jim Carrey, a causa del fetichismo que de niño había desarrollado por la exuberante Vampirella.

Y quien, ya adulto, babeaba al ver a la hija de Stalin entrar en el laboratorio moscovita y encontrar unos primitivos discos duros que contenían cada recuerdo de una niñez tan letal que era preciso olvidarla; identidades perdidas y encerradas en cintas magnéticas. Al final, en una habitación secreta, había frascos de muestras con embriones humanos flotando en formaldehído turbio, los residuos de una obscena creación. El personaje de Georgie sufría un ataque de ira y destrozó todo lo que tenía a la vista.

Y cuando los fetos de atrezo rebotaron por el suelo de cemento, Jim Carrey sintió que todo el dolor de sus amores perdidos se desvanecía. Sintió, como si de una iluminación repentina se tratara, que el cosmos le enviaba un mensaje: ahora lo sabía, Georgie era su alma gemela.

CAPÍTULO 2

Llámalo «locura», o «desastre», como quieras. Carrey lo llamaba «amor».

Contactó a Georgie mediante su agente y le propuso que pasaran una noche de autodescubrimiento guiados por Natchez Gushue, un gurú conocido por aquel entonces en el círculo de personas interesadas en la espiritualidad. En los años noventa, Gushue había transformado un AutoZone de Tucson en un imperio inmobiliario y, en su momento de gloria, se pavoneaba por la ciudad con un sombrero Stetson y una chamarra de flecos, presumiendo de su sangre real de cheroqui y reivindicando un mandato espiritual para recuperar las tierras de sus ancestros y llenarlas de restaurantes Pollo Loco y casas de préstamos. Las demandas lo describen como alguien con un escaso sentido de la realidad, derrochador y con muy poca sangre cheroqui. Dicen que su imperio se hundió bajo el peso de la misma psicosis que lo llevó a conducir por Tucson con un Uzi cargado en el regazo, vociferando palabras sin sentido y hasta arriba de metanfetamina. Natchez dijo que tomó el camino de la pobreza por voluntad propia después de tener unas visiones en las que Jim Morrison participaba en una danza de los espíritus cheroqui; también dijo que si los policías de Tucson fueran un poco más espirituales no habrían confundido su lenguaje místico con balbuceos psicóticos. Pagó la fianza con dinero en efectivo que había escondido en un armadillo de jardín de fibra de vidrio y se mudó a California, en busca de almas.

Consiguió su primer trabajo con Deepak Chopra, coordinando talleres de encuentros cuánticos para ejecutivos. Pero Natchez no tardó en encontrar defectos en las enseñanzas de Chopra, quizá porque los había, quizá porque él necesitaba ocupar el puesto de gurú alfa. Rechazaba la idea de Deepak de un espíritu eterno porque era incompatible con la naturaleza aniquiladora del universo. Se preguntaba cómo podía librar Chopra a la gente del sufrimiento a través de aquella fantasía. No, funcionaba al revés: la verdad de la indiferencia y la brutalidad cósmica revelaría la verdadera naturaleza del ser. Poco después estaba utilizando la meditación no para ocultar los traumas, sino para provocarlos. Una vez, Natchez les dio ayahuasca a un grupo de ejecutivos de Avis sin que estos lo supieran y les hizo una visualización dirigida del bombardeo de Dresde que dejó a cuatro vicepresidentes en posición fetal bajo la Pagoda de la sanación.

A Natchez lo mandaron entonces a hacer trabajo de oficina.

Una yurta que albergaba el Cuenco sagrado se incendió.

Entonces Chopra desterró a Natchez de su reino, un movimiento que podría haber puesto punto final a su carrera si no fuera porque ya tenía un primer devoto llamado Kelsey Grammer.

Grammer, que en 2006 había hecho una sesión de meditación con Gushue sobre los derrubios de Malibú en la que este le había ayudado a recuperar el recuerdo de su madre sujetándolo en brazos justo después de haber nacido. Kelsey vio cada pigmento del azul de los ojos de su madre y al recuperar su imagen dijo que sintió, aunque fugazmente, un amor incondicional. Y así nació otro culto en un país ya rebosante de ellos. El gushueísmo —una palabra a la que la gente que criticaba el movimiento solía contestar con «*Gesundheit!*»[1]— era un revoltijo de deportes de riesgo y de terapia de la regresión que, en vez de alejar a sus adeptos de la brutalidad del hombre y de la naturaleza, los precipitaba hacia ella. El escaso número de seguidores quedaba compensado por su estatus; Grammer, a lo largo de los años, se había ocupado de que así fuera. Pequeños e ilustres grupos solían reunirse en la terraza con vistas al mar de la casa de invitados de Carbon Beach donde Natchez pasaba los días contemplando «el abrupto acantilado del sueño americano», algo de lo cual solía alardear.

Cuando Jim y Georgie llegaron, un huracán proveniente del Pacífico alcanzaba Malibú, una tormenta que había matado a cientos de personas en México y que luego, cansada pero todavía hambrienta, se presentó en la costa californiana. Le pareció mucho más atractiva en persona. Sabía que allí uno solía recuperar recuerdos de vidas pasadas y se preguntó si las mismas fuerzas que estaban uniéndolo ahora mismo con Georgie lo habrían hecho ya antes. ¿Se habían amado en vidas pasadas? ¿Tendrían visiones de aquellos encuentros? De ser así, sería maravilloso. Se imaginó haciendo el amor con ella como si el tiempo no existiera, eones que se sucedían

(1) El Instituto Gesundheit! (en alemán, «¡salud!») es un centro terapéutico fundado por el médico y payaso Patch Adams en 1971. (*N. de la t.*)

a toda velocidad, inocentes, mientras ellos ardían y pasaban de una posición del *Kamasutra* a otra, y esto lo excitó tanto que ni siquiera se dio cuenta del interés medio aturdido con el que Georgie observaba a los otros participantes, sus iguales.

«Así que esto es todo», pensó en el jardín, de pie entre los famosos. Trabajaban juntos, oraban juntos. Compartían agentes, abogados y gurús. Era un cártel de la fama. Un juego amañado, al menos hasta que alguien te introducía en él.

—¿Tienes ganas? —le preguntó Carrey.

—Claro —dijo Georgie, y luego, al ver a Gwyneth Paltrow con un par de tacones de miles de dólares, se quitó sus zapatos llenos de arañazos y se los metió en la bolsa, decidiendo que la mejor opción que le quedaba era hacer el papel de la chica *hippie* descalza.

Paltrow sufría. Había pasado la última semana en un yate en la costa de Cannes con Brian Grazer. Los anfitriones eran unos marroquíes adinerados que hablaban en un tono silencioso e intercambiaban trigo por petróleo, petróleo por rifles de asalto y rifles de asalto por artillería pesada. Querían invertir en la industria del cine para lavar dinero. Odiaba que aquello le hubiera excitado tanto.

—Sientan el poder de la naturaleza, su majestuosidad —dijo Natchez sentándose con las piernas cruzadas en un sillón de mimbre, con el vientre sobresaliendo de su túnica de lino, tres tallas más pequeña que la suya—. Respiramos. Respiramos profundamente.

—¡Somos Orfeo entrando en el Hades! —soltó Kelsey Grammer—. Los exploradores del inmenso mundo interior.

—Y nos quedamos en silencio hasta que el espíritu nos anime —dijo Natchez—, nos abstenemos con firmeza de la narración, del análisis, de la comunicación.

—Ya lo creo que estamos callados —dijo Kelsey, como si susurrara—. Nosotros que guardamos silencio, nosotros los bendecidos.

Natchez podía leer las caras de sus discípulos y, al ver los labios temblorosos de Gwyneth Paltrow, sintió que comenzaba un viaje interior incluso antes de que él empezara a hablar:

—El colegio Spence. Manhattan. Último año de preparatoria. Finales de mayo y siento que la primavera se me echa encima. Un aula de Biología en el tercer piso, después de clase. Motas de polvo que bailan entre columnas de luz vernal.

—Totalmente sublime —dijo Kelsey Grammer.

—¡Comunicación! —gritó Natchez, y luego, tranquilo—: Continúa, Gwyneth.

—Todos teníamos una rana para diseccionar, yo estaba reticente al principio, pero cuando el escalpelo atravesó la carne, perdí todo el miedo. La cuchilla parecía guiarme. Precisa, eficiente. Acabé de diseccionar la rana en una sola clase. Así que el profesor, el señor Libertucci, me dio un gato. Lo acabé en dos días, era como si me dirigiera una fuerza superior, que me llevaba a querer saber cómo todo estaba conectado, a descubrir lo que hacía «miau». Después me dio un feto de cerdo. —El ceño de Paltrow se frunció y su ojo interior inspeccionó el pasado—. Lo estoy viendo.

—Sí —respondió Natchez—. Atrévete, sigue.

—Estoy viendo el diminuto cerdo, en la bandeja de disección con fondo de cera... —Miró hacia abajo y continuó—: Con los ojos cerrados, casi como un niño dormido. Y algo surge dentro de mí. Lucho contra eso, tengo que luchar...

—¡No luches! —dijo Kelsey Grammer—. Sé como una flor de loto.

—¡Maldita sea, Kelsey! —gritó Natchez.

—Me doy cuenta de que no estoy aquí para aprender. Estoy aquí, sola después de clase, estoy aquí porque me produce placer atravesar la carne con un escalpelo —dijo Paltrow.

—No veas —soltó Goldie Hawn.

—Llevo todo el día esperando este momento —siguió, soltando una risita perturbadora—. Los cerdos son animales inteligentes. Un familiar cercano. Lo cual hace que sea más excitante desmembrarlo. Dios mío, no debería estar contando esto.

—¡Sí, tienes que contarlo! —exclamó Natchez—. ¡Atrévete, sigue!

—Introduzco el bisturí en el abdomen —dijo Gwyneth—, arranco la fascia, tengo el control. Me abro camino por la caja torácica, sus ojos vacíos me miran.

—¿Cómo te afecta su mirada? —preguntó Natchez en voz baja.

—Puede que me sienta culpable. Y a la vez afortunada. —Su cara se iluminó de repente—. Es la mirada de la muerte.

—¿La mirada de la muerte?

—¡Quiero que la muerte sepa que no le tengo miedo! —espetó Kelsey Grammer, a quien le corrían lágrimas de repentina comprensión por las mejillas.

—¡Kelsey! —estalló Natchez—. ¡Deja de interrumpir las epifanías de los demás! ¿Qué pasa entonces, Gwyneth?

—¡Que le corto la puta cabeza! —explotó Gwyneth—. ¿Bien? Le dije al señor Libertucci que lo había hecho para examinar las vértebras, pero es mentira. Lo hice porque podía. Sentir la mirada de la muerte no es suficiente. Quiero hacer la labor de la muerte. Quiero vérmelas con la muerte. Quiero...

—Jesusito mío —dijo Goldie Hawn.

—Lo miro a los putos ojos enormes de cerdo mientras le corto la columna vertebral. Y me entristece que, con cada movimiento, sé que me acerco más al final. Porque luego pasaremos a hacer botánica. ¿Gurú?

—Dime.

—¿Existe el mal?

—No, querida —respondió Natchez. Y añadió—: No en este porche.

Carrey le estrujó la mano a Georgie como diciendo: «¿Alguna vez has visto algo tan mágico como esto?». Ella no contestó. También había viajado al pasado. De repente volvía a tener seis años y la cara contra el cristal de la incubadora de la única hermana a la que se sentía unida, Denise, que nació sietemesina. Podía ver su pecho frágil, color rojo intenso, que subía y bajaba, rogándole aire al mundo.

Denise trabajaba ahora en un puesto de joyería en un centro comercial de las afueras de Iowa City y subsistía con el salario mínimo. A Georgie la invadió la tristeza cuando pensó en la insignificancia de la vida de su hermana al mismo tiempo que Sean Penn encendía un Camel sin filtro en el sillón reclinable de terciopelo color borgoña que todo el mundo sabía que era su sitio. El olor del tabaco barato transportó a Carrey de vuelta a la fábrica de Titan Wheels, donde había trabajado con su padre y su hermano. Todo el dinero que ganaban iba destinado a pagar la calefacción, el gas y la comida. Tenía dieciséis años, era solo un niño, pero ya tenía una rabia adulta en su interior, un ansia, del todo natural, de destruir la fábrica que no los consideraba ni diferentes ni más valiosos que los montones de llantas de camiones marcadas para que las pulieran y abrillantaran. Le vino a la memoria la vez que golpeó una transpaleta contra la cinta transportadora, una y otra y otra vez.

Debajo de él, rompían las olas. Y, aun así, se negó a compartir aquel recuerdo. Al sentir que el trauma lo atrapaba, como si fuera un niño atemorizado, tomó a Georgie de la mano y el tacto de esta hizo que su sufrimiento se esfumara. Para él aquello era una prueba más de su buena elección. ¿Para ella? Era el comienzo de un largo viaje al centro de las sombras del actor.

—Dispensadores PEZ con cabezas de animales —dijo Sofia Coppola—. Alineados en el alféizar de una ventana de Sonoma.

—Frascos de muestra violetas llenos de cálida orina diabética —dijo Goldie Hawn—, en la barra de la cocina de mi tío Warren, que era ciego.

—Codeína con sabor a fresa —dijo Sissy Spacek.

Hacía seis meses que Sean Penn no compartía ningún recuerdo y este había consistido en solo cuatro palabras: «Pañitos manchados de sangre». Todos prestaron atención cuando empezó a hablar desde su sillón reclinable de imitación de terciopelo y color borgoña, sin evitar la tormenta en ningún momento.

—Un niño sin pelo en la piscina del Ritz-Carlton. Da igual dónde. Este niño ya está fuera del espacio y del tiempo. Su piel es prácticamente translúcida. Tiene unos seis o siete años. La cabeza todavía es grande en comparación con el cuerpo y en ella se acentúan las cavidades del cráneo, hace que se tensen los músculos de su diminuto cuello y sus hombros... —dijo y luego tosió—. Hay algo que sobresale del pecho de este niño, que se proyecta en ángulos extraños contra su piel...

—Valiente. —Natchez consideraba a Penn más como su igual que como su pupilo.

—... y es un catéter para la quimioterapia. Vendas. Esparadrapo. ¿Qué quieren hacer? Darle algunos meses más de vida. Semanas. O quizá solo una mañana en la piscina del

Ritz-Carlton. Quinientos dólares la noche. Temporada alta. La gente cruza miradas cobardes y poco a poco todos salen del agua como si fuera una mierda. Contagioso. Nadie quiere correr el riesgo. Diez minutos después, está solo, girando en débiles círculos, pasando las manos por la superficie del agua...

—¿Te dio miedo la muerte que llevaba consigo? —susurró Natchez.

—No —dijo Penn con voz ronca—. Me dio miedo la muerte que llevaban consigo los demás.

—Maravilloso.

—Me vendría bien beber agua —dijo Nic Cage—, me está dando sed.

—Sigue a esa sed —intervino Kelsey Grammer—. Atrévete, síguela, Cage.

—Si vuelves a hablar te correré del porche —dijo Natchez—. Ya hemos hablado de lo importante que es respetar y no interrumpir a los demás. Y no aprendes.

Grammer, escarmentado, se quedó callado y Cage contó el que sería el recuerdo más extraño de toda la noche.

—Veo la ciudad de Los Ángeles —empezó—. Está en llamas. Ardiendo. Veo platillos voladores que se ciernen sobre los barrancos y...

—¿Qué carajo es esto? —dijo Goldie Hawn.

—Estoy diciendo lo que veo. Por favor, respeta mis derivas.

—Continúa, Nic —dijo Natchez—. Por favor.

—Veo unos extraterrestres con exoesqueletos, como arañas de hierro, disparando rayos mortales por todas partes. Un misil que hace que se te revuelvan las tripas. Guau, colega, un montón de rayos mortales, rojos como el demonio. El cielo cubierto de humo. El sol del Apocalipsis, es rojo como, como...

Por un momento tuvieron la esperanza de que el recuerdo se iría extinguiendo, pero entonces llegaron las palabras.

—Como el culo de un mandril.

—¿Esto es un recuerdo? —dijo James Spader.

—Cuando metes la cubeta en el pozo y luego la recuperas no siempre está llena de agua —dijo Cage—. A veces te encuentras un carcayú que lleva días atrapado y que te araña los ojos. Así que sí, estoy viendo un sol que es como un gran culo de mandril. Voy por la ruta estatal de California. Los barrancos están ardiendo, los edificios se han visto reducidos a escombros en llamas. Dirijo al grupo de Últimos supervivientes y...

—Se está jactando —dijo Kelsey Grammer—. Es puro narcisismo.

—Continúa, Nic —le interrumpió Natchez—. Kelsey, calla.

—Luchamos contra los extraterrestres. Vienen por nosotros. Unos tipos gigantes y anguiformes, de piel negra, escurridiza y reluciente. Dirijo a los Últimos supervivientes para que luchen contra estos alienígenas que han venido a aniquilar a la humanidad. El Armagedón. Nos disparan con sus rayos mortales pero no me afectan. ¿Es por mi ADN? No es como los demás ADN. Los genes de los Coppola son diferentes. Por eso durante toda mi vida he sentido que no estaba en el lugar adecuado. Es la carga que llevé para salvar a todo el mundo y...

—Esto es un plagio de *La guerra de los mundos* —dijo Kelsey—. Hibridado con el mito de Jesucristo. Eso es lo que es. Llega a un grupo y no puede evitar sabotearlo para saciar su necesidad de sentirse especial. Ya lo hizo en las clases de actuación de Goldblum...

—No me vengas con Goldblum.

—¡Convertiste esas clases en una farsa!

—Era un experimento chamánico innovador. Nos atrevimos a alcanzar la libertad que se encuentra más allá de los límites de lo incómodo.

—Cállense los dos —dijo Natchez—. El tiempo corre en todas las direcciones. De la misma forma debe hacerlo la memoria. No quiero juicios temporales aquí, por favor. Continúa, Nic.

Cage puso los ojos en blanco por completo y era imposible saber si hablaba en serio o no, ya que dijo, con una voz más grave que su tono natural:

—Los rayos mortales rebotan en mi cuerpo. Como si fueran chícharos. ¿El resto? No tienen tanta suerte. La carne borbotea y se separa de sus cuerpos. Los rayos mortales chisporrotean y tiemblan por todas partes. Un calor que derrite la carne. Lo siento en mis huesos, noto el tuétano cociéndose —dijo abrazándose a sí mismo—. Ahora hay un extraterrestre enorme que viene hacia mí. Es horroroso. Es... Dios mío, es tan horrible que no puedo...

—¡Sí puedes! —dijo Natchez.

—Tiene los ojos rojos. Una franja de grasa roja que recorre todo su cuerpo anguiforme. Tiene colmillos. Se me viene encima, está dispuesto a matarme a la luz del sol, roja como el culo de un mandril. Tengo tanto miedo de mi destino, de luchar contra esta cosa. Dios mío, tengo tanto miedo...

—¿Serpientes bajo un sol que es como un culo de mandril? —preguntó con un suspiro Kelsey Grammer, incrédulo.

Natchez hubiera castigado a Grammer con entrar en la casa y quedarse al lado del dispensador de agua si no fuera porque estaba totalmente ensimismado con la batalla que se libraba dentro del hombre que había decidido, de entre todos los apellidos posibles, elegir «Cage», es decir, «celda».

—No retrocedas, Nic. Atrévete, sigue.

—Bueno, seguiré. Ahora todo es más claro. Tengo una espada de un metal ancestral, una reliquia de las Cruzadas. No había hecho referencia a ella hasta ahora porque me parecía irrelevante. Y dentro de mí sé que es lo único con lo que puedo matar a un alienígena alfa. Es mi destino. Me acerco a él, arremeto contra él con mi espada. Pero me esquiva. Se yergue. Me escupe su moco negro en el ojo. Dios mío, no veo nada. El moco del extraterrestre huele fatal. Puaj, ¡quítenmelo de encima!

—¡Lucha contra él, Nic! —dijo Kelsey Grammer, y Cage empezó a tener arcadas.

—Se está enrollando a mi alrededor. Me aprieta como una boa... —soltó Cage, estirando el cuello, tembloroso—. La espada se me desliza de la mano. Se me duermen los brazos. Miro el ojo rojo de la serpiente alfa y siento que...

—¿Qué? —preguntó Natchez—. ¿Cómo te sientes?

—Asustado... —Los labios de Cage se arrugaron y de sus ojos cayeron unas antiguas lágrimas—. Dios mío, tengo tanto miedo.

—Vamos, vamos —lo animó Kelsey, que de pronto sintió lástima y puso una mano en el hombro de Cage con tanta ternura que Natchez le perdonó todas sus anteriores infracciones.

—Es muy amable de tu parte, Kelsey —dijo—. Demuestras verdadera empatía.

—No le queda mucho tiempo —intervino James Spader, señalando una caseta de playa que había justo debajo de ellos y que ya estaba sumergida casi por completo en la marea.

Al levantarse para otearla, Carrey y Georgie se miraron a los ojos durante un segundo de aprecio profundo. Había un exceso de entusiasmo en su mirada, pero ella prefirió no desconfiar. Jim exteriorizó lo que pensaba que era la luz dorada del amor; ella le dio la mano. Después se unieron a los demás para ver el océano arrancando la estructura de sus cimientos, aplastarla, y vieron salir de ella cocodrilos y flamencos inflables que bailaron en las oscuras olas.

—Las tormentas son cada vez más violentas. Y las mareas, más altas. La Tierra se está enojando —dijo Natchez—. Dentro de poco solo habrá fuego, agua y lodo.

«Gracias a Dios que te he encontrado», pensó Carrey, mirando fijamente la silueta de Georgie, cautivado.

CAPÍTULO 3

Dos vidas se entrelazaron.

El chico que había huido de las fábricas de Toronto y la chica que todavía huía de los campos de maíz de Iowa acordaron que, como la noche era joven, irían a la casa de la playa de Carrey. Subieron al Porsche de Jim y condujeron por la ruta estatal de California. En la radio sonaba el séptimo movimiento del *Réquiem* de Fauré: «In Paradisum». Aunque no era ningún experto en música clásica, a Carrey le conmovió la melodía: sentía que la majestuosidad del coro era inseparable del poder rebosante de la naturaleza; el paisaje y el sonido se unieron en el conjuro de los muertos:

> *En el paraíso los ángeles te guiarán*
> *a tu llegada, los mártires te recibirán*
> *y te guiarán a la ciudad sagrada*
> *Jerusalén...*

Georgie se vio asaltada por el éxtasis al entrar en la casa de la estrella de cine en Malibú, un capricho de diez millones de dólares, una caja de cristal de ensueño.

Ella ganaba veinte mil dólares por cada episodio de *Oksana*, un sueldo asegurado después de años y años de precariedad e inestabilidad laboral. Y, aun así, cuando intentó comprar una casa de campo en Laurel Canyon y pidió una hipoteca a Chase, el agente de préstamos rechazó su petición haciendo alusión a la corta esperanza de vida de los personajes secundarios en los thrillers de televisión de paga. Se sentó en su Prius rentado sintiéndose humillada, avergonzada... rabiosa. Entonces pensó en la ligereza con la que el dinero elige a unos en vez de a otros. Georgie había leído la historia de la ruptura de Carrey en las revistas del corazón, incluso había visto a Morante dándole una oreja de toro a Renée Zellweger en la página web del *Diario de Navarra*. Le preguntó si lo suyo con Zellweger estaba del todo acabado y él empezó a sangrar por la nariz.

—Los ancianos navajos unieron nuestros espíritus, el de Renée y el mío. Y después de la ruptura me pareció que mi alma se había hecho trizas. Sentía una herida que pensaba que nunca sanaría. Pero últimamente, Georgie, he notado cómo la herida se cerraba. Vuelvo a sentirme completo.

—¿De verdad?

—Sí. Y adivina.

—¿Qué?

—El gurú Viswanathan me enseñó a ver los colores de mi aura.

—Ah.

—Sí, y después de lo de Renée, se desangró de todos los colores brillantes y pasó a un gris oscuro. Por la noche sentía la presencia de un espíritu malvado en la casa, una anciana con el pelo grasiento y la cara amarillenta que se cernía sobre mí mientras dormía y succionaba todos los colores de mi alma. Me despertaba gritando. Pero eso ya no pasa. ¿Sabes cuándo dejó de pasar?

—¿Cuándo?

—Cuando te conocí.

Entonces Georgie fue consciente de que había encontrado a una estrella rica y poderosa que deseaba que la amaran. Deseaba recuperar la fe. En Natchez Gushue. En el error freudiano que se confunde con el destino. En cualquier cosa que fuese un poco más agradable que el caos. Y al ver los ojos de su madre en los de Georgie, Carrey se quedó maravillado con la pura bondad de un creador que, mediante un servicio de televisión de paga, no solo le había desvelado su existencia, sino que se la había entregado. Renée, le dijo a Georgie, no era más que el preámbulo del amor verdadero que ahora estaba a punto de llegar. Y Georgie se apresuró a cerrar el trato, que compensaría todas sus penurias recientes.

—¿Sabes cómo es tu aura ahora? —le preguntó.

—Bueno, los colores varían del...

—La veo.

—¿La ves?

—Sí, es una luz brillante y dorada.

A pesar de los pasos en falso que Jim había dado antes, fue ella quien lo besó primero. Tenía su propio milagro, más o menos, al alcance de la mano; el viaje que había empezado a bordo de autobuses que cruzaban los infinitos no-lugares de Iowa llegaba al lugar que había estado buscando durante tanto tiempo.

—¿Quieres subir? —le preguntó él.

Asintió. Fueron al dormitorio principal. Un lento montaje de la unión sexual sugiere que hay algo en este amor que lo diferencia de todos los demás. Un baile de cuerpos deseosos, susurros de promesas imposibles. Los rayos de la tormenta reflejados en el cuadro cubierto de pan de oro que está colgado en la cabecera de la cama, un icono ortodoxo de la Virgen María amamantando a su hijito *superstar*, que unos posibles asesinos regalaron a Carrey en el estreno en Rusia de *Todopoderoso* (*Bruce Almighty*). Carrey mira a Georgie a los ojos, los ojos de su madre; le succiona el pecho, el pecho de su madre; se mueve dentro de esta casi completa desconocida como si cada empujón fuera a restablecer la paz perdida del útero.

—Ven por mí, papi —ronroneó ella.

Seis meses después, ya habían organizado una unión kármica permanente con una ceremonia melanesia de la eternidad que se celebró en casa de Kelsey Grammer en las Malibu Hills.

Revoloteando sobre ellos había helicópteros con *paparazzis* que TMZ había comprado al Cuerpo de Marines y que todavía llevaban la pintura negra de guerra. Nicolas Cage se escapó del rodaje de *Bangkok Dangerous* para asistir a la boda y hacer de testigo espiritual de Jim. Su doble en la película había trabajado con el primer marido de Georgie en *Fast and Furious 3* y le habló a Cage de su divorcio: los polvos proteínicos envenenados y el robo del Mazda Miata. Cage le comunicó su preocupación a Carrey unos días antes de la boda, cuando los dos amigos quedaron en la mansión de Bel Air de Nic para una sesión de combate de jiu-jitsu brasileño.

Con solo unos calzoncillos como atuendo y con el sol poniéndose en el oeste, dieron vueltas el uno alrededor del otro en un dojo de arena negra rodeado de esqueletos de mastodonte que Cage había comprado en unas subastas en Mongolia. Carrey solía preguntarse por qué siempre luchaban al ocaso. ¿Era cada instante de sus vidas una escena que requería un decorado? ¿Se encontraban atrapados por su imagen pública en todas partes? El sol vertía rayos de color frambuesa a través de las ancestrales costillas, que dibujaban líneas de sombra y de fuego en la cara de Cage. Satisfecho con aquel efecto visual, comenzó su declaración.

—Estoy realmente preocupado, Jimbo. Aléjate de esa tipa. Me están llegando historias muy truculentas sobre su pasado. Robos de vehículo. Veneno para ratas.

Georgie ya le había dado su versión a Carrey.

—Su exmarido se inventa cosas.

—Hasta la mamba guarda algo de verdad.

—¿Lumumba?

—La mamba. Es una serpiente grande. Escucha, creo que la herida abierta de Renée te ha llevado a enamorarte de una aficionada a las peleas a cuchilladas cuyas intenciones puede que no sean tan buenas.

—Georgie ha calmado mi dolor.

—El cianuro hubiera tenido el mismo efecto.

Carrey era más alto, con lo cual tenía ventaja según las reglas físicas del combate, así que embistió a Cage, que jugaba sucio y excavaba en los ojos de Carrey como diciendo que si lo que quería era quedarse ciego, era algo sencillo de conseguir. Carrey se quitó la mano de Cage de los ojos; Cage soltó la mano de Carrey. El combate pasó de los cuerpos a los dedos: el pulgar de Cage, que era más largo de lo normal, dominaba al meñique de Carrey, que lo rompió por el primer nudillo. Carrey aulló de dolor, su adrenalina se disparó y tiró a Cage al suelo. Lucharon hasta que sus cuerpos sudorosos acabaron cubiertos de arena negra y podría decirse que parecían más demonios aborígenes que actores millonarios. Al final Cage le tendió una trampa. Suspiró, se relajó, fingió que se rendía. Entonces, justo cuando Carrey se retiraba, Cage le asestó un golpe con el codo en la cabeza, lo cual le provocó un corte en la ceja.

—¡Me has engañado!

—¡Para que veas lo que es! Estoy cuidando de ti, Jimbo. En este desguace de sueños que llamamos hogar. En la fantasía burguesa que es esta pradera contaminada. Esta fosa común de deseo consumista. Esta zanahoria de neón colgando enfrente de nuestras narices...

—¿De qué hablas? —dijo Carrey con el ojo cerrado por el dolor.

—La fama, idiota. La doncella de hierro del personaje público. El empalamiento torquemadino que se le impone a cualquier oportunidad de ser uno mismo. ¿Y si solo eres el medio que tiene esa mujer de alcanzar sus fines? Eh, yo solo te digo lo que he oído. Es una aficionada de las peleas a cuchilladas. He oído que si la cosa se pone fea no duda en clavártelo hasta el mango.

—La amo.

—Dijo la dopamina.

—Lo siento en mi alma, Nic, el lugar hacia donde nos guía Natchez. Siento una paz enorme. Renée era mi igual. A todo el mundo le parecía bien. Ahora está con don Alfonso. Así que ¿adónde me ha llevado todo eso? Necesitamos que nos quieran y que nos conmuevan.

Tras una pausa en la que contempló cómo la ardiente puesta de sol y la sombra del mastodonte le surcaban el rostro en una oda a la perfección, Cage le dijo:

—Todos sufrimos la reverberación de un dolor primitivo. Los primeros hombres, devorados por las bestias, siguen lamentándose dentro de nosotros. ¿Por qué crees que luchamos en este lugar lleno de huesos viejos? ¿Por vanidad? ¿Por aburrimiento? ¿Por teatralidad? ¡NO! ¡Luchamos bajo un encantamiento ancestral en mi dojo de arena negra! Solo quiero asegurarme de que estás bien protegido antes de meterte en esto. De que tienes los ojos abiertos.

—No me hace falta —dijo Carrey—. Georgie y yo vemos el alma del otro.

¿Qué más podía hacer Cage? Ya había jugado todas sus cartas. Le dio un beso en la mejilla a Carrey, sin estar seguro de si era de bendición o de despedida.

Unos días más tarde, Cage estaba al lado de su mejor amigo para la ceremonia melanesia de la eternidad en casa de Kelsey Grammer. El ojo de Carrey seguía hinchado y medio cerrado, y llevaba una férula en el meñique.

La hija de Carrey, Jane, lo miraba desde la primera fila. La tuvo con su primera mujer, Melissa. Era una verdadera hija de Hollywood: con siete años había sonreído a un grupo de cámaras mientras su padre le presionaba las manitas con las suyas en un cuadrado de cemento fresco enfrente del Grauman's Chinese Theatre. Era más honesta consigo misma que gran parte de la gente y, al hacerse mayor, escribió sobre el campo gravitacional de la fama en su diario:

Los más mayores quieren ser amigos míos porque mi padre es quien es. Hay amigos reales y otros de mentira. No los culpo, pero lo veo.

Había visto la mella que había dejado en la mente de su padre. Las adulaciones que inflaban el ego. El desgarrador miedo al abandono. Cómo el éxito del último estreno lo único que hacía era subir el listón para el siguiente proyecto.

Al presenciar la ceremonia, embarazada y quizá llena de esperanza por las cosas buenas que estaban a punto de llegar, deseó que su padre fuera realmente feliz durante mucho tiempo con Georgie.

Que era una novia sin invitados.

Su padre había muerto, su madre decía que estaba enferma para así evitar viajar. Ninguno de sus hermanos estaba presente. Sus únicas invitadas eran las chicas Stalin. Estaba la mismísima Oksana, a quien interpretaba Caprice Wilder, la renegada joven esposa del director de una empresa de jabón de Greenwich que viajó en automóvil a Los Ángeles después del 11 de septiembre con una modesta manutención y la única voluntad de morir famosa; Olga, la leal sicaria de Oksana, interpretada por Lunestra del Monte, una mujer elegida a través de un plebiscito de MySpace que más tarde declararía ser un agente del Kremlin tanto en la vida real como en la ficción, y por último, la hija pequeña de Stalin, interpretada por Kacey Mayhew, una antigua reina de la belleza de Memphis River a la que le quitaron la corona por hacer pornografía gonzo bajo el alias de Ford Explorer.

De unas jaulas doradas salían graznidos de aves del paraíso y un coro de huérfanos melanesios cantaban cuando los recién casados recibieron una lluvia de pétalos de hibisco. Carrey le dijo a la revista *Us* que había sentido cómo su espíritu se desligaba de su cuerpo y, luego, la mano de Georgie volteándole la cara para que las cámaras pudieran inmortalizar su perfil intacto en un beso de recién casados.

Todos los invitados excepto uno les desearon lo mejor.

Katie Holmes asistió con su marido de entonces, una estrella colosal del cine de acción cuyo nombre real no puede mencionarse aquí por razones legales. Así que lo llamaremos *Rayo Láser Jack*. Allí estaba ella, al lado de Láser Jack: Katie, la belleza de ojos color carbón, que Jim había conocido en el cruce número 27 del laberinto del jardín de Will Smith dos años antes. Habían encontrado la salida del laberinto juntos y, como Hansel y Gretel, crearon un vínculo nacido de un peligro compartido. Katie percibió cierta rigidez en el beso de Jim y Georgie, una amenaza que se desprendía de la velocidad con la que la novia pasó del novio a las cámaras.

«¿Por qué —se preguntó Katie, al observarlos en el altar— es tan orgulloso el falso amor y tan miedoso el verdadero?»

Sonrió a Carrey con un triste desasosiego al verlo caminar entre los invitados, cuando Láser Jack le lanzó una sonrisa de un millón de dólares y un gesto con el pulgar hacia arriba digno de la alfombra roja.

La felicidad de Jim y Georgie era tan magnífica que hicieron planes para disfrutarla por toda la eternidad: en el Centro de Longevidad de Pasadena extraían células madre y sintetizaban proteínas para terapias personalizadas que prometían alargar su vida en común hasta bien entrado el siglo XXI.

La edad no era más que una enfermedad, les dijeron, que podía curarse como cualquier otra.

Y, aun así, se avecinaba una tormenta...

Mitchell Silvers desapareció del set de *Oksana* durante tres días y volvió en estado de *shock*, diciendo que lo había abducido un productor de televisión extraterrestre llamado Tan Calvin. Pero los angelinos tenían crisis todo el tiempo; Georgie, como todos los demás, lo achacó a un cambio de medicamento.

Georgie siempre había querido ir a Nueva York, y aquel mes de septiembre, un mes después de la ceremonia en Malibú, Carrey se la llevó a lo que podría llamarse una luna de miel. Se hospedaron en el Mercer del Soho. Jim fantaseaba con el barrio en la edad de oro de los ochenta. Se imaginó que todos los restos de grafiti eran obra de Basquiat y que en los *lofts* había pintores, poetas y músicos experimentales haciendo el amor, una fantasía bohemia. Georgie pensaba más en la brutal llegada que en la pureza artística. Mercer, Greene, Wooster: paseaba por las calles sin reflexionar sobre su pasado artístico o industrial. Las tiendas de lujo emitían cantos paradisiacos y los *paparazzis* que los esperaban a la salida del hotel cada mañana y los seguían durante todo el día le permitieron representar el mejor papel de su carrera con diferencia, toda la emoción de la telerrealidad sin mosquitos ni hambre.

Sentada en la terraza del Cipriani, comprendió que lo único que tenía que hacer era beber agua en presencia de Jim Carrey, comer ensalada con unos modales básicos y, sin más, entraba así en el teatro de las redes sociales, donde te observaban millones de globos oculares. En los siglos anteriores tenías que matar en el campo de batalla o amasar una fortuna transportando mercancías para poder codearte con la aristocracia, pero en los Estados Unidos de la actualidad se operaba el milagro: solo tenías que comerte un tartar de atún en el contexto adecuado. Sus compañeras de *Oksana* le enviaban enlaces adornados con emoticones de corazones de imágenes de ellos paseando, unas fotografías que se habían tomado hacía tan solo unos minutos. Poco después se puso a buscar fotos recientes de ella misma en Getty Images, planeando con cuidado el vestuario del día siguiente de *El show de Jim y Georgie*. Cenaron en un restaurante de Chinatown, encantados de descubrir que también se sentían atraídos el uno por el otro bajo una iluminación directa de fluorescentes. Fueron al Shubert Theater a ver *Equus* en asientos de primera fila, invitados por Daniel Radcliffe, que después los recibió en el camerino, donde aceptó amablemente tomarse una foto en la que Georgie, con unos juguetones dedos extendidos, parecía lanzarle un hechizo. A la salida del teatro, se encontraron con el agente de Carrey, Gerry Carcharias, que los invitó a que lo acompañaran a la subasta de arte moderno y contemporáneo de Christie's que se celebraría la tarde siguiente.

Era una noche fría, una fina llovizna había vuelto las calles resbaladizas. Se vistieron como si fueran a los Globos de Oro y se apiñaron en el Cadillac Escalade. En el equipo de música sonaba *Sketches of Spain* al pasar por Lafayette, donde la luz de los faroles brillaba en las calles mojadas. Carrey le dijo a Georgie que no había nada tan perfecto como escuchar a Miles Davis con ella en un Manhattan lluvioso. En la casa de subastas se sentaron con Carcharias y su segunda mujer, Zandora, y vieron a los ricos apresando tesoros. Una Monroe de Warhol llegó a los cincuenta millones de dólares. Una cebra de Damien Hirst, el gran embalsamador, se vendió por veinticinco millones. Los Hockney y los Rauschenberg oscilaban entre cinco y quince. A Georgie le costó ocultar su euforia al ver el vuelo de las paletas cuando un oligarca ruso se peleó con un par de gemelos saudíes por un Basquiat que alcanzó los ocho millones de dólares. Y a Carrey le dio vueltas la cabeza cuando Gerry Carcharias compró un Hopper por doce millones de dólares. Parecía que el agente tuviera más dinero disponible que cualquier actor que Carrey conociera.

¿En qué oscuro lugar había gestado aquella fortuna?

Cuando sacaron a la tarima un autorretrato de Frida Kahlo, Georgie se quedó sin aliento.

—¿Te gusta? —preguntó Carrey.

Siempre le había gustado el trabajo de Kahlo, la feminidad sin miedo a reconocerse, la lucha heroica por escapar de la sombra de Diego Rivera. Asintió.

—¿Lo quieres?

—Para.

—Sí lo quieres, lo veo en tu cara.

—¡Jim!

Y así, intercambiando sonrisas picantes con Georgie después de cada puja, Carrey se lanzó a la caza, rivalizando con un petrolero de Dallas, un magnate japonés y un agente del sultán de Dubai. Todos perseguían a la pobre Frida, de un millón a un millón doscientos mil, de un millón doscientos mil a dos millones —momento en que el texano abandonó— a dos millones doscientos mil. El magnate nipón renunció entonces. Ahora solo quedaban Carrey y el lacayo del sultán, y él era Jim Carrey, no dejaría que un déspota cortamanos le ganara.

—¿Dos millones ochocientos mil? —preguntó el subastador.

Ambos aceptaron el reto.

—¿Dos millones novecientos?

Carrey levantó la paleta como un hacha.

—¿Tres? ¿Tres millones cien mil?

Y entonces fue suyo.

La prensa captó el momento desde veinte ángulos diferentes. En todos se veía a Carrey fulminando con la mirada de forma inapropiada a su enemigo vencido y a Georgie extasiada tras recibir un regalo cuyo valor superaba toda la riqueza de su familia acumulando la de varias generaciones. Hicieron el amor contra la ventana de la *suite* del hotel y ambos miraron a través de ella mientras todas las ventanas de la cuidad les devolvían la mirada. Déjalos que nos vean, pensaron tanto Jim como Georgie, compartamos este momento, que miren cómo nos venimos, déjalos que sientan la emoción fusionada de la unión espiritual y de la victoria en una subasta. Ambos creían que las fervorosas promesas del otro —«te quiero», «siempre te querré», «eres la única persona a la que he amado»— eran reales, o al menos que no se pronunciaban como un engaño. Era como un sueño. Y eso hizo que Georgie se enamorara de tal manera de Jim y creyera tanto en la promesa de una vida llena de momentos como aquel que, dos semanas más tarde, cuando el Frida Kahlo llegó a la casa de Hummingbird Road y los manipuladores de obras de arte, después de sacarlo de su caja de madera, le dieron un certificado de compra en el que el único propietario registrado de la obra era James Eugene Carrey, se dijo a sí misma que debía de tratarse de un error administrativo.

CAPÍTULO 4

Entonces llegó el otoño en el que murió Mitchell Silvers. En la cuarta y última temporada de *Oksana* se desarrollaba una subtrama extraterrestre cuando el personaje de Georgie, Nadia Permanova, hallaba un agujero de gusano en un campo de remolacha de Kiev. Unas voces cantarinas la guiaban hacia él y al otro lado la recibían unos seres esbeltos y luminosos que le inducían visiones del pasado. Se veía a sí misma con cinco años asesinando a su gemela idéntica y haciendo ejercicios de resistencia por dunas de nieve, y por fin revivía una operación que le realizaron el día de su catorce cumpleaños, cuando solo era una adolescente asustada en un hospital del Ejército Rojo y un cirujano pasó un bisturí por su ombligo. El trauma de aquel recuerdo hizo que se dispararan sus signos vitales y que sus abductores pusieran fin al contacto y la devolvieran a la Tierra. La escena había enfurecido a los ejecutivos de TNT, que ya estaban desarrollando una serie ambientada en el espacio con un sobrino de Ridley

Scott. Regañaron a Silvers y le dijeron que acabaría haciendo tomas de accidentes para la dirección general de tráfico de California si alguna de las hijas de Stalin compraba siquiera un globo de helio.

Al llegar a casa esa misma noche, Silvers se encontró con que un superior de un nivel mucho más alto estaba esperándolo, el productor de realidad intergaláctica Tan Calvin. Silvers se había enterado de que el pueblo de Calvin sufría de enormes complejos por su cuerpo. El cosmos les había dado mucho: un cómodo aposento en un lugar tranquilo de la galaxia y unas mentes tan poderosas que habían pasado de la rueda a la teoría cuántica en solo cien años. Pero les habían negado la belleza física. Su reacción había sido aprender a dominar el cambio de forma para adquirir las apariencias que les permitieran satisfacer sus fantasías escapistas y para evitar traumatizar a los pueblos que colonizaran. Para el deleite de Silvers, Calvin había elegido adoptar la forma de un campeón de remo de Oxford del curso de 1913, un hombre cuyo espeso y ondulado cabello y piel de alabastro habían inspirado poemas a sus compañeros antes de que un cañón lo matara en el Somme.

Le puso la mano a Silvers en el hombro con autoridad.

—Tú deberías saber mejor que nadie que lo que importa es el bien del mejor programa. Necesitamos darle un giro.

Había una Beretta negra sobre la mesa.

—Necesito un poco más de tiempo —le suplicó Silvers—. Dame una temporada más.

Calvin respondió con un ruido semejante a un pedo.

—Por favor —dijo Silvers corriendo a su mesa de comedor, hecha con la madera de una secuoya que todavía era un retoño cuando Calvin escribió el mito de Jesucristo basándose en fragmentos de la tradición pagana.

—Tengo ideas —le explicó—. ¡Un montón de ideas!

Desplegó su obra final por toda la mesa, una trama ramificada que llenaba dos metros de papel de estraza, mil argumentos que mandaban a las hijas de Iósif Stalin a galaxias lejanas, que se libraban así de ser detectadas hasta que los índices masivos de Nielsen volvieran todopoderoso a Mitch.

—No se trata solo de ti, Mitch. Queremos frenar la producción terrícola. Nos pasamos a los triangulanos profundos.

—¿A quiénes?

—No tiene importancia. Hace tiempo que los asuntos de los humanos quedaron desfasados y cayeron en la irrelevancia. El destino es la extinción, no te desvelo nada. De hecho, te estoy haciendo un favor, Mitch. No tardarán en llegar los días oscuros. El colapso del sistema, la ira ardiente. Niños caníbales.

—¿Niños?

—Tan pronto como les salgan los dientes. El mercado del entretenimiento interestelar está muy saturado. Cada vez es más difícil abrirse camino entre toda la basura.

—Calvin.

—¿Qué?

—Déjame ver tu cara de verdad.

—Preferiría no hacerlo.

—Por favor.

—Una vez, hace mucho tiempo, se la enseñé a una chica de aquí. Todavía me arrepiento, sufrí injurias feroces a causa de aquello. Tu pueblo tiene una visión muy limitada de la belleza.

—Por favor, quiero verte...

Pero tanto la curiosidad de Silvers como su voluntad de resistir se disolvieron con un flash que salió de los ojos de Calvin. Entonces se encendió el equipo de música del departamento y los lamentos eslavos, más tristes que la nieve manchada de pis, aumentaron su volumen cuando Calvin dijo:

—Toma la puta pistola, Mitchell.

Silvers cubrió el arma con la mano, la cara perlada de sudor; Calvin pasó la lengua por sus dientes perfectos justo antes de pronunciar la orden con frialdad:

—Poco a poco, sin esbozar un solo signo de temor en tu ser, te vas a levantar de la silla y a ir hacia la ventana.

Silvers obedeció, se puso de pie y caminó, iluminado por una luz brillante que inundaba la habitación: dorada y apaciguadora, que lo liberaba de la carga de sí mismo. Pasara lo que pasase ahora mismo, todo iría bien. Era el destino. Un momento tan placentero no podía traer nada malo consigo...

—Mitchell Silvers. ¿Estás listo para tu regalo de despedida?

—Lo estoy —dijo este, con la voz rota—. Lo estoy, Calvin.

Y así fue como le dio las últimas imágenes de su conciencia, recuerdos falsos que le transmitió a su mente para que los experimentara como su propia historia mientras los describía en voz alta.

—Veo a Georgie... —susurró Silvers—. Veo a Georgie, es tan guapa.

—Sí, lo es.

—Su rostro junto al mío. Siento su aliento en mi piel, sus suaves labios acariciando mi oreja. Me susurra. Me dice que me quiere...

—Déjate llevar.

—Me quiere —dice Silvers quedándose sin aliento—. Calvin, me amaba.

—¡Sí! Y ahora levanta la pistola.

Silvers obedeció, derramando lágrimas de alegría y llevándose la pistola a la sien.

—Me amaba

—Bravo.

—¡Me amaba!

—¡*Bravissimo*!

Los sesos de Mitchell Silvers salpicaron las ventanas donde se cocerían al sol durante tres días, bajo la mirada fascinada de los vecinos, que los confundirían con una obra de arte.

CAPÍTULO 5

Fue Georgie la que encontró el cadáver.

Un miércoles por la tarde. Tenía una reunión con Silvers para hablar de un *spin-off* de la serie. Salió del barrio de Brentwood en el Porsche plateado a las 14:07 y tomó el bulevar Santa Mónica hasta Lincoln, luego Lincoln hasta Venice Beach. A las 14:24 pasó la recepción del edificio y a las 14:28 salió del elevador y entró en el ático de Silvers, donde la fauna, siempre ahorradora, incubaba moscas en su cadáver. El olor le provocó una arcada y se alejó del cuerpo de Mitchell en dirección a la última creación de su mente torturada, su sinfonía inacabada, las tramas inconexas de las aventuras de *Oksana* en el espacio. Al suicidarse, Silvers había echado por la borda cualquier esperanza que le quedara a Georgie de ser la primera en la orden de rodaje; había aniquilado cualquier posibilidad de protagonizar su propio *spin-off*. TNT canceló *Oksana* enseguida. A las hijas de Stalin las dejaron congeladas al final de la cuarta temporada, después de que encontraran el cadáver de su padre en las alcantarillas de Moscú y de que descubrieran que había ordenado esterilizarlas a todas para mantener sus genes bajo un control estricto.

Con su cuarenta cumpleaños cada vez más cerca, y al ver aquel último episodio cuya temática giraba en torno a la fertilidad, Georgie sintió un fuerte anhelo de ser madre. Un deseo, bastante natural, de demandar la maternidad a la que le daba derecho su acuerdo de emparejamiento doméstico con Jim. Abordó el asunto una noche en la que ambos comían ceviche en el patio trasero de la casa de Hummingbird Road, con la cascada artificial manando sobre el sonido de los martillos neumáticos de las mansiones vecinas, que se metastatizaban de gigantes a gargantuescas.

—¿No te sientes un poco solo a veces, cuando estamos nosotros dos?

Jim fingió no escucharla con el ruido de los martillos y del agua.

—¿Qué?

—¿No te gustaría tener una niña o un niño?

—Pensaba que ya habíamos hablado de esto. Creía que estaba claro.

—La gente cambia. A mí me ha pasado.

—Puedes cambiar todo lo que quieras.

—¿Pero?

—Pero yo no voy a volver a tener hijos.

—¿Quién te da derecho a negarme la maternidad?

—Tú.

—¿Cuándo?

—Desde el principio. Tenemos un acuerdo.

Cuando la miró con frialdad, Georgie pensó en el Blueberry 9000, un robot sexual japonés que había encontrado en Google, una mujer de acero y plástico con boca, ano y vagina;

todos aquellos orificios estaban dotados de avanzados poderes robóticos de contracción. Podía gemir, suspirar. Gritar. Un periodista de Tokio especializado en tecnología dijo que solo era cuestión de tiempo que «los cíborgs y los humanos bailen en las fértiles y melifluas tierras más allá del valle inquietante, compartiendo su amor como un bucle de retroalimentación entre todo lo que siempre se ha deseado y todo lo que siempre ha sido». Aquellas palabras se le quedaron marcadas.

—¿Qué soy yo para ti?

Sus manos ardían.

—¿Ahora mismo? Ahora mismo eres alguien que está incumpliendo un contrato, eso es lo que eres ahora mismo. Hay muchas mujeres que no quieren tener hijos. Dijiste que eras una de ellas. —Su voz se convirtió en una súplica—. ¿Qué estás haciendo?

Desalmado, sí, pero sincero. Aquella relación estaba alimentada por la profunda necesidad de amor maternal de Carrey, algo que a Georgie ya le costaba entregar de por sí. ¿Cómo podría mantener esa dinámica si tenía que cuidar de su propio hijo? Y, al mismo tiempo, ¿cómo podría aguantarla si no tenía ninguno? Se fue de la casa y se quedó en la de Lunestra Del Monte, en Pasadena. Para Carrey aquello era lo contrario de la aceptación ilimitada que debía mostrar una madre, le pareció más bien que lo estaba abandonando con indiferencia. Le suplicó que volviera, en un vaivén entre el tono lastimero y el iracundo. Dos semanas más tarde, cuando se quedó sin dinero, volvió a casa. Pero la intimidad se había visto infectada por la desconfianza. Él empezó a controlar las píldoras anticonceptivas y el sexo le provocaba tanta ansiedad que no podía mantener una erección. Se pasó al Viagra y Georgie, tumbada debajo de él mientras intentaba llegar al orgasmo sin mucho éxito, se preguntaba si no sería una buena idea tener un robot sexual japonés a mano que la liberara de sus deberes conyugales, que ahora le parecían obligatorios, mecánicos e incluso (aunque no le gustara la palabra) serviles. Un día sacó el acuerdo de cohabitación del cajón de su escritorio y sintió náuseas cuando leyó que todavía le quedaban tres años antes de poder sacar algo de dinero en caso de ruptura.

Y, lejos de sentirse culpable, se regodeó cuando vio que el Destino le tenía preparada a Carrey una ración de la tortura con la que ella había sido castigada durante mucho tiempo.

La Academia había ignorado sus dos mejores actuaciones: *The Truman Show* y *Eterno resplandor de una mente sin recuerdos* (*Eternal Sunshine of the Spotless Mind*). Se suponía que *Una pareja dispareja* haría que aquello cambiara. Era la historia de un marido entregado, Steven Russell, que descubre que es homosexual tras un grave accidente de tráfico y acaba abandonando a su familia para dedicar su vida al fraude, la estafa y el hedonismo. Lo meten en la cárcel y allí se enamora de un compañero de prisión, por el cual finge un estado avanzado de sida que les permitirá vivir juntos en Cayo Hueso, Florida. Carrey invirtió mucho capital profesional en aquella producción y luchó por mantener una escena en la que su personaje practicaba una penetración anal, desafiando incluso a la psicóloga de masas de la Creative Artist Agency (CAA) cuya advertencia de que «Estados Unidos tiene problemas para aceptar la sodomía» no hizo sino predecir la crítica del *New York Times*: «Una película cuya primera escena erótica gay muestra al señor Carrey practicando ruidoso sexo anal busca el escándalo».

Y lo encontró.

Desde el principio dieron por perdido el conservador sur de Estados Unidos, pero desestimaron en gran medida su poder vengativo. Carrey se convirtió en el blanco de los discursos que pronunciaba desde el púlpito el reverendo Reggie Lyles Jr., un nuevo avivador de veintinueve años que llegaba a medir metro setenta cuando se ponía cuñas de nueve centímetros. Su programa de radio de cinco horas tenía una audiencia de tres millones de estadounidenses y cada semana dirigía su ira hacia la degradación de la familia norteamericana por parte de Jim Carrey, su promoción del adulterio y del divorcio, y su complicidad en una conspiración gay. Incluso después de que los distribuidores renunciaran a la película, los acólitos de Reggie siguieron con la cruzada demostrando un fervor enaltecido. Las grabaciones de seguridad revelaron tres figuras con pasamontañas que llegaban a la casa de Hummingbird Road en una camioneta *pickup* una noche a las 4:13 de la madrugada. Hicieron una pinta con spray en su verja con la frase «DIOS ODIA A LOS MARICAS», y luego se dirigieron a las cámaras de seguridad y empezaron a recitar pasajes del libro del Apocalipsis: «Y yo me paré sobre la arena del mar, y vi una bestia salir del mar, que tenía siete cabezas y diez cuernos; y sobre sus cuernos, diez diademas; y sobre sus cabezas, el nombre de la blasfemia». Vaciaron cubetas de vísceras sangrientas en su entrada y luego, corriendo como locos, ensuciaron la piscina con las cabezas de los tres cerdos a los que pertenecían las entrañas.

—Siempre son cerdos —dijo el jefe de seguridad de Carrey, Avi Ayalon, un excomando del ejército israelí, contemplando las hinchadas cabezas que se mecían en el agua—. ¿Alguien quiere mandar un mensaje? Siempre eligen puercos. Animales sucios. Muy inteligente. ¿Sabes que se comen entre ellos?

Carrey reforzó la seguridad de toda la finca. Avi se mudó por un tiempo a la casa de la piscina y echando mano de sus conexiones con el Mossad se hizo de los *Jophiel*, los rottweilers con colmillos de acero que acabarían convirtiéndose en los únicos amigos de Carrey. Las criaturas llegaron ya entrenadas.

—A mis pies —dijo Carrey, leyendo la lista de órdenes—, ¡a mis pies!

Y cuando los rottweilers lloriquearon y se recostaron, trazó su enorme sonrisa de película. Pensó que los perros valían cada dólar de los cien mil que habían costado, sintió la calidez de desear que el dinero pudiera poner a la muerte de rodillas. Él y Georgie empezaron a tomarle el gusto al ritual nocturno: siguiendo el código de entrenamiento, lanzaban una pata de cordero al jardín, gritaban «¡Intruso!» y veían cómo las bestias la desgarraban y la destrozaban, para cronometrar el tiempo que tardaban en responder.

Los perros los protegían de los maleantes fundamentalistas, pero no podían hacer nada contra la industria cinematográfica. *Una pareja dispareja* acabó su trayectoria en los cines con pérdidas millonarias. Ahora le tocaba a Carrey una pequeña dosis de impotencia. Pronto cumpliría cincuenta y sus fans también estaban envejeciendo. Tenía tanto talento que Hollywood no podía reemplazarlo como solía hacer, el típico intercambio de cuerpos, como cuando cambió a Lindsay Lohan por Emma Stone o a Leonardo DiCaprio por River Phoenix. Pero lo que sí podía hacer era domesticar, controlar, castigar. Disney y Paramount congelaron unos proyectos que ya habían preseleccionado. En Sony aniquilaron silenciosamente un tercero. No tenía mucha importancia que todavía apreciaran a Carrey «desde el Ganges a los Andes», como decían sus agentes, una atracción mundial garantizada. En Los Ángeles su valor dentro de la industria disminuyó tanto que sus mánagers, Wink Mingus y Al Spielman II, se dieron cita para hablar por teléfono de manera urgente de lo que bautizaron como «La Situación».

—Tenemos que reafirmar la imagen de Carrey —recomendó Al Spielman II.

—Necesitamos algo con pingüinos o con osos polares —dijo Wink—. A la gente le encantan los animales. Echan de menos vivir en la jungla rodeados de animales y escuchar sus propias almas en los sonidos que estos hacen. Por eso *Ace Ventura* fue un éxito.

—Creo que lo que le gustó al público fue el personaje —contradijo Carrey.

—*Ace Ventura* fue un éxito porque a Ace Ventura le encantaban los animales. Como a todo el mundo. Veían su amor por los animales reflejado en el del personaje —contestó Wink Mingus en voz bajita.

—Necesitamos algo para todos los públicos —dijo Al—. Y nos hace falta ya.

Entonces suspiró igual que lo hacía su padre, el cirujano cardiovascular Al Spielman Senior, cuando quería indicar que, aunque la situación fuera grave, era posible que, gracias a una actuación heroica, se produjera un milagro. Aquello solía hacer que Carrey se rindiera a su voluntad pero en esa ocasión, para pesar de Al, no surtió ningún efecto.

—No he hecho nada malo —dijo la estrella en su porche, mientras los *Jophiel* mordisqueaban huesos de cordero a sus pies—. ¿Por qué tendría que hacer una película familiar de mierda?

—¿Se lo dices tú, Deuce? —preguntó Wink.

—Sí —contestó Al.

—Pues hazlo.

—Pide disculpas a menos que quieras acabar actuando en hoteles de Las Vegas —espetó Al.

Sus primeras actuaciones en Las Vegas habían minado para siempre el alma de Carrey. Temía acabar haciéndose viejo allí, muriendo en ese lugar. Solía tener pesadillas en las que veía su propia cara envejecida por el desierto, una imagen que ahora volvía: con papada, los dientes blanqueados e implantes capilares, prostituyéndose ante las multitudes que jugaban al bingo.

Se quedó inmóvil, paralizado por el miedo.

—Yo que tú le haría caso, Jimbo. No quieres acabar de vuelta en Las Vegas, actuando para los grupos de turistas que llegan en autobús. Para las jubiladas que se agarran a sus carteras llenas de monedas.

Su inquietud aumentó. Un primer plano de su cara bronceada, anaranjada por el spray. Un personaje cansado repitiendo sus números más famosos en un bucle eterno para el público del casino. ¿Por qué lo veía tan claro? ¿Acaso era lo que le tenía reservado el destino? Se preguntó todo aquello en voz baja.

—¿Qué murmuras? —preguntó Wink Mingus—. ¿Eh?

—¿Crees que alguien querría contratarte ahora mismo, Jim?

—Si quieren contratar a Robert Downey Jr., ¿por qué no a mí?

—¡Downey nunca se ha cogido el culo de un hombre en una película!

—¿Cuál es el problema de hacer de gay?

—No es comercial. Crea confusión. Un par de colegas del club de golf me hicieron preguntas sobre ti.

—¿En serio? ¿Son guapos?

Se oyó un chasquido en la línea.

—¿Deuce? —dijo Wink. Silencio—. Bien hecho, Jimbo.

—No quiero hacer una película familiar del montón, Wink. Es como hacer propaganda para la guerra. Estamos distrayendo a la gente mientras...

—Voy a entrar en el estacionamiento subterráneo. Te pierdo.

Y entonces también se cortó el teléfono de Wink Mingus y Carrey se quedó solo con sus miedos.

Salió del porche y se adentró en el jardín, pasó por el barranco hasta llegar a la tarima de oración de madera de ciprés. Allí, sentado en la posición del loto, con un *Jophiel* a cada lado, cerró los ojos y le suplicó al cosmos.

—Guíame. Enséñame. Utilízame.

Y, como tantas de sus plegarias, aquella recibió una respuesta.

Dos semanas después, en medio de una noche despejada tras varios días de lluvia, una camioneta Volvo 240 de 1988 se acercó a las puertas de la mansión de Hummingbird Road. Era de color azul claro y tenía la carrocería hecha un asco y oxidada, hundida en el chasis. Georgie estaba durmiendo, Carrey se encontraba solo en la sala viendo un video de YouTube sobre la importancia que tuvieron los queseros para el ascenso de Gengis Kan. Avi Ayalon oyó el aullido de los rottweilers, miró los monitores de seguridad y vio a un hombre que decía una y otra vez en voz baja: «¡No es seguro!» y que pedía que: «¡Abran las puertas!». Carrey se levantó para observar la figura en la imagen de visión nocturna. Pelo grasiento y despeinado, demacrado, con los ojos de un animal a punto de morder. Lo único que lo definía como Charlie Kaufman y lo diferenciaba de un drogadicto flemático era su voz.

Allí estaba el camaleónico autor que había escrito el mejor papel de toda la carrera de Carrey para la película *Eterno resplandor de una mente sin recuerdos.*

—¿Kaufman? —dijo Carrey con la voz entrecortada—. Déjalo entrar.

Los *Jophiel* gruñeron cuando entró. Kaufman estaba agitado, veía borroso, llevaba la capucha ajustada para protegerse la cara de las cámaras de seguridad del vestíbulo e insistía en que hablaran fuera. Los perros los siguieron al porche trasero, donde Carrey y Kaufman se sentaron en una banca de teca bajo un cielo azul sin fondo. La brisa de la noche traía el dulce olor de los mangos que se pudrían en los árboles por encima de ellos.

—¿Llevas el celular contigo? —le preguntó Kaufman.

Carrey sacó el aparato de su bolsillo. Kaufman se lo quitó de la mano y lo tiró con ímpetu a la piscina, mandando callar a Carrey hasta que se hubo hundido en el fondo.

—¡Por Dios, Charlie!

—Sí, ya te puedes asustar. Esta gente es peligrosa.

—¿Quién?

—Fueron a buscar a mi criada, Magda, que hizo algunas películas en Berlín justo después de que cayera el muro en las que aparecía meando en lugares públicos. Ya conoces la práctica. En cuclillas frente al Reichstag, con la falda arremangada, una lluvia dorada sana y fluida. Artístico. E incluso si no lo fuera, por Dios, Jimmy, ¡era una niña! Solo intentaba buscarse la vida. Echó una meada. Reclamó su metro cuadrado de historia. Y utilizaron el pasado en su contra. ¡La chantajearon para que envenenara a mis mariposas, Jan y Dean! Las encontré muertas, meciéndose en su agua con azúcar, las recogí con los dedos y las levanté. Tan delicadas. Les soplé una y otra vez, Jimmy, con la esperanza de que mi aliento las devolvería a la vida.

Kaufman se quedó callado un momento y se enjugó las lágrimas.

—Charlie, ¿qué...?

—Frieron mis discos duros. Hackearon mi casa para que todas las luces parpadearan y para que en mi equipo de música sonaran unas grabaciones secretas de Richard Nixon contándole sus sueños a un loquero. ¿Sabes lo que soñó Dixon? Que era un niño y que saltaba de un columpio oxidado a un lejano tren de carga de Wabash mientras silbaba canciones sobre la velocidad de escape que le prometían estar en cualquier sitio menos aquel. El pequeño Dicky salta del columpio, se eleva tan alto que parece que vuela hasta el tren y luego cae en el lugar en que debería estar su sombra pero no está. El vacío. Me están enviando un mensaje. Muy claro. ¿Esta gente? Te aniquila. Hacen que parezca un ataque al corazón. Un suicidio. Te cuelgan de un ventilador de techo, con los pantalones por los tobillos, el pito en la mano y una cuchara de cocina metida en el...

—¡Hablas como si estuvieras loco!

—¡Van por mí! ¡Un monstruo me persigue!

—¡Charlie! ¿Qué clase de monstruo?

—¡Parecido a Krueger! Pero no quiero seguir escondiéndome. Tengo que sacarlo a la fuerza de mis pesadillas. A la luz del día. Convertirlo en arte. Y eres la única persona que puede ayudarme.

—¿Ayudarte a qué?

—¡A atacarlo antes de que me mate!

—¿A quién?

Temblando a causa de los escalofríos que le provocaban el miedo y la gélida noche del desierto, Kaufman se atrevió a susurrar el nombre de su torturador:

—Mao Zedong.

—Mao Zedong... ¿el brutal padre de la China moderna?

—¡Shh!

—Pero si está muerto.

—¿Seguro? Mao. El director de la producción teatral más grande y letal jamás concebida. ¿Acaso no es eso la revolución, Jimmy? La pompa. Las luces, la música, el vestuario. Un decorado fastuoso a escala masiva. Es la mezcla definitiva de los géneros: amor, acción, aventura, misterio, asesinatos, thriller, la entrada a la madurez. Fantasía. Mao, el que prometió acabar con los privilegios burgueses y luego se casó con una atractiva actriz de Shanghái. Mao, el que mató de hambre a millones de personas mientras holgazaneaba al lado de su piscina, se ponía gordo y escribía mala poesía. ¿Y qué es lo que nos enseña esto de las circularidades ocultas? ¿Por qué esos monstruos anhelan la belleza? ¿No te pasa que a veces deambulas por las casas cuando te invitan a cenar? ¿Dices que tienes que ir al baño y entonces te pones a merodear por todas las habitaciones? Yo lo hago constantemente. ¿Sabes cuántos paisajes pintados por Hitler cuelgan en las colecciones privadas de Hollywood? ¿Detrás de paredes falsas? Yo ya he contado diecisiete. ¿Te has afeitado una barba bien crecida alguna vez? Tienes que probar a dejarte ese bigotito antes de acabar. Justo después te pones a murmurar alemán inventado y a andar como un nazi por el baño. ¡Lo hacemos todos, colega!

—Charlie, ¿qué te ha pasado?

Kaufman se quitó la capucha y se puso a contar su temporada en el infierno.

Aquel otoño, siguiendo los consejos de una terapeuta que le dijo que quizá un viaje haría que desaparecieran los sueños inquietantes sobre su niñez en los que se veía a sí mismo con un disfraz de vaquero en un carrusel de Coney Island, aceptó la invitación a formar parte del jurado de la Bienal de Shanghái junto a Taylor Swift y Jeff Koons. Después los llevaron a una visita de urbanizaciones de lujo por las provincias del norte de China con los representantes de los patrocinadores más importantes de la Bienal: Louis Vuitton, Morgan Stanley y el Ejército Popular de Liberación. En la rural Henan, fueron a hacer senderismo a una ladera inclinada y allí les sorprendieron las primeras lluvias primaverales, los aludes de lodo se precipitaban sobre ellos con un rugido. Mientras luchaba por salvar su pañuelo de Pucci con una mano y su iPhone con la otra, Taylor Swift sintió que el dedo gordo del pie se le atascaba en la tierra. Se retorció y lo giró pero no pudo liberarlo de la succión cenagosa. Vio que estaba atrapado en el cuenco del ojo de una calavera humana. Horrorizada, gritó un mi bemol perfecto que se quedó suspendido en el aire mientras aparecían más restos humanos. Costillas enredadas con columnas vertebrales, fémures salientes, manos en garra. Todos emergían de la colina líquida.

Estaba muy lejos de Nashville, flotando en una fosa común de la época de la Gran Hambruna china, cuando cuarenta millones de personas murieron a causa del Gran Salto Adelante promovido por Mao.

Pero a Morgan Stanley, el Gobierno chino y Louis Vuitton les pareció que una gran cantidad de campesinos muertos no era algo demasiado lujoso. Así que urdieron una cortina de humo. Compraron el silencio de Taylor Swift dándole la posibilidad de lanzar su colección de moda en el mercado chino con un desfile en la Gran Muralla. A Koons le permitieron levantar la escultura de un muelle de juguete gigante en las escaleras de la Ciudad Prohibida de Pekín. A Kaufman le ofrecieron una generosa financiación para hacer una película, pero él se negó a colaborar. Siempre había pensado que el cine imita a la vida valiéndose de un sistema de imágenes dispares cuyo efecto es una experiencia unificada gracias a la magia del montaje y de la velocidad. Él veía la emergencia de la fosa común como una aparición, un marco del pasado que usurpaba el presente. Y cuando el viento de la tormenta silbó entre las cavidades de los esqueletos, escuchó una voz angustiada que hablaba a través del tiempo y que le imploraba: «¡Haz que nuestro recuerdo viva, Charlie! Háblale al mundo del monstruo que nos metió aquí. ¡No dejes que caigamos en el olvido cuando las excavadoras del ejército nos vuelvan a enterrar!».

De vuelta en Shanghái, se alojó en el Peace Hotel y se preguntó cuál sería la mejor forma de tratar los crímenes de Mao en el cine, mientras anotaba las ideas que le venían a la cabeza. Lo más acertado parecía una película de terror. Algo del estilo de *La profecía* o *El exorcista*. ¿Y si aparecía el fantasma de Mao, o mejor, renacía? Sí, como un ávido fantasma, que se negaba a morir y se aferraba a alguna entidad moderna igualmente horripilante. Ya lo tenía. Se tragó un Xanax y se fue a dar un paseo por el río Huangpú. Horas más tarde volvió a su habitación y vio que la habían saqueado, le habían robado la computadora y en su cuaderno habían garabateado una nota cuya caligrafía parecía la del agente del Ministerio de Seguridad del Estado chino, al que ya le habían encargado que se ocupara de su contención: «El silencio es oro».

Se fue de allí llevando consigo solo su pasaporte, y tuvo un momento de inspiración que le hizo entender el alcance de su proyecto y la estrella que requería.

—Te necesito, Jimmy —dijo entonces—. Tienes que ser mi Mao.

—¡Estás loco! —gritó Carrey—. ¡Me colgarán si hago de asiático!

Kaufman ya había pensado en eso. Interpretar el personaje de Mao de manera realista, como lo haría Daniel Day-Lewis, tendría como resultado un tono entre grotesco y cómico. Pero ¿y si se pensaba desde lo cómico y grotesco? Puede que entonces se revelara todo lo que tenía de horripilante. El Mao de Kaufman se gestaría dentro de la mente de un actor atormentado, «Jim Carrey», una estrella que, presa del miedo a su propia caída, explora los mismos oscuros vicios que gobernaron a Mao: el deseo de veneración eterna y de esquivar a la muerte entrando en la historia. Un hombre que, convencido de que su Mao Zedong sería como el Jake LaMotta de De Niro, se deja llevar por el espíritu del tirano, su lujuria, su vanidad, hasta que este lo devora por completo. Carrey estaba horrorizado pero, aun así, quién sabía si en las manos de Charlie aquello podía convertirse en una obra maestra, su boleto para el Oscar, algo que volvería loco de envidia a Tommy Lee Jones —que nunca había reconocido su trabajo y lo había tratado de bufón cuando filmaron *Batman Forever*—, aquella basura salida de Harvard y empapada de whisky, que Dios lo bendiga.

Kaufman desplegó un tratamiento de guion manoseado. Tachó la primera frase, escribió otra en su lugar y la leyó en voz alta:

—«Jim Carrey y Charlie Kaufman están sentados bajo un cielo azul sin fondo, la brisa de la noche transporta el dulce olor de los mangos que se pudren en los árboles sobre ellos. La cámara se acerca a Carrey. "¿Cómo empieza?", pregunta con la voz teñida de una trágica ingenuidad.»

Carrey cerró los ojos, mareado. Se imaginó a sí mismo haciendo de sí mismo haciendo de Mao, y preguntó:

—¿Cómo empieza la película?

—Con la hambruna. Una larga panorámica digital, que se alza sobre un montón de campesinos apelotonados y hambrientos. Miles. Millones. Decenas de millones. Bebés, niños, madres, padres, ancianos y sus últimas respiraciones, alientos, todos juntos cantando una antigua canción para la cosecha. Son los inocentes cuyas vidas Mao devoró, con las que alimentó sus sueños diabólicos. Poco a poco la cámara se eleva sobre los cuerpos apilados que se empequeñecen a medida que esta asciende, cada vez más lejos, hasta que llega al cenit y se convierte en una imagen invertida dentro del ojo lechoso y moribundo de Mao Zedong. Está tumbado en una camilla quirúrgica de acero. Enganchado a un respirador. Un insulto a la palabra «vivo». —Kaufman bajó el guion—. ¡Eres perfecto para el papel! ¿Quién si no podría hacerlo? —Se aclaró la garganta y volvió a mirar la página—. El tiempo no se comporta igual en la muerte. Los minutos escupen siglos. Los segundos excretan milenios. Aquí es igual. Nos metemos en el punto de vista de Mao cuando el equipo de embalsamamiento le enchufa tubos de plástico en las arterias y lo llena de formaldehído. Está atrapado en su propio cuerpo. No está vivo pero todavía no está muerto. Algo más allá de su carne lo atormenta, algo que allí, al final, lo sostiene en sus garras. Piensa que no puede escapar. Y mientras grita en su interior como si lo hubieran enterrado vivo, la cámara pasa de la famosa, hinchada y espantosa cara de Mao a...

—¿A qué? —susurró Carrey.

—A la tuya...

CAPÍTULO 6

Charlie Kaufman estaba huyendo. Se había ido de su bunga-low al Saharan Motor Hotel, un viejo hotel de mala muerte en Sunset Boulevard desde donde guiaría al espíritu de Jim Carrey hacia Mao.

Carrey se había hospedado en ese hotel cuando llegó a Hollywood en 1982, con seiscientos dólares en el bolsillo, una maleta llena de ropa y una copia de segunda mano del *bestse-ller* apocalíptico de Hal Lindsey, *La agonía del gran planeta Tierra*. El autor sostenía haber resuelto unos códigos secretos de la Biblia que decían que la aniquilación nuclear no tardaría más que algunos meses, el fin de todo lo que conocíamos. Ca-rrey lo leyó sentado en una silla de plástico deformada por el sol con vistas a la piscina del Saharan, llena de un agua fétida en la que se mecían colillas y envolturas de caramelo, con el sonido del regateo del éxtasis entre las putas y los clientes que provenía de las habitaciones vecinas. A veces, cuando se sentía solo, quedaba con ellas. A veces hacía que su repugnante col-

chón se retorciera con Tammy, la rubia oxigenada con mini-
falda blanca que buscaba clientes en la puerta del Comic Strip;
otras con Vicky, una pecosa de Montana que anhelaba ser una
estrella de telenovelas mientras aprovechaba el tráfico de la
hora pico. A veces el perfume Chanel falso de Vicky se le
quedaba en la piel y lo olía mientras leía *La agonía del gran
planeta Tierra* en la piscina del motel, y a veces, mirando hacia
arriba, fantaseaba con mil misiles balísticos intercontinentales
cruzando el cielo, los oía a todos silbando antes del impacto y
se agachaba, esperando el momento en que los ladrillos del
motel, las páginas del libro y su propia carne se evaporaran y
los arrastrara hasta el mar el viento purificador del desierto.

Desaparición, erradicación... unas fantasías algo extra-
ñas para un aspirante a actor. Pero en los momentos más
desoladores, cuando sus chistes no hacían gracia, cuando temía tener que volver a casa, a Canadá, como un fracasado, lo
deseaba con tanta fuerza... Cualquier cosa que lo sacara del
potro de tortura de sus sueños.

Pero los misiles nunca atravesaron el cielo y la imagen de
Jim Carrey no hizo sino crecer a lo largo de décadas, aumen-
tando con cada éxito.

Esos días estaban lejos de su mente cuando entró en el
Saharan aquella semana. Kaufman le dio la bienvenida, llevaba una pijama de cuerpo entero con un estampado de imágenes de los años cincuenta de Toro y el Llanero Solitario. Le
hizo un gesto casi imperceptible a Jim y volteó hacia un bulto
que se extendía por toda la cama, un hombre barrigón en un
traje de lino que antiguamente debía de ser de color marfil
pero que ahora estaba manchado de sudor. El hombre hizo
tres respiraciones dramáticas y se levantó el ala del maltrecho
panamá hasta que su famosa cara se hizo visible bajo el sol de
la mañana.

—Hopkins —dijo Carrey con la voz entrecortada.

Resulta imposible sobreestimar la importancia de la participación de Anthony Hopkins en el asunto Mao. Fue el primer maestro de Hollywood que alabó los talentos interpretativos de Carrey y le escribió para elogiar *Una pareja de idiotas* (*Dumb and Dumber*), diciendo que era una osada exploración de la «brutalidad de la clase y del milagro de la amistad». Se habían hecho íntimos en los Globos de Oro de 1998 tras darse cuenta de que ambos desarrollaban sus personajes a través del espíritu de los animales: Carrey basó Ace Ventura en un pájaro inteligente, y el Hannibal Lecter de Hopkins era un híbrido de tarántula y cocodrilo con una paciencia infinita. «Los Zoólogos», se apodaron a sí mismos y siguieron siendo buenos amigos. Kaufman le pidió a Hopkins que hiciera del recuerdo de Richard Nixon en la mente de «Jim Carrey» haciendo de sí mismo mientras se preparaba para hacer de Mao, un fantasma dentro de un fantasma. Aceptó y se ofreció a ensayar con ellos. Su presencia hizo que Carrey viera la sórdida habitación de hotel transformarse en un lugar preñado de destino.

—Una vez me llamaste el Lewis y Clark de las selvas vírgenes de la interpretación —dijo Hopkins—. Pero como la edad trae consigo la falta de sexo, ¿no seré más bien tu Sacajawea? Creo que sí. El Arte es el niño que llevo en mi pecho. El Oficio es la leche de mi pezón. Permite entonces que crucemos estas fronteras salvajes. Permite que encontremos nuestro hermoso Pacífico, nuestro...

Bostezó y luego dio la impresión de haber olvidado que estaba hablando. Agarró una copa de borgoña, teñida con las huellas de sus labios. Jim se preguntó qué había provocado que Hopkins cayera de nuevo en la bebida.

Una mujer. Hopkins se había pasado el invierno dirigiendo *Tito Andrónico* en la escuela de interpretación de Yale y allí se había enamorado de una poeta, Elise Evans, autora de un poemario finalista del Premio Pulitzer, *El corazón escarificado*. Había perdido a su primer marido, el montañista Chugs Stanton, en una avalancha mientras escalaba el Himalaya. El segundo, un arqueólogo, la había dejado por una mujer mayor que ella. Había renunciado al amor y pensaba que no era más que un engaño biológico. Hasta que llegó Hopkins. Pasaron el invierno en el departamento que ella tenía en la facultad, tomando baños calientes mientras las ventiscas aullaban tras las ventanas plomadas. Hopkins sentía que toda su vida había sido un preludio a sus caricias y con las primeras flores de abril decidió que a partir de entonces todos sus días debían ser como aquellos. Le compró un anillo de compromiso con un zafiro y dos boletos de avión a la isla Mustique. En la tienda J. Press de York Street se probó el traje de lino color marfil con el que esperaba casarse con ella, metiendo barriga ante un espejo en tríptico que lo reflejaba, infinitamente feliz. Lo único que quería era pasar alguna estación más con ella. Un destello de sol le había hecho pensar que era posible hasta lo insultante. Pero sus huesos lo traicionaron: su fémur y su tibia rechinaron, artríticos, cuando se arrodilló para pedirle la mano y un dolor en la articulación hizo que su pierna cediera. Tirado en el suelo ante ella, imploró al universo que el tiempo retrocediera solo cinco segundos. Su corazón se marchitó cuando los labios de ella tocaron su frente, con un beso de pena en lugar de amor. Al levantar la mirada vio sus ojos llenos del miedo de la pérdida y las lágrimas goteaban desde sus labios cuando dijo: «Ay, Tony, no puedo, lo siento mucho...».

«Maldito imbécil —se maldijo a sí mismo en el tren al que se subió en New Haven—. Maldito imbécil, derrotado por tu propio esqueleto decrépito. ¿Cuántos amores nos debe la vida? Ninguno. ¿En qué estabas pensando? ¿Creías que cuidaría de ti hasta que estuvieras senil? ¿Que te cambiaría los pañales? ¡Maldito imbécil!», vociferó, y alguno que otro pasajero del vagón restaurante pensó que Hopkins lo estaba regañando a él.

—Hay tantas cosas que lograr —le decía ahora a Carrey, mientras una parte de él seguía hundida en el dolor del recuerdo del amor—. Empecemos.

Así que Carrey se puso al lado de Hopkins mientras Kaufman encendía la pantalla plana para ponerles las primeras escenas de un adoctrinamiento de personaje cuidadosamente planeado, grabaciones de la hambruna de Mao que acababa de recibir con una nota que decía: «Tienes amigos en Taipéi».

Charlie puso el video en cámara lenta, a una sesentaicuatroava parte de su velocidad real, esperando que Carrey absorbiera por completo cada fotograma de los asesinatos de Mao. Ese día pasaron seis horas tumbados en la cama *kingsize* viendo el infierno en la tierra. Panorámicas de gente hambrienta peregrinando hacia rudimentarios hornos de ladrillo, haciendo cola para conseguir unas exiguas raciones de arroz, vigilados por hombres armados. Interiores de cabañas a rebosar de niños cuya muerte estaba tan cerca que ni siquiera el ojo de la cámara podía captarla. Imágenes sin tregua de un paisaje infernal creado por el hombre. Carrey, que no sabía nada de la historia de China, se preguntó la causa del sufrimiento de todas aquellas personas.

—¿Un terremoto? ¿Una inundación? ¿Una guerra?

—Peor —dijo Hopkins dándole un sorbo a su vino—. Un sueño. ¡Un gran plan! Mao intercambió toda la producción de cereal a Rusia por bienes de capital y armas con la esperanza de controlar el poder atómico. Colectivizó la tierra y obligó a los campesinos a fundir sus arados para obtener acero. Quería que China superara a Rusia en riqueza e importancia. Quería que hubiera radios en las cocinas y automóviles en las carreteras. Stalin diseñó una hambruna para industrializar el país, así que Mao hizo lo mismo. Pensó que sería el camino al paraíso.

—Una utopía —afirmó Kaufman—. Más espantoso que Gomorra.

—Sí —dijo Hopkins—. Mao prometió un Gran Salto Adelante. ¡La salida del feudalismo! Nunca dijo cómo lo conseguiría.

—¿Cómo lo hizo?

—En China escaseaba todo menos las personas —dijo Hopkins—. Así que las devoró, utilizó las vidas como combustible bruto.

Recordemos que el gurú Viswanathan le enseñó a Carrey a visualizar el color de su aura. Cuando Kaufman le mostró lo que Mao había hecho mientras en su país morían millones de personas —imágenes del déspota bailando con jóvenes actrices vestidas de seda en fiestas al aire libre en Shanghái, atiborrándose de cerdo y de whisky, fumando sus amados cigarros— sintió una contaminación espiritual, una atenuación de su brillo rosado y dorado.

—Le da exactamente igual —dijo Carrey.

—¡Al poder siempre le da igual! —contestó Hopkins—. Mira cómo vivía Mao mientras los demás morían. Fiestas decadentes, orgías salvajes, arrasando con todo desde su mansión mientras las masas se morían de hambre.

Y al ver a Mao bailando con sus amantes en la pantalla, el miedo enturbió la mente de Carrey. Heath Ledger se vio absorbido por el personaje del Joker. Willy Loman arrastró a Philip Seymour Hoffman al vacío. Carrey pensaba que Ledger era un talento excepcional que se apagó demasiado pronto. Pero ¿Hoffman? ¿Philip Seymour Hoffman? Es verdad que él podía hacer ciertas cosas que Hoffman no, pero *Hoffman*. Solo ese nombre. Se le contrajeron los dedos de los pies. Menudo artista. De una excelencia modesta, mágica. La profundidad de la transformación. Hoffman era genial, comparable a Brando y a De Niro. Hoffman, muerto en el suelo de un piso del West Village; lo tenía todo y la vida seguía pareciéndole tan insoportable que se anestesió hasta el olvido. Carrey pensó entonces en aquellos mapas antiguos, de cuando se creía que la Tierra era plana, donde el agua y los barcos condenados caían por los bordes y había monstruos jugando en los márgenes, y se preguntó si acaso no representaban la geografía sino el ser interior. «Mantente en los mares cálidos, no te alejes de las rutas comerciales.»

Era una locura conjurar los demonios de Mao. Y aun así... la recompensa era alta. Hoffman haciendo de Truman Capote. Daniel Day-Lewis haciendo de Lincoln. La alabanza. El dulce prestigio, la caricia materna, la validación felacional. Entonces el deseo de grandeza anuló el miedo y cegó la miseria que emanaba de la pantalla plana. Se vio a sí mismo en una futura gala de los Oscars vestido con un elegante esmoquin de Armani, de solapas finas (para entonces habría perdido por lo menos diez kilos), y a todo el mundo maravillado con su estado físico mientras las escenas de su interpretación de Mao se proyectaban en las pantallas gigantes ante una aduladora Academia. Vio a Tommy Lee Jones entre el público, demacrado y con una papada hecha de pellejo, desparramado en su silla, reducido a harapos por el puro poder del arte de Carrey. La dopamina le hizo efecto justo cuando, como suele suceder en las películas..., llamaron a la puerta.

—¿Quién es? —dijo Kaufman deslizando la mano bajo la almohada, agarrando el colt con empuñadura de marfil que había escondido allí.

Aquella arma lo tenía fascinado desde las noches de su infancia que había pasado viendo *La ley del revólver* (*Gunsmoke*). Acariciando su tambor, volvió a verse a sí mismo, de niño, en un carrusel de Coney Island. Lo cuidaba su tía Fiona, una solterona que canalizaba su instinto maternal a través de él, el pequeño querubín Charlie, que sonreía y sacaba pistolas de juguete de sus cartucheras para acribillar a Richie y a Josh Kirschbaum, los hijos mimados de un dentista que se burlaban de su abrigo de segunda mano, bang-bang-bang, la música del carrusel hacía de banda sonora de la matanza y...

—¿Quién demonios es? —preguntó Kaufman apretando el revólver.

—¿Quién...? —dijo Hopkins acabándose el borgoña—. ¿O qué?

—Quién. Una persona llama a la puerta. Una persona es un *alguien*.

—Pero ¿qué representa esa persona? ¿Qué lleva consigo? Tanto en el teatro como en la vida hay gente que es alguien y hay gente que solo es algo. Geisel era bien consciente de ello.

—Bueno —dijo Kaufman—. ¿Quién o qué está ahí?

—¿Ahora mismo? —dijo Hopkins—. ¡Qué tensión! Pero en un momento, cuando haya abierto la puerta y veamos quién o qué hay tras ella, verás, Chuck, que he traído una brizna de lo efímero, lo visceral y sí, extravagante pero también calamitoso, a nuestros esfuerzos. Escóndete en el baño, Jimmy. No queremos que tu famosa cara contamine esto.

—Tú también tienes una cara bastante reconocible.

—No te preocupes —dijo Hopkins—, pondré un gesto genial.

Así que Carrey se fue al baño arrastrando los pies y Hopkins abrió la puerta, tras la que se encontraba Lenny Weingarten, un repartidor de treinta y un años del Neon Dragon Bistro que les traía cuatro Menús Familia Feliz que rezumaban grasa por las bolsas de papel de estraza.

—No eres chino —dijo Hopkins.

—Soy Lenny Weingarten.

—En la página web solo hay fotos de empleados chinos.

—Son fotos de archivo.

—¿Qué son las fotos de archivo?

—Fotos de gente que se venden a terceros sin darle importancia al contexto o a la verdad.

Weingarten había estudiado Semiótica en el campus de Santa Cruz de la Universidad de California.

Entonces Hopkins, sintiéndose víctima de publicidad engañosa, le puso un billete de cincuenta arrugado a Weingarten en la mano y le cerró la puerta en las narices.

—¿Has intentado traer a un chino? —preguntó Kaufman.

—¿Y?

—Es una falta total de tacto.

—Tú eres el que le está dando el papel de Mao Zedong a un blanco.

—Le estoy dando el papel del espíritu de Mao dentro de un blanco. Y haciendo que los dos se conviertan en avatares del demonio supremo, un aniquilador de generaciones sin raza y sin sexo. Tú estás usando el servicio terciario para convertir a una persona china en testigo del proceso.

—Si todo es tan inocente, ¿dónde está el problema?

—Vivimos en una sociedad que se desmorona, multiétnica y con una estructura que emula el esquema Ponzi, lo cual requiere un entorno cultural muy vigilado y que evite el caos. Ese es el problema.

—Tú eres el que vive en una sociedad multiétnica que se desmorona y con una estructura que emula el esquema Ponzi, lo cual requiere lo que sea que hayas dicho —dijo Hopkins, rellenándose la copa—. Yo soy inglés. Ese repartidor del restaurante chino era judío. ¿Lo dejarías sin trabajo?

—¿Qué?

—¡Antisemita!

En el baño, Carrey ya estaba luchando contra Mao. Al principio, la estrella estaba dando rodeos, esperando poder gestionar el papel haciendo uso de un impresionismo seguro, creando el personaje del tirano solo superficialmente. Deformó los ojos, se llenó los cachetes con papel higiénico para imitar la hinchazón de Mao, pero solo consiguió parecerse a un Ed McMahon asiático. Luego se repeinó el pelo hacia atrás con agua y sonrió como un maniaco, pero esto solo provocó que McMahon virara hacia Ronald Reagan. Un instructor de tantra de Esalen le había enseñado que el alma habla a través del baile. Así que empezó a moverse como había visto hacerlo a Mao en las imágenes de archivo con las chicas de su harén de Shanghái, realizando movimientos ondulantes ante el espejo. Reagan y McMahon desaparecieron de su creación y esta pasó de la comedia a la brujería. Un harén. Su intimidad con Georgie seguía adoleciendo de una desconfianza mutua. La sonrisa de Mao se enroscó en su propia piel. Sintió el comienzo de una erección. Y le gustó hasta que vio una neblina negra en el espejo. ¡Su aura! El color rosa y dorado se había esfumado por completo. Ahora solo había polvo de carbón. Volvió a sentir el viejo miedo de los imitadores: que el trono del ego no solo estaba vacío, sino que no era un trono en absoluto, sino una banqueta chirriante y desgastada por el peso de diez mil culos. ¿Dónde estaba Jim en aquel momento? ¿Quién era Jim? ¿Qué sería de Jim si Jim no fuera más que la creación de miles de millones de mentes de extraños? Jim era la sensación de Jim perdurando un momento tras otro. ¿Qué pasaría entonces con aquellos momentos perdidos? Presa del pánico, cerró los ojos e intentó domesticar su caos interno con la brillante vara de la gramática: «Yo soy Jim, Jim soy yo, yo soy yo». Pero ¿cómo podían todas aquellas cosas ser al mismo tiempo iguales y diferentes? Buscó una base donde apoyarse en el simple reflejo, pero allí no había ni él ni yo. Solo estaba el espectro de Mao sonriendo tenso. Intentó borrar la oscuridad salpicándose desesperado la cara con agua del grifo, pero la sonrisa de Mao crecía sin interrupción, cada vez más amplia, como Guy Rolfe en *Mr. Sardonicus*. Su reflejo lo horrorizó como si fuera un niño con una espeluznante máscara de Halloween. El viento le trajo el aroma del Neon Dragon Bistro y se le despertó un hambre feroz.

—¡Ven, Jimmy! —exclamó Hopkins—. ¡Din, din!

Cuando volvió a la habitación, vio a Hopkins hurgando en las bolsas de plástico.

—Se les olvidaron las galletas de la fortuna —espetó—. ¡Malditos hunos!

—No se les olvidaron —dijo Kaufman, febril—. Se quedaron sin profecías. Es el final de la partida, vaqueros. Para todos. Solo nos queda una jugada: la aniquilación completa. De la vida, del amor. De los idiomas y las especies. En algún lugar el fin ya ha llegado. Se han olvidado todas las palabras. Esta vida no es más que un *flashback* mediocre.

—Prefiero los *flashbacks* mediocres al espacio muerto —dijo Hopkins—. Vamos a comer.

Se dieron un banquete de arroz frito con camarones y *sukiyaki* de verduras mientras la tele parpadeaba con el horror de la hambruna: ancianos marchitos, niños con barrigas hinchadas, montones de gorriones muertos, caídos del cielo.

Carrey comió con un hambre sobrenatural, sorbía fideos *lo mein* mientras la proyección llegó a su punto álgido en las tomas con cámara en mano de tres hombres sufriendo de inanición extrema; cada paso que daban constituía una tarea imposible, pues eran solo tendones y piel y se movían como marionetas salidas de una tragedia.

—Maldición —dijo Carrey cuando su tenedor de plástico barato se rompió en dos.

—¡Úsalo! —gritó Kaufman—. ¡Come con las manos! ¡Alimenta al glotón que tienes dentro!

De manera que Carrey utilizó las manos como garras y empezó a atrapar trenzas grasientas de fideos y a metérselas en la boca. Hopkins estaba entusiasmado.

—¡Ellos muriéndose de hambre y tú atiborrándote! Igual que Mao cuando bailaba en Shanghái mientras los campesinos se comían a sus hijos.

Puede que fuera porque los camarones o el *lo mein* se encontraban en mal estado. O puede que Hopkins hubiera hablado demasiado pronto y sus palabras (que distinguían al actor de la persona) sacaran al espíritu de Mao de la carne plástica de Carrey, que ahora este sentía un estremecimiento que le provocaba náuseas, un fuerte deseo de huir de aquella retorcida sesión. Intentó hacerlo desaparecer con las técnicas de respiración de fuego del gurú Rajneesh que a finales de los noventa había purificado su karma y lo había llenado de risa cósmica. Pero aquella noche, la técnica no le funcionó y lo único que hizo fue escupir masa de fideos a la televisión con cada respiración. La comida se quedó pegada en las caras pixeladas de los campesinos, difuminando la distancia entre los dos mundos.

—Ya no aguanto esto —dijo Carrey—. Es demasiado.

—Podría llamar a Johnny Depp —repuso Kaufman, alargando un poco el sadismo—, todos sabemos lo que hizo Johnny con Jack Sparrow.

—¡Ya es suficiente! —dijo Carrey con tanto miedo de hacer de Mao como de que Depp se lo arrebatara—. Lo estoy intentando, pero es aterrador. ¿Sabes lo que me costó darle a mi aura ese color dorado radiante? Sesiones de energía, de recuperación de recuerdos en Malibú. Seminarios intensivos de una semana con Abraham Hicks. Georgie se gasta un dineral en cristales. ¿Y ahora? Ahora mi aura es como una niebla tóxica suspendida sobre un riachuelo envenenado en el que juegan unos chiquillos, unos niños adorables e ignorantes con juguetes de plástico barato. Así está mi aura ahora mismo, Charlie. No es falta de profesionalismo, es que me preocupa la humanidad.

—¿La humanidad? —dijo Kaufman—. A la humanidad la bombardean en Bagdad para que tú puedas calentar tu mansión. La humanidad muere lenta y cruelmente en las minas del Congo para que puedas tener el último modelo de iPhone. A la humanidad la golpean con la culata de un fusil en las colonias casi penitenciarias de South Central mientras tú comes quinoa y le miras el culo a las chicas de tu clase de yoga. ¿La humanidad? ¡Es una historia que la gente se cuenta a sí misma para no sentirse culpable mientras se aprovecha de la miseria de otros! ¡Tú, vendedor ambulante de falsos escapismos! La estrella. ¿Te lamentas de tu humanidad perdida? Pues llegas tarde, carajo.

Y entonces le bufó a Carrey en la cara con tanta maldad que este lo agarró del cuello y entonces Kaufman (que siempre estaba un poco enfermo) le escupió una flema para defenderse. Hopkins se puso de pie en la cama y les lanzó camarones *lo mein* a los dos para burlarse de ellos.

—¡Son peor que una banda de niños sicilianos de la calle!

Pero el insulto no tuvo tanto efecto como el que producía en su infancia en plena posguerra. Hopkins perdió el equilibrio. Agarró a Carrey, que estaba pegado a Kaufman y no tardaron en caerse al suelo en una cascada de fideos y blasfemias. Ahora también ofendían a sus libertinos compañeros del Saharan, y a un violento aporreo en la pared le siguió la voz de un adúltero frustrado.

—¡Silencio!

—Perdón —contestaron los tres hombres, quedándose quietos de repente.

—Mao está esculpiendo la historia y para ello necesita carne —dijo Hopkins, quitándole una gambita del pelo a Kaufman—. Es un trabajo sucio, pero ¿acaso Yahvé no envió un diluvio? También Mao pensaba que estaba justificado. También él estaba creando un pueblo.

—Tienes que anular la empatía —dijo Kaufman—. ¿Puedes hacerlo?

—Lo intento —dijo Carrey—. Me siento muy amenazado. Parece que quisiera agarrarse a mí. Que quisiera consumirme, ¿sabes? A mí y a todo lo demás.

—Déjalo entrar.

—Tengo miedo, Charlie.

—Deberías —dijo Hopkins—. Mao no es un extraño. Ni para ti ni para ningún estadounidense. Es la muerte de la religión. ¿El mantenimiento de las cuotas industriales como objetivo principal de la sociedad? ¿La destrucción de vidas humanas en servicio del mercado? ¿El gobierno de las élites más poderosas más allá de toda responsabilidad? ¿Qué es Mao sino el padre del capitalismo moderno? ¿O, más aún, del lugar que ocupan los famosos en ese capitalismo? Una distracción. Entretenimiento. Como un dios de sonrisa falsa y sempiterna. Luke... es tu padre.

—¿De dónde has sacado todo eso?

—De noches muy oscuras.

Los ojos de Carrey se abrieron de par en par: aquello era demasiado.

—No le metas *Star Wars* en la cabeza —dijo Kaufman— o acabaremos con un jedi asiático.

—Tranqui, Chucky —gruñó Hopkins.

—No me trates con condescendencia. No eres más que un lector de frases. La marioneta de un ventrílocuo. ¡Soy yo el que bucea en el fango humano para encontrarlas!

—Vamos, Chucky —dijo Hopkins—. Deja de presumir.

—Yo no presumo. Y no me llames así.

—Basta, los dos —dijo Carrey.

—¡Chucky-Chuck!

—Vuelve a llamarme así —dijo Kaufman deslizando la mano bajo la almohada y agarrando el revólver—. Vuelve a llamarme «Chucky» y te vas a...

—Basta. En ser...

—«*Who put the bop in the bop shoo bop shoo bop* —cantó Hopkins alegremente—, *who put the Chuck in the Chuck-a-Chuck-a-ding-dong.*»

Temiendo perder el control de su propio proyecto, Charlie sacó el colt de debajo de la almohada y apuntó directamente a Hopkins, que se lanzó a quitárselo de las manos. Al forcejear, el dedo impregnado de salsa de soya de Charlie resbaló en el gatillo y disparó una bala que rozó el hombro de Carrey. El estruendo los dejó a todos en *shock* y con pitidos en los oídos. Jim se tocó la herida y no sintió ningún miedo, solo un poco de dolor, una vertiginosa emoción y la incipiente comprensión de que nunca se había sentido tan vivo. Una sonrisa torcida le cruzó la cara.

—El espíritu de Mao está con nosotros —dijo Hopkins—. Dejémoslo por hoy.

Él y Carrey se fueron y dejaron a Kaufman completamente solo en la triste habitación.

Pasó un rato tumbado sobre la colcha, intentado tranquilizarse con la respiración. Después extendió la mano para agarrar una cajita del buró y la abrió con cuidado. Dentro, sobre una nube de algodón, estaban los cadáveres de Jan y Dean, sus queridas mariposas. Les acarició las alas con cuidado, imaginando aquel momento como una escena de su obra maestra, pensando en el equipo de efectos especiales que resucitaría a sus criaturas, en su aleteo cuando volaran por la habitación, con las alas brillando por el reflejo de la luz fluorescente.

Carrey no lograría estar en paz, ni real ni imaginada.

En casa lo esperaba el guion para el Proyecto Sin Título de Disney de la Fábrica de la Diversión de Play-Doh. Solía ignorar esas tonterías, pero aquello era diferente, llevaba un sello de máxima prioridad y se lo había enviado por mensajería la Creative Artists Agency, un laboratorio de reprocesamiento cultural a gran escala con sede en el desierto de California. Gerry Carcharias le adjuntaba una nota manuscrita:

Hola, Jim:

Jack Black, Jude Law, Antonio Banderas, Katy Perry, Zoe Saldana y Wesley Snipes ya están dentro. Puede que Jackie Chan también. ¿Sabes lo que eso significa en el mercado asiático? Es una buena oportunidad de mostrarles que puedes actuar con más gente. ¡Eres mi favorito!

Gerry

Una vez entró en Roma por la puerta grande. Y ahora... ¿un anuncio de dos horas para Hasbro? Se cubrió el hombro herido y se metió en la cama junto a Georgie. Empezó a tener pensamientos confusos que lo sumieron en una versión pesadillesca de sus recuerdos, los mismos que había evitado que salieran a la superficie con el gurú Natchez Gushue.

Hacía cuarenta años, su familia vivía en una portería de obra vista y trabajaba en la fábrica de Titan Wheels a las afueras de Toronto. Estaba de vuelta allí. Era invierno y hacía frío. Montones de nieve sucia se acumulaban a sus pies. También habían tenido un empleo como conserjes después de que su padre perdiera el puesto de contador en el que había trabajado durante treinta años. Lo había despedido su propio cuñado, Bill Griffiths, un hombre cuyo nombre se convirtió en sinónimo del cruel destino tras las dificultades que pasó Percy Carrey. «Puto Bill Griffiths», solía espetar cuando le rechazaban los cheques. «Puto Bill Griffiths», le susurraba al espejo cuando veía que las entradas eran cada vez más profundas.

En el sueño Carrey se acerca a la pequeña y triste casa, mira a través de las ventanas escarchadas y ve a su madre, Kathleen, amasando cebollas y apio dentro de carne picada, un alimento básico familiar que compró a mitad de precio un día antes de la fecha de caducidad en el supermercado DiPietro. De lejos, el olor solía hacerle creer que iban a comer filete.

La llama, pero ella no contesta.

Pasa de la casa a la masa gris de la fábrica cuyos focos atraviesan la niebla. Sabe que dentro lo están esperando.

Cruza el solar vacío tiritando. Entra por la zona de carga, le da un golpe al reloj de fichar, se mete en el vestidor de empleados, se pone el overol de conserje, se ata las botas de trabajo con punta de acero Greb Kodiak y se enfunda los guantes amarillos de plástico. Encuentra el trapeador y la cubeta con ruedas y las empuja hacia el baño en el que siempre empieza su turno, donde los empleados jamaicanos cagaban en los orinales para divertirse y atormentarlo. Saca un mojón resbaladizo con su mano enguantada y frota la porcelana con desinfectante, sintiendo arcadas con cada respiración.

Escucha una cancioncita alegre, como si viniera de un camión de helados.

Suena cada vez más fuerte y atrayente. La sigue hasta un lóbrego pasillo, hasta las puertas de acero que llevan a la nave de la fábrica donde trabajaban su padre y su hermano. Pero ahora es diferente que hace años. Ya no es la fábrica de Titan Wheels, sino una Fábrica de la Diversión de Play-Doh, todas las máquinas tienen colores de caramelos y eructan ráfagas de diamantina que brillan en las luces del arcoíris.

—¡Jimmy!

Oye la voz de su padre en lo alto y mira hacia arriba, donde lo ve atrapado en un embudo gigante de color rosa neón. Unas cuchillas enormes pintadas como el arcoiris le hacen picadillo las piernas. Le han troceado hasta la cintura, pero Percy Carrey sigue brillando, como una imagen de martirio católico, con los ojos mirando fijamente al cielo.

—¡Lucha, papá! —grita Jim, poniendo en palabras décadas de angustia—. ¿Por qué nunca luchas? ¿Por qué nos trajiste aquí? ¿Por qué te diste por vencido de aquella forma?

—La Fábrica de la Diversión no es el peor sitio para trabajar —contesta Percy encogiéndose de hombros.

—¡Te está haciendo picadillo las piernas!

—¡No le hables a sí a tu puto padre, carajo! —Otra voz que le resulta familiar ruge por toda la planta. Carrey se da la vuelta y ve que su querido hermano John está atrapado en una máquina parecida que también se lo ha tragado hasta la cintura—. Tú eres el puto infeliz aquí, Jim. A la mierda tú y tus inseguridades. Tu puta rabia contenida y tu puta necesidad de atención. Es patético, carajo. Nos pasamos el puto día rezando como putas por ti. Te lo juro por el puto Dios.

—Haces que suene horrible —dice Carrey—. Soy feliz. Lo suficiente. No lo he hecho tan mal. He hecho alguna película buena. Tengo una buena compañera doméstica...

—Restriégamelo por la puta cara, ¿quieres?

—Dios, no paras de decir palabrotas.

—¿Quién te crees que eres? ¿Mi puta madre?

Esta será su última conversación. John se sacude arriba y abajo del embudo antes de deslizarse por las tuberías de la fábrica pronunciando su blasfemia preferida.

—¿Me puedes pasar los cigarros? —le grita Percy cuando las cuchillas se atascan en sus fémures—. Me vendría muy bien fumar un poco.

—¿Por qué no los denunciaste cuando te despidieron?

—Los buenos hombres no denuncian, hijo —dice Percy cuando las cuchillas le rompen la pelvis—. ¡Puto Bill Griffiths!

—No es culpa de Bill Griffiths. Podrías haber hecho tanto. Tenías talento. ¿Por qué dejaste que te arrebataran la vida? ¿Por qué no luchaste?

Percy se encoge de hombros.

—Un día todo se volvió oscuro.

—¿Y abandonaste tus sueños?

—No abandoné mis sueños —dice Percy casi sin aliento—. Un día me hiciste reír tanto que se me cayó la dentadura. Después de aquello, mi sueño eras tú.

Sintiéndose de repente avergonzado por su ira, Carrey se

sube al embudo, se inclina en el borde e intenta agarrar la mano de su padre. Pero los engranes jalan a Percy hasta llegar a su cuello y la sangre arterial empieza a salpicar por todas partes y a cubrir el embudo. Jim se resbala, se retuerce, intenta en vano encontrar un lugar al que agarrarse. Pero las paredes están demasiado inclinadas y resbaladizas.

Allá va Carrey, a las entrañas de la Fábrica de la Diversión. Unos dientes de acero le machacan los huesos, la melodía empalagosa de la fábrica suena más fuerte cuando le alcanza las rodillas y luego la cintura. Intenta agarrarse sin éxito, no tiene escapatoria. Lo mastica hasta los hombros. El cuello.

Después, oscuridad.

El sueño regresa, gracias a su propia lógica retorcida, a la pequeña portería de obra vista, la fábrica se convierte en la cocina. Él y su padre son ahora carne picada humana que chisporrotea en una sartén gigante junto con cebollas y apio, revueltos por la espátula de su madre.

—¡Mamá, soy yo! ¡Apaga el fuego! —grita Carrey. Pero sus palabras no son más que los chillidos de la grasa burbujeante.

—No puede oírnos, hijo —dice un puñado de carne a su lado—. Está sufriendo.

Carrey se despertó entre sus sábanas como si lo hubieran apaleado, empapado en sudor, gimiendo, y despertó a Georgie, que dormía a su lado. Un mes antes hubiera sido ella la que lo habría despertado, abrazado y consolado para que olvidara la pesadilla. Ahora, con el amor herido por el desprecio, solo lo observó sacudirse y lloriquear, fascinada, satisfecha incluso, de ver a la todopoderosa estrella tan indefensa.

CAPÍTULO 7

Carrey se despertó y vio que Georgie no estaba, se había ido a una clase de guion que impartía Caprice Wilder.

No tenía ningún recuerdo de la Fábrica de la Diversión, solo la sensación de una amenaza soterrada, de la cual intentó escapar utilizando una enseñanza budista: que no se puede confiar en la mente porque solo es una cloaca de espejismos. El problema de eso es, claro está, que como las mentes de todo el mundo están ligadas, la cloaca es todavía más fétida y más profunda.

Acababa de salir de la cama y estaba en la cocina, de pie, sosteniendo una taza de café, cuando recibió un correo electrónico de su publicista, Sissy Bosch, en el que lo prevenía de que había un video suyo hecho con tecnología *deep-fake* que, en el espacio de una noche, se había vuelto tan viral que merecía cierta preocupación. En algún lugar de la península coreana, un pervertido con nociones de informática había feminizado los rasgos de Carrey y le había puesto largos rizos negros. Después había unido aquella creación facial a los cuerpos de unas lesbianas gemelas y sin duda incestuosas. Su actuación en aquel video en alta definición se había convertido en un fenómeno gracias a su brutal exuberancia y había recibido diez millones de visitas solo aquella noche. Se pasó la mano por debajo del albornoz cuando, tras seleccionar el enlace, vio a sus dos versiones digitales femeninas envueltas en un coito febril.

Cuán ardientes se volvían sus ojos con todo aquel rímel. Cuán abultados sus labios pintados de rojo. Cuán simétricos sus cuatro pechos puntiagudos. Cuán coquetos sus susurros y risitas. ¿Acaso era aquello un impulso transexual reprimido que por fin se veía consumado? ¿O era solo una expresión particularmente intensa de la masturbación de su ego? A pesar del miedo que Sissy tenía de que aquello supusiera una catástrofe para la imagen pública de Carrey, a él no le preocupaba lo más mínimo la violación de los derechos de autor o de propiedad intelectual. Observó las imágenes, cautivado y fascinado hasta tal punto que dejó de importarle la extrañeza de aquella nueva dimensión. Soñó consigo mismo junto a sus versiones femeninas, que se cabalgaban la una a la otra atravesando la Persépolis de la pornografía. Carrey no estaba pensando en demandar a nadie sino en atravesar la pantalla. Acariciarlas y que lo acariciaran, unirse con sus dobles femeninas en una valiente fusión definitiva. Con qué facilidad leerían los gestos de sus rostros. No tendrían nada que esconder. Ningún papel que interpretar.

«Me entenderían a la perfección.»

Hacía décadas que una película no lo plasmaba con tanto acierto. Se olvidó del café, se pegó con deseo a la pantalla y empezó a cometer el pecado de lujuria bajo el brillo de la luz proveniente de la laptop; hubiera tenido un orgasmo de no ser por una idea cortante que lo consumió de repente. Si esas lesbianas surcoreanas con cara de Jim Carrey habían conseguido diez millones de visitas en una noche, ¿acaso importaba lo que él, el auténtico Jim Carrey, hiciera con sus talentos naturales? Se había pasado la vida luchando para construir y controlar su imagen pública y ahora no solo la habían copiado para hacer un video porno *amateur* sino que estaba haciendo de dos personas a la vez sin ver un céntimo.

Como si hubiera sentido la superficie del ego fracturándose, un anuncio apareció en su pantalla ofreciéndole una ganga de anestésicos: publicidad para el bocado de comida rápida más exquisito que jamás había visto: el Crujiente de Pollo con Miel y Mantequilla de Wendy's. Su exterior frito había sido filmado en evocadora alta definición: los bollos parecían blandos y crujientes a la vez. Lo único que quería era comerse aquellos panecillos, hundirlos en las nuevas dos salsas cuyos nombres —«Barbacoa cítrica» y «Miel y mostaza»— cantaba un coro de góspel en *off* mientras estas salpicaban todo el encuadre.

Corrió a su Porsche, salivando.

Mientras se alejaba de la mansión de Hummingbird Road, una vocecita interior le aseguraba que desayunar dos de los bollos de Wendy's lo devolvería a la normalidad.

Pero en la ventanilla para llevar otra vocecita apareció de algún lugar, más amenazante y desesperada.

—Ponme cinco Crujientes de Pollo con Miel y Mantequilla.

Lo que estaba buscando aquí no era consuelo. Era un letargo, un completo aunque fugaz escape de sus pensamientos y emociones. Devoró dos de los sándwiches, bien impregnados en Barbacoa cítrica, mientras conducía lentamente por Sunset y otro par en el estacionamiento del motel Saharan, cubiertos de Miel y mostaza. Después caminó despacio dejando atrás la piscina, entró en la habitación de Kaufman y se tiró en la cama a comerse su último crujiente. Le quedaba una salsa de cada una y, al abrir el envase, se vio arrastrado por la guerra inmemorial del tira y afloja entre lo dulce y lo salado. Quería extraer todo el placer posible de aquel último pedazo de cielo, así que lo mojó en las dos salsas, disfrutando del sabor y (al principio) de una sensación de libertad personal que se vio notablemente aumentada. ¿Sería el siguiente bocado de Barbacoa cítrica o de Miel y mostaza? Él era el único que conocía el desarrollo de aquella creación salvaje. Y se infló de una seguridad petulante hasta el segundo trozo, cuando, en su mano, el crujiente cambió de dirección hacia Barbacoa cítrica, cuando un segundo antes estaba seguro de haber elegido Miel y mostaza. ¿Cuál era la fuerza que separaba las acciones de una persona de su voluntad? ¿Qué hizo que, a las 10:03:28 de la mañana, Jim Carrey torciera los planes de salsa que había trazado solo medio segundo antes?

¿Era el destino? ¿El caos? ¿Si así era, qué o quién era él?

Decidió elegir la salsa que no quería, solo como prueba de que era real.

—Cómetela, payaso... —murmuró, dirigiendo el crujiente hacia la salsa Miel y mostaza con sigilo, como un gato a punto de precipitarse sobre su presa.

—¿Todo bien, Jim? —preguntó Kaufman observándolo.

Y Carrey lo miró como diciendo que las promesas no servían para nada.

—Ya casi estamos —dijo Hopkins—. La labor de Mao era, como recordarás, acabar con el pasado. Rehacer China y convertirla en un majestuoso poder mundial, que dejara de ser el fumadero de opio de la explotación colonial. Este objetivo se persiguió de una forma horripilante, pero, como advertimos cada día, se consiguió hasta en los detalles más nimios.

Inició la proyección del día pulsando una tecla del control.

Una película típica de propaganda estatal a color borboteó por la pantalla plana, imágenes de una reunión de funcionarios del partido y militares en el desierto del Gobi, con lentes especiales, como de adolescentes de los sesenta en un autocinema en 3D. Carrey yacía aturdido por los lípidos, una persona mirando grabaciones de espectadores cuya anticipación avivó la suya propia al inicio de una cuenta atrás en chino mandarín: «*Shi, jiu, ba*...». Con el cero llegó un fogonazo seguido de una retorcida y pequeña nube en forma de hongo.

—La primera explosión nuclear china —susurró Hopkins—. Mao se sentaba por fin a la mesa de los poderes nucleares. Se codeaba con Truman y Stalin. Siente este triunfo como si fuese tuyo, Jim.

Después, las típicas imágenes de los daños provocados por la explosión nuclear. Carrey estaba absorto, como un niño pequeño ante un *rally* de camiones monstruosos. Los refugios provisionales se habían vaporizado. La onda expansiva había quebrado los postes telegráficos. Una jaula de cabritos con el pelo tan suave que daban ganas de adoptarlos a todos. Conectó de forma íntima con sus ojos infantiles y atrayentes hasta que se carbonizaron. Entonces los soldados irrumpieron en el terreno de detonación y mil extras listos para el sacrificio posaban para las cámaras, heroicos y ajenos a la venenosa radiación. En la mente de Carrey se sucedían imágenes de la carne burbujeando en el momento de sus muertes. Dejó de ser indiferente a Mao. Lamentó la muerte de aquellos hombres que, como él, una vez fueron nuevos y relucientes, y recogieron las plumas que les caían del cielo. Después, todos sus chakras se congelaron con el gran colofón final: una escena inspirada en las películas del oeste de Hollywood, con miles de jinetes a lomos de caballos que llevaban máscaras de gas y viseras protectoras de rayos ultravioleta, una desdichada y trágica caballería que galopaba hacia el reino de los fantasmas. Sintió un peligro horripilante. ¿En qué momento el retrato del mal se convertía en el mal en sí mismo?

—¡Apágalo! —gritó—. No quiero aprovecharme de esto. No quiero ni siquiera intentar entenderlo.

—Es el nacimiento de la China moderna —dijo Kaufman—. Y con ella, del capitalismo moderno.

—Es una verdadera masacre.

—Gallina —espetó Hopkins—. ¡Alegra esa cara!

—No soy un gallina.

—¡Pues síguenos el rollo!

—Lo digo en serio, Tony. Voy a vomitar.

—Es por ese desayuno asqueroso que te comiste.

—No es la comida rápida... —dijo Kaufman—. Es el actor, atascado en su propia y trillada vanidad moral. Tendríamos que haber llamado a Johnny Depp. O a Bale. A Bale no le da miedo nada.

—¡Pues llámalo! Yo no necesito esta maldad en mi interior.

—Pero ya está ahí —dijo Hopkins—. Un grito salido de la memoria ancestral. Dos millones de años de violaciones y asesinatos insertos en cada célula de tu cuerpo.

—No me encuentro muy bien.

—Eso es Mao acomodándose en su nuevo hogar.

—Dios mío, Tony, estoy tan asustado.

—Sé valiente —dijo Hopkins—. Un último empujón.

Y así comenzó el último rito, con las imágenes de la aventura más grandiosa de Mao: la Revolución Cultural.

Durante tres horas vieron a millones de jóvenes chinos levantarse e ir en tren por el campo, caminar por las ciudades. Estudiantes quemando libros, echando abajo estatuas, incluso demoliendo edificios cuya estética se atrevía a evocar cualquier época anterior a Mao. Llenando las plazas, abusando de los supuestos herederos de los privilegios de clase y luchando contra ellos, creyendo fervientemente que los crímenes del presente curarían los males del pasado. A Carrey le parecía que la mitad de la población se había abandonado a un fervor digno de una secta y que el resto se encogía de miedo.

—Cualquiera puede lanzar una bomba atómica —dijo Hopkins—. Pero ¿meterse en la cabeza de millones de personas? ¿Convertirlos en zombis que llevan a cabo tu voluntad durante toda una década? Eso es magia de verdad. En 1966 Mao estaba viejo y paranoico, temía que hubiera un complot contra su régimen. Su mujer, Madame Mao, había sido una estrella de cine de Shanghái y se había convertido en su compañera a la hora de conquistar la cultura china. Obligaron a que cada película que se estrenaba en China lo representara como un héroe poderoso.

—¿En serio? —dijo Carrey.

—Y eso no es todo. Tenían a todas las imprentas copiando su imagen en cantidades industriales, se contaban en miles de millones. Las masas lo aclamaban en cada ciudad, cantaban sus enseñanzas y ondeaban su foto.

—¿No es interesante? —preguntó Kaufman.

—Es como lo que me pasó cuando se estrenó *La máscara* —dijo Carrey melancólico—. Había muñecos con mi cara.

Millones, transportados por todo el mundo por camioneros consumidores de *speed*. Mi cara, ¡mi cara! Gigante, pegada a paneles publicitarios que no se acababan nunca. Hasta los masáis sabían quién era, todavía no sé muy bien cómo. Estaba de safari en Kenia con mi hija. Me dieron un arco y una flecha diminutos y me dijeron que disparara a los termiteros.

—Esa película estuvo en salas mucho tiempo —dijo Kaufman—. Yo la vi tres veces.

—Yo también —se sumó Hopkins—. Y Kenneth Branagh también.

Carrey quería volver a aquel entonces. Lo deseaba de verdad, recuperar toda aquella admiración. Aquel poder, aquel calor industrial y un indulto —ya fuera largo o corto— de la gris existencia que siguió a la pérdida del estrellato, el reino oscuro y parpadeante de John Barrymore y Bela Lugosi.

Se agarró a las palabras de Hopkins como si fueran la clave de su salvación.

—Mao decía que solo los jóvenes podrían salvar China. Y solo si destruían a sus enemigos. Lo admiraban más que a los Beatles, los Stones y el *hula-hoop* todos juntos. Lo seguían en masa, obedeciendo sus órdenes de erradicación y destrozando cualquier oposición. Imagínate un poder así, Jimmy.

—Podría enviar a cualquier jefe de un estudio que se metiera conmigo a un campo de trabajo en el condado de Orange —dijo Carrey, con un brillo súbito en la mirada—. Les daría una paliza a todos los abogados en la plaza pública. Obligaría a arrodillarse a todos los críticos. Colgaría a los *paparazzis* de las propias correas de sus cámaras y admiraría sus cuerpos sin vida mientras mi desfile avanza, los vería colgando de cada palmera de las Pacific Palisades.

—¡Sí! ¡Ahora hazlo como si fueras Mao! —le ordenó

Hopkins—. Dilo: «¡Yo, Mao Zedong, soy el amo del mundo!». Dame un acento rural chino.

—«Yo, Mao Zedong, puedo...»

—¡Ese eres tú imitando a un chino! ¡Estás tomando la vía fácil! ¡Quiero que Mao hable a través de ti!

—«Yo, Mao Zedong...»

—¡Más profundidad! —exclamó Hopkins agarrando a Carrey de la ingle—. ¡Sí, siéntelo en los huevos!

—«¡Yo, Mao Zedong —dijo Carrey haciendo resonar su voz—, puedo acabar con todo!»

Carrey se levantó y caminó a zancadas hacia la ventana, miró a través de los estores de láminas al jardín de la piscina. Se acordó, se diría que casualmente, de su primer intento de saltar a la fama, hacía décadas; tenía dieciocho años y hacía cola con su padre, Percy, fuera del NIB de Toronto, el Instituto Nacional de Televisión, un timo que prometía convertir a cualquiera que tuviera ochocientos dólares y una tarde libre en presentador de televisión. Ahorraron el dinero, condujeron durante siete horas para hacer una cola eterna con otros trescientos idiotas: tartamudos bizcos, futuros hombres del tiempo con tics faciales, almas sin ningún carisma; daba más pena que una escena de Lourdes. Años más tarde, cuando se hizo famoso, la NIB contrató anuncios de página entera en el *Hollywood Reporter*, felicitándolo y diciendo que habían sido los primeros en darle una oportunidad cuando lo timaron a él y a su padre, y se acordó de cómo se habían reído de que los hubieran estafado, caminando sin dinero por las frías aceras de la ciudad.

¿Hay un deseo de anarquía latente en todos nosotros, un niño violento que quiere nacer?

El monstruo lo dominó.

Carrey salió a la terraza y se imaginó, reunido allí abajo,

un mar de brigadas de las juventudes de Mao que vitoreaba su nombre, que lo llamaba para que saliera a Sunset Boulevard, que ya estaba lleno de miles de otros como ellos, con las mentes recién lavadas. Escenas de *Cleopatra* contaminan la fantasía y lo elevan a una camilla con joyas incrustadas donde sus dos versiones femeninas y lesbianas se arrodillan ante su trono, vestidas como esclavas egipcias, con collares de cuero y cadenas doradas. Ambas arrullan como si estuvieran a punto de tener un orgasmo cuando Carrey les da a sus secuaces una orden legítima pero trillada —«¡Por el triunfo!»— que desencadena el furor.

Las juventudes arrasan la ciudad, un puño gigante formado por cuerpos humanos, cualquier acción es posible y a su antojo. Sueña que van por Burbank, que cruzan en aluvión las puertas de los Estudios Walt Disney, que saquean las oficinas y queman hasta el menor rastro del proyecto de la Fábrica de la Diversión de Play-Doh antes de (en un emocionante primer plano) arrancarle la cabeza a Walt Disney en su congelador criogénico y lanzársela entre ellos como si fuera un balón de playa. Carrey se enorgullece y aplaude; su única preocupación es decidir si mira la cabeza de Disney descomponiéndose al sol o si les tira monedas de oro a los acróbatas que se elevan y dan volteretas para su deleite.

Entonces sus acólitos derriban las estatuas de los Siete Enanitos y debajo de ellas encuentran un laboratorio secreto lleno de miembros mutantes del Club de Mickey Mouse, una colonia de ratas de laboratorio a imagen y semejanza de Annette Funicello y de chimpancés con la cara de Cubby O'Brien. Hay una fina línea que separa a los ratones de las ratas y una todavía más delgada entre una rata y un murciélago. Tras repetidas abominaciones genéticas, esos niños pasan por todo el espectro y miran hacia arriba desde los comederos de aluminio de Pez y pollo crudo para rugirle a la luz del sol, enseñando los colmillos. Tienen la piel translúcida por haber pasado todos esos años bajo tierra y la cara llena de costras de suciedad. Una vez liberados (pero ¿acaso son realmente libres?), se unen a las brigadas de Carrey, una horda terrorífica, le dan bocados en la cara a los policías antidisturbios de Los Ángeles, despejan el camino para los que vienen detrás, por Rodeo Drive, arramblan con todos los automóviles de lujo, lanzan bombas incendiarias a las tiendas de lujo mientras los helicópteros de las noticias sobrevuelan el lugar y unos reporteros restirados lloriquean al ver el valor de sus inmuebles desplomarse cuando la horda gira por la avenida de las Estrellas y se dirige a la sede central de CAA. Al llegar allí se detienen y todos miran al maestro. Carrey levanta su poderosa mano y gesticula con calma y grandiosidad. Señala al edificio, asiente y dice: «Sin piedad». Sus fieles se echan encima de los agentes con trajes Armani que corren como alimañas hacia el tejado, donde, rodeado, Gerry Carcharias lanza una súplica: «Lo siento por la Fábrica de la Diversión de Play-Doh. No debería haber intentado reducir a un artista de la grandeza de Jim Carrey a una película de pacotilla. ¡Perdóname!».

—Nope —dice Carrey.

—¡Por favor!

—Me temo que no.

Carcharias se arrastra pero Carrey se tapa los oídos con los dedos y empieza a hacer ruidos incomprensibles, a los que sus secuaces responden tirando al pobre Gerry Carcharias del tejado, del que luego despliegan una pancarta gigante de seda, ondeante, una superficie de rojo chino intenso sobreimpresa con una imagen de la cara de Jim Carrey, tan bien fusionada con la de Mao Zedong que no es posible saber dónde acaba un hombre y empieza el otro.

CAPÍTULO 8

Charlie Kaufman tomó un vuelo a Oriente porque creía que un tailandés millonario que todavía estaba «picado» con Mao estaba ansioso por financiar su proyecto.

Antes de salir, animó a Jim a que se metiera en foros de internet sobre marxismo radical, a que perfeccionara el acento de Mao gracias al adiestramiento de su amigo Cary Elwes, un maestro de los dialectos cuya bisabuela, la famosa lingüista y reputada triple agente del MI6, lady Winefride Mary Elizabeth Elwes (esposa de Gervase Henry Elwes), lo regañaba en cantonés cuando era pequeño. Además de eso, le pidió a Jim que subiera por lo menos trece kilos y que fumara sin parar para hacer el enfisema de Mao lo más realista posible. Y, quizá lo más perjudicial de todo, que visualizara y perfeccionara la escena de su muerte que aparecía en el tratamiento de guion de Kaufman.

De manera que, cada mañana, en vez de sus mantras reconstituyentes, Carrey se quedaba tumbado en la cama, dejaba la mente en blanco y, con toda su destreza interpretativa, fusionaba su ser con el del moribundo Mao. Completamente consciente de su respiración y con los ojos cerrados, listo para una oscura plegaria, no tardaba en sentir los tubos de embalsamamiento conectados a sus venas, en oír al equipo de médicos susurrando a su alrededor. Algunos días le rodaban lágrimas de autocompasión por las mejillas al imaginarse el último plano de las páginas de Kaufman, los ojos de Mao fundiéndose con los suyos, uniendo tiranía y fama. Entonces, más o menos satisfecho, pasaba a su parte favorita de la creación del personaje: el aumento de peso.

Georgie daba las gracias por aquella nueva iniciativa: una mitad de ella esperaba que el Mao de Carrey cosechase grandes elogios y llenara sus abismos internos, mientras a la otra mitad solo le parecía divertido. A la hora del desayuno, lo contemplaba mientras comía sándwiches de tocino y queso fundido y bloques de pan francés impregnados en miel de maple. Muchas noches iba a cenar a Little Door en West Hollywood, se atiborraba de vinos de reserva, se daba el placer de comer caracoles y foie gras como entrada de *filets mignons* envueltos en tocino con guarnición de papas fritas trufadas y *gratin dauphinois*. Algunos días, con una glotonería maoísta, se comía cinco, seis y hasta siete crujientes de pollo de Wendy's, sin importarle la masa corporal, que ya era la dueña incuestionable de sus dedos gordos. El rompecabezas de la salsa Miel y mostaza había desaparecido y, con él, el antiguo e indeciso Jim Carrey. Ahora era él mismo, sí, pero también era Mao. Cada día era más consciente de que el apetito salvaje siempre había sido el vínculo entre la fama y la tiranía. Entonces caminaba con torpeza hacia la piscina y los dos *Jophiel* corrían a cada lado, lamiendo los rastros de azúcar y grasa de su cara y de sus dedos cuando se sentaba junto al agua, y confundía alegremente su hambre con amor.

Con el corazón y el estómago llenos, nadaba un poco al estilo perro, imaginando que su piscina era el río Amarillo, mientras por los altavoces exteriores y de debajo del agua sonaban grabaciones de los grandes discursos comunistas. La brutalidad estadounidense cobraba un poco más de sentido cuando escuchaba las palabras de Trotski: «Todo lo que debía haberse eliminado del organismo nacional en forma de excremento cultural en el curso del desarrollo normal de la sociedad lo arroja ahora por la boca. La sociedad capitalista vomita la barbarie no digerida».

A veces se acercaba a los chorros de agua para masajearse la espalda pensando en Marx.

«En la sociedad burguesa, el capital es independiente y tiene individualidad, mientras que la persona viva es dependiente y no tiene individualidad.»

Un día le dio un calambre en todo el abdomen tras una comida a base de nachos con queso. Le costó llegar al borde de la piscina y temió por su vida, se preguntó cuál sería su legado si fallecía allí en ese mismo instante. Y en aquel momento crítico, Carrey se unió a millones de personas cuya visión de sí mismos y del mundo había cambiado gracias a las ideas de Mao: «Aunque derrocada, la burguesía todavía trata de valerse de las viejas ideas, cultura, hábitos y costumbres de las clases explotadoras para corromper a las masas».

Mientras salía del agua desesperado, se preguntó qué podían representar los juguetes de Play-Doh sino a una sociedad capitalista e imperialista que convertía en fetiche sus propios excrementos. Alienando a sus hijos desde el nacimiento, riéndose de ellos y dándoles mierda en vez de sueños y vidas reales, a cambio de cualquier oportunidad de tener un alma. ¿Qué era entonces la Fábrica de la Diversión de Play-Doh sino una fétida celebración de la explotación laboral? Él sabía lo que era trabajar en una fábrica. Nadie se lo pasa bien. La gente está asfixiada, esclavizada, encorvada y atormentada, cosificada, fabricando mierda de plástico sin sentido que no hace feliz a nadie, que contamina los océanos, que altera la cadena alimenticia.

El mundo moderno era un autobús en llamas acelerando hacia un acantilado con un loco al volante. Y él no estaba fuera de ello, sino que era cómplice, un niño hiperactivo haciendo payasadas en su asiento, consiguiendo que todo el mundo se riera, distrayéndolos de la fatalidad.

Más rápido, más rápido, ya no se puede frenar...

De repente, el proyecto sin título de Disney sobre la Fábrica de la Diversión de Play-Doh se desveló como una obra diabólica y le parecía que iba en contra de los principios revolucionarios. Wink Mingus, Al Spielman y Gerry Carcharias se convirtieron de repente en criminales de clase que se merecían todo lo malo que les ocurriera. De repente supo que Mao no podía vivir en él sin destruir Hollywood y que esa lucha debía empezar con el proyecto de Play-Doh de Disney.

Sus representantes lo llamaban cada vez más, dándole lata para que firmara para hacer aquella abominación basada en juguetes pastosos y desmintiéndole lo que Kaufman le garantizaba, es decir, que la financiación para Mao estaba a una «partida de cartas» de conseguirse. Como si interpretara el papel de Madame Mao, Georgie le sugirió que utilizaran su cuarenta cumpleaños como una trampa. Juntos planearon una fiesta de temática china en el jardín de la casa de Hummingbird Road. La finca se convirtió en un set en el que el

Mao Zedong de Carrey le asestaría un golpe mortal a la Fábrica de la Diversión de Play-Doh.

La noche de la fiesta, los arces que Carrey había plantado para que le recordaran a su Canadá natal estaban adornados con flores de cerezo de Hunan que le habían enviado por FedEx. Su piscina estaba llena de carpas de primera clase que subían a la superficie para alimentarse, con cuerpos color oro y ámbar que reflejaban la luz del sol mientras un cuarteto de cuerda chino tocaba canciones campesinas de cosecha. Los invitados, a los que recibían unos acróbatas dando volteretas, creían ser los afortunados beneficiarios del generoso amor del actor hacia su mujer, un hombre que tenía sus razones para, fruto de un costoso capricho, haber decidido transformar su mansión de Brentwood en un palacio de Shanghái.

Los ejecutivos de Disney pasaban por el pasto del cotorreo de los invitados famosos, bañándose en fragmentos de conversaciones.

—Estoy enamorado de ti —le dijo Quentin Tarantino a Georgie.

—¿De mí?

—Sí. Te vi en *Oksana*. La escena del alcantarillado. Stalin, vaya cabrón. Tú con el taladro. ¿Cómo pueden meter tanta sangre en una serie de segunda?

—A Mitch le gustaba cambiar el montaje en el último momento.

—Un anarquista.

—Sí, eso es lo que lo perdió. Eso y toda la historia de los extraterrestres.

—¿Creía en los alienígenas?

—Eso espero. Una vez no vino al set en una semana y caminó ciento treinta kilómetros en la sierra de San Gabriel para tener una reunión con un tipo que, según él, creó a la especie humana.

—He visto todos los episodios.

—¿De *Oksana*?

—Sí, me encanta todo el rollo soviético. Los putos nazis mataron a veinte millones de rusos en la Segunda Guerra Mundial. Por eso las mujeres son tan guapas. Los supervivientes pudieron ponerse exigentes. Las mujeres creen que están para el puto arrastre cuando cumplen veinticuatro y empiezan a ponerse un montón de maquillaje plateado. Y carajo, se obsesionan. Por eso están paranoicas. Por eso mandaron a ese tipo turco a que matara al Papa. Le he estado dando vueltas a eso, al turco y al papa. El Vaticano tiene dos platillos voladores. Howard Hughes dijo que una vez se subió a uno y eso fue justo antes de que perdiera la cabeza. Oye, ¿es verdad que Stalin se venía en vasos de papel, o solo es una metáfora?

—¿En vasos de papel?

—O en vasos de otra cosa. Lo que sea que usaran los rusos. Vasos comunistas. Toda la historia de las hijas bastardas. La historia de tu creación. Carajo, te quiero.

Los Ángeles, una ciudad construida sobre cimientos de sol dorado y de primeros premios, requería una fe ciega en la magia. Un poco de locura era el primer paso del proceso de filtrado humano, y lo leyó en su cara mientras hablaban, la volátil euforia que había convertido a un empleado de videoclub en una leyenda y que ahora, como por contagio momentáneo, le hizo pensar que todo el camino que la había llevado hasta allí había merecido la pena. Quentin Tarantino sabía quién era... Quentin Tarantino era fan suyo.

—No me extraña que fuera un maniaco —dijo Tarantino, que estaba en plena forma—. A los locos les encanta jugar con su semen. La Unión Soviética. El tío Stalin. La Madre Rusia. He estado volando por el espacio. Dándole vueltas. Deberíamos reunirnos.

—¿Reunirnos? —preguntó Georgie.

—Te he echado el ojo. Hay un papel... a lo Dunaway. Brillante. Una diablesa que se come a sus hijos, que tiene un instinto asesino muy útil cuando los hombres lobo invaden su ciudad minera. Pero no solo son putos hombres lobo. ¡Son una metáfora de la depredación económica que nace en el momento del colapso de la economía industrial!

—Claro —dijo, sin estar muy segura de si tomárselo en serio o no, pero contenta, por el momento, con la idea de que su carrera fuera a despegar por fin—. Es divertido hacer de mala.

—No te hace falta actuar, cariño —dijo, y con un guiño, se fue a perseguir una bandeja de minihamburguesas.

Al otro lado del jardín, Nicolas Cage acosaba a Natchez Gushue.

—En Shanghái están sacando a subasta un hacha de la Edad de Piedra y el esqueleto de un tigre dientes de sable. Al verlos empecé a tener visiones muy locas. O recuerdos. O lo que sea. Creo que he vivido muchas vidas, Natchez. Creo que llevo bastante tiempo salvando a la humanidad.

—Me muero de ganas de escucharlo. Deberías hacerme una visita.

—Pero es urgente.

—Vine a disfrutar de la fiesta.

—¿Sabes lo grande que es un tigre dientes de sable? Imagínate a dos, uno a cada lado. Y a mí vestido con un taparrabos de piel, con el torso veteado de músculos. A estas alturas solo tengo un siete por ciento de grasa muscular. Llevo esta hacha de la Edad de Piedra. Entonces, vagando por esos páramos, me encuentro con, oh, Dios mío, esta visión es tan horrible. Son...

—¿Alienígenas?

—¿Tú también has soñado con eso? Con una nave espacial de líneas simples, pequeña y negra. Como si llevasen a cabo una exploración. Con los cuerpos preparados para arremeter como si fueran pitones gigantes. Mis dientes de sable atacan para defenderme. Los extraterrestres los matan con sus rayos de plasma rojo a los que, de nuevo, soy inmune. Ya no tengo miedo. Se me va la puta cabeza —dice con los ojos saliéndose de las órbitas—. Los estoy machacando con mi hacha. Sus tripas chorrean por todas partes.

—¿Nos tomamos otra?

—Los mato, Natchez. Los mato a todos, o al menos a los tipos que están en tierra. La nave espacial despega. Al elevarse, hay una voz que sale del aire, que me habla.

Natchez suspira, un rehén a la hora del coctel.

—¿Y qué dice, Nic?

—Dice: «Nos veremos en Malibú cuando el reloj deje de avanzar».

La cena se sirvió en el jardín, en una larga mesa para cincuenta comensales, adornada con flores de loto y de ciruelo. Anthony Hopkins se sentó en el puesto de honor, al lado de Carrey. Hopkins observó a la estrella, que se cebaba con las manos y devoraba pedazos de lechón sin enterarse de que tenía salsa de ciruelas por todos los cachetes. Entonces, un trozo de cartílago salió de la boca de Carrey y aterrizó en la solapa del traje blanco que Hopkins no había lavado desde el día en que Elise declinó su propuesta en Yale. Ya no aguantaba más.

—Estás adoptando las características del Grinch —dijo inclinándose y refunfuñando, colérico porque ahora tendría que lavar el saco—. Toma el tenedor y come como un jefe de Estado.

Carrey se quedó inmóvil con una oreja de lechón frita colgando del buche y sus propias inseguridades alimentaron un río de ira indiscutiblemente maoísta. Al principio estaba furioso con Hopkins por echarle bronca delante de sus invitados. El mecanismo de defensa de su ego le hizo pensar que Anthony estaba celoso de él. De su talento, de su juventud. Pero después la paranoia empezó a burbujear dentro de la ira. ¿Y si Hopkins estaba contra él en secreto e intentaba que hiciese el ridículo? ¿Y si los demás estaban involucrados, conspirando contra él? ¿Y si aquella era la anécdota que utilizarían para restarle valor a su actuación? Dirían: «Carrey no era Mao, sino solo el Grinch». Eso es, eso es lo que usarían para arrebatarle lo que se merecía cuando llegara la temporada de premios. Cabrones. Examinó toda la mesa, leyendo cada expresión, buscando signos que pudieran denotar que lo habían traicionado. Y entonces, tan rápido como la ira se había convertido en paranoia, la paranoia dio un giro, como suele pasar, y se convirtió en sed de triunfo. Una voluntad colosal se erigió dentro de él, la resolución de dejarle claro a Hopkins y a todos los demás que no solo era un buen actor, sino el mejor de su generación. Planeó hacer un brindis adornado de críticas marxistas, comentarios contra el capitalismo estadounidense y el imperialismo vampírico que fuera lo suficientemente provocativo como para asustar a los ejecutivos de Disney, sus enemigos de clase, los mismos que destruyeron a su padre, que lo hubieran machacado a él en la fábrica de Toronto si no se hubiese escapado. Decidió hacer que el aire se volviera irrespirable para ellos. Se levantó de su asiento, el viento completamente seco del desierto mecía las hojas de los arces, y dibujó una traviesa sonrisa mientras alzaba su copa de vino.

—Estados Unidos es un defectuoso y fascista esquema de Ponzi.

Todo el mundo se quedó callado y se oyó el tintineo de los tenedores de plata contra la porcelana.

Se imaginó como si fuera un enorme dragón escupiendo fuego...

—No cuida de sus enfermos, no le importan los pobres. No protege a los niños. Abandona a los veteranos de guerra y a los ancianos. El Dios norteamericano es un fraude, un invento de los colonizadores que lo saquearon todo para justificar el genocidio de los nativos, una deidad salvaje que bendijo a un pueblo salvaje, que perdonó las bombas de napalm que se lanzaron sobre bebés en Vietnam, que dejó morir de hambre a medio millón de iraquíes ante nuestros propios ojos. ¿Y quién, en esta mesa, ha perdido siquiera cinco segundos pensando en ello? No, estas cosas las enterramos con nuestras afirmaciones positivas diarias. Ni siquiera cuidamos de los nuestros. La gente que trabaja quince horas al día maquillándonos, peinándonos y vistiéndonos tiene que mandarle la factura a los estudios seis o siete veces para conseguir que les paguen. Suplican mientras alguien saca provecho de los intereses de su dinero. Y, para empezar, ¿de quién carajo fue la idea de hacer jornadas de quince horas?

Wink y Al se miraron horrorizados, esperando que todo aquello fuese un *sketch*, preguntándose cuándo se pondría a imitar a su familia y a sus amigos. Carrey bajó la vista hacia la mesa llena de estrellas, sus compañeros: Jack Nicholson, su buen amigo Noah Emmerich, Helen Mirren, Brad y Angelina. Y tal y como hubiera hecho Mao, los acusó al mismo tiempo que aseguraba la posibilidad de redención.

—Hubo un tiempo en que fuimos artistas. ¡Fuimos puros! Pero todos nos hemos convertido en un pasatiempo, hemos cedido al poder de la fama, de la comodidad, de la aceptación ajena. Nos pasamos la vida persiguiendo algo vacío, la «relevancia», y se sirven de nuestro miedo a perderla para acorralarnos. Dinero sucio mal habido. Dinero saudita. Lo aceptamos todo. ¿Qué nos ha pasado? Cantamos y bailamos no para entretener a la gente sino para distraerla de los destructivos engranajes de la máquina capitalista que no tiene más valores que la codicia y la violencia. Y no nos engañemos, Hollywood es la mejor compañía de relaciones públicas de los fabricantes de armas. Qué cultura más enferma.

—¿Y qué hay de la belleza artística? —preguntó Cameron Diaz.

—Cuando puedes percibir la belleza no hay excusa para fomentar la fealdad. Para apoyar las estafas, avivar los deseos, prometer todo y no conceder nada. Da igual lo que pongas en la tele porque la gente está tan asustada y sola que lo verán únicamente para escuchar voces humanas y sentir que no están solos. Están tan hechos polvo que lo único que les hace falta es un mundial de futbol cada cuatro años para quedarse tranquilos. Eso no es una sociedad. Es un sistema de destrucción de almas. Y la historia no será amable con nosotros por nuestra complicidad, sabemos que no es así. Los ejecutivos —continuó mientras hacía un gesto con la cabeza a lo Mao al equipo de Disney— podrán decir que estaban trabajando para el dios Mammón, pero los artistas no podremos. ¡Ahora mismo somos todos dramaturgos de la Alemania del Este, cómplices del régimen! Y el día del juicio llegará. Estamos destruyendo el planeta. Esto no puede seguir así.

Leonardo DiCaprio, que llevaba mucho tiempo sintiendo lo mismo, levantó su Martini al estilo Gatsby y exclamó:

—¡El calentamiento global es una fiebre que quiere matar un virus!

Estaba tan fascinado por la valentía de Carrey que aceptó que la estrella, que ahora se metía en el papel de Mao a fondo, continuara con un poco de acento cantonés.

—El ciudadano americano está tan perdido que ni siquiera se da cuenta de que es un cerdo de fábrica. Vive drogado y envenenado de la cuna a la tumba. Está encadenado a deudas impagables. Nunca es libre. ¿Libertad? ¡Ja! Este país está lleno de vallas invisibles, todos somos prisioneros viendo pelis de Capra. Pero nada dura eternamente. Las monarquías europeas mandaron a sus hijos a la muerte en las trincheras del Somme con la misma seguridad con la que echamos a Chiang Kai-shek del país. ¿Piensan que Estados Unidos será diferente? ¿Creen que esta era, que no es consumista sino glotona, durará para siempre? Yo no...

—¡Nos desplazamos a diez mil kilómetros por hora alrededor del sol y no hay nadie al volante! —dijo Gary Busey desde los árboles, donde, no se sabe por qué, estaba a medio escalar un pino de dos metros y medio.

—Dentro de poco habrá otra crisis —siguió Carrey—. El modelo capitalista se irá a pique, la gente reclamará sus derechos. Habrá un violento malestar. Pregúntense: ¿de qué lado estoy? ¿Del lado de la gente o de los millonarios y sus perros falderos cuyas cabezas, se los aseguro, acabarán empaladas? La revolución empieza ahora. ¡La muerte de los falsos ídolos!

Sus compañeros le vitorearon como locos. Carrey era el Mao que había visto en YouTube, delante del Congreso Comunista chino, recibía oleadas incesantes de amor y la adulación lo convertía en algo más allá de un hombre, era un recipiente que contenía los deseos y los sueños de los que tenía ante sí. Georgie lo miró con admiración por primera vez en mucho tiempo y luego les hizo un gesto a los meseros. Se apresuraron a la cocina y salieron con el golpe de gracia de la velada: dos pasteles gigantes, de un metro, una de Mickey Mouse y el otro de Minnie, cada uno empalado en un bastón de chocolate con nueces, con salsa de frambuesa rezumando de sus heridas abiertas y formando charcos a su alrededor.

Los invitados rugieron todavía con más fuerza. No precisamente porque se sintiesen llamados a una revolución violenta —al fin y al cabo aquello no era más que una reunión de millonarios—, sino animados por su desafiante arrogancia. Jane Fonda, al ver que aquello no era más que una actuación, lanzó unos gritos agudos que no se habían oído desde sus fotos con el Vietcong. Con los dientes apretados y un hambre sexual salvaje, Lara Flynn Boyle dijo:

—Quiero cortarlo.

Mientras tanto, Kelsey Grammer, que había estado calentando sus cuerdas vocales con un suave tarareo durante casi todo el discurso de Jim, levantó su vaso para declamar unos versos de Shakespeare:

—Pero no importa. Aun cuando se opusiera Hércules mismo, al fin maullará el gato y el perro dueño quedará del plato.

—¡Carajo, Kelsey! —dijo Natchez Gushue—. Deja que el hombre tenga su momento.

—¿Qué? —protestó Grammer—. ¿Vamos a pasar toda la noche lamiéndole el culo?

Entonces Carrey lo supo, estaba seguro, estaba dentro de él. El magnetismo maoísta. Se preguntó, con vanidad, si Mao no sería solo el preludio de un papel histórico más importante. Ronald Reagan había llegado a la Casa Blanca y Reagan solo era un jugador suplente comparado con él. Los ejecutivos de Disney, temerosos de la proximidad de aquel sacrilegio de su marca, se levantaron del asiento, con las caras descompuestas por un miedo carrerista y se fueron del jardín cuando los actores se pusieron a sacar fotos de los macabros pasteles y a hacerlos virales.

—¿Qué has hecho? —dijo Wink, que no podía mirar durante mucho tiempo las creaciones sin correr el riesgo de recordar imágenes de su tiempo en Nicaragua.

Carrey lo fulminó con la mirada, engreído y satisfecho.

—A este puto enfermo se la pone dura todo este tinglado —dijo Al Spielman II, que, como pilar de la comunidad empresarial, se había quedado paralizado, pero como comedor compulsivo le echaba miraditas a la salsa de frambuesa que rezumaba de la enorme herida de la cabeza de Minnie y corría por sus pechos.

—Ha perdido la cabeza —dijo Wink jalando del brazo a Al para que siguiera a los ejecutivos de Disney, asegurándoles que aquello no era más que «alguna tontería a lo Andy Kaufman» que Jim había planeado, que sería una anécdota que algún día podrían contarle a sus nietos y que un par de pasteles perturbadores no debían interferir en sus negocios.

Tan pronto como se hubieron ido, sonó un gran estruendo desde el Mojave, como si alguien triturara enormes placas de metal. La gente llevaba todo el verano oyéndolo. Jaden Smith, que se acababa de hacer tierraplanista, compartió su teoría de que era el viento cósmico vibrando a lo largo del borde del planeta como si este fuera una caña de clarinete. Gary Busey, que ya había llegado a la copa del pino, señaló Orión y gritó una opinión diferente:

—Claro, la Tierra es un planeta que orbita alrededor del sol. ¡Pero lo que nos ocultan es que el cosmos está montado en el lomo de una iguana que nada en la *otra dirección*! Yo salté de esa vieja iguana hace ya mucho tiempo.

—Idiotas —se burló Lara Flynn Boyle cuando se volvió a oír el sonido—. Lo que permite separar lo real de lo imaginario es precisamente la pared que se derrumba.

Y puede que tuviera razón.

Georgie pidió silencio a sus invitados para que pudieran empezar la actividad especial que había planeado, tanto para su placer y necesidades como para las de Carrey. La muchedumbre se movió hacia la casa y las luces del suelo se atenuaron, convirtiendo el jardín en un escenario. Entonces salió una rubia con curvas cuyo nombre artístico era Helena San Vicente pero que, a ojos de todos, era la reencarnación de Marilyn Monroe. Quentin Tarantino se preguntó si era un holograma cuando empezó un espectáculo que consistía en dos canciones. Empezó con *I'm Through with Love* y acabó con *Diamonds Are a Girl's Best Friend*; cada nota y gesto de desmayo eran tan certeros que se podría pensar que había invocado al espíritu de la sirena muerta y que este lo guiaba. El público se sobresaltó de asombro con el *crescendo*: Helena se quitó el corsé de lentejuelas bajo el que llevaba un brasier con borlas, que también se quitó para dejar a la vista sus grandes pechos adornados con pezoneras de estrás y presumiendo, excitada, de sus atributos, la prueba hipnotizante de que había algo muchísimo más importante que la política: la inmortalidad artística.

«Unos hombres me siguen», dijo Monroe en su primera escena en una película, invitando a un millón de torpes estadounidenses traga-palomitas a completar cualquier tipo de fantasía sexual que se les hubiera pasado por la cabeza. Después ya no pudieron apartar la vista de ella. Habían volcado sus peores intenciones sobre Monroe, le arrebataron la vida mientras era joven. Y, aun así, allí, la piedra rodó de su tumba; allí, no muy lejos de donde murió, estaba ella. Monroe había vuelto, una Venus en tecnicolor, una imagen inmortal venida para unirlos a todos. Para volver a venderles la absurda esperanza de que también ellos podrían vivir, con suerte y de algún modo, para siempre.

Lo normal era que casi todo el mundo se fuera después de la cena, pero aquella noche todos se quedaron, se untaron la lengua con MDMA, abrieron mágnums de champán, se apelotonaron para devorar la carne del pastel de Mickey y Minnie Mouse; algunos lo tomaron directamente con la mano y Quentin Tarantino le cortó a Mickey la oreja izquierda entera y se rio con alegría cuando el relleno de frambuesa empezó a rezumar de la herida. En los altavoces sonaban canciones de los cuarenta y de los cincuenta —Tommy Dorsey, The Andrews Sisters, Count Basie, Ella Fitzgerald—, ritmos de mediados del siglo XX que los cubrían de un halo de inocencia, extraños que se volvían amantes, que copulaban entre las sombras de la mansión, un apareamiento que atrapó a Georgie bebiendo champán con la joven imitadora de Monroe. Estudiaba la cara de la chica como si tasara un cuadro, estimando el grado de belleza real bajo todo aquel maquillaje y corrector; intentaba incluso situar los orígenes de su voz.

—¿De dónde eres?

—De West Hollywood.

—¿Y antes de eso?

—¡Uy!

La chica se salpicó champán en el escote, soltando una risita. Y entre las gotas y la risa, Georgie decidió que, más que una aparición, aquella Monroe era la respuesta a sus plegarias. Con una agilidad depredadora, presionó la boca contra el pecho de la chica y sintió al cuerpo de esta consintiéndolo cuando le lamió el dulce vino del escote. Entonces la tomó de la mano y la llevó al *jacuzzi* donde el Mao de Carrey ya estaba desnudo. Georgie miró a Helena a los ojos mientras se desabrochaba el vestido de Versace, que dejó caer al suelo, y sintió su belleza reafirmada por la mirada de la joven.

—Ven a bañarte.

Entonces Helena volvió a quitarse la ropa, ahora con un poco menos de seguridad en sí misma, y sintió la mirada de Jim y de Georgie al meterse en el agua.

—Señor Presidente —dijo Georgie sonriente—. Le presento a la gran Marilyn Monroe.

Helena se rio, perdiendo el aliento, y avanzó hacia él por entre los chorros de agua. Su voz se hizo pequeña e infantil al susurrarle en el oído:

—Me gustan los hombres con misiles nucleares.

—Puedes besarlo —dijo Georgie cuando Helena acercó su cara a la de Carrey, un rostro tan parecido al de la Marilyn de verdad que no notaba ninguna diferencia entre la muerta y la chica en el *jacuzzi*.

Su voz interior volvió a pensar que allí, en sus brazos, fuesen naturales o paranormales, estaba lo que Mao siempre quiso y nunca pudo tener: el mayor *sex symbol* jamás creado por Occidente.

En el dormitorio principal, los húmedos cuerpos cayeron sobre las sábanas limpias. Georgie tomó las riendas del encuentro y guio las caderas de Helena mientras esta cabalgaba sobre el padre de la China moderna.

—Dime que soy una buena chica —gemía Helena.

—Esta es mi buena chica —dijo Georgie, agarrándola de la garganta.

Carrey miraba, maravillado con su genialidad. ¿Podrían la Asociación de Prensa Extranjera de Hollywood o la Academia llegar a entender la audacia y la astucia con la que había representado aquel papel? Entonces le llegó algo de paranoia maoísta: Charlie Kaufman intentaría llevarse el mérito, los cineastas siempre sacaban provecho. ¿Tendría que darle las gracias a ese ingrato desde el escenario de los Oscars? El protocolo lo exigía. Pero ¿qué le importaba a Mao el protocolo? ¿Y qué le importaría al final Mao a Jim Carrey?

Se hubiera dejado llevar por ese vórtice existencial si no hubiera sido porque Helena le metió un pezón en la boca, lo cual hizo que las preocupaciones abandonaran su mente.

Se vino con un grito que le recorrió todo el cuerpo.

Después se quedaron tumbados en la cama, cubiertos con el sudor de los otros, respirando al unísono, contentos todos con la experiencia. Pero la felicidad de Helena era la más grande.

Había crecido en un pueblo de Colorado llamado Grand Lake. Su padrastro era un alcohólico violento. Después de clase, para evitar ir a casa, se iba a la biblioteca municipal a ver películas antiguas en VHS; primero las elegía al azar y luego empezó a rastrear el ideal femenino americano, desde Doris Day hasta Norma Jean Baker, cuya invención, Marilyn Monroe, la había dejado petrificada. Aquella mujer tenía un poder tremendo, un estado constante de excitación vulnerable que reducía a los hombres a objetos maleables. Paraba las imágenes y las estudiaba. Memorizó horas de diálogos.

Por las noches trabajaba de cajera en un supermercado

Safeway. Una vez, en uno de sus turnos de noche, nevaba tanto afuera que cuando se vio reflejada en las grandes ventanas de cristal, la noche se convirtió en la escena de una película clásica. Y ella en la estrella, perfectamente encuadrada, una soñadora de pueblo dentro de una bola de cristal en la que la nieve caía sobre ella. La observaban cantidades incontables de espectadores, sintió la calidez de su atención. Sacó pecho y echó la cabeza hacia atrás, escuchando sus aplausos y los silbidos de los soldados que caían a su paso. En aquel momento supo que había nacido para triunfar. En una bolsa de papel de estraza escribió sus afirmaciones sagradas con tinta violeta brillante.

VOY A

1. Ser una actriz famosa, apreciada por la prensa internacional: un femoneno [*sic*]
2. Casarme con una estrella de cine y tener hijos
3. Tener DOS CASAS y ¡UN ESTABLO CON CABALLOS!

Y allí, desnuda junto a Jim Carrey, cuyas películas siempre había adorado, admirando el tocador de madera clara de Georgie, lleno de cajas rojas de Cartier, supo que sus sueños se estaban haciendo realidad.

CAPÍTULO 9

Helena había vuelto a estacionar dos veces su Hyundai en la puerta de la mansión la semana siguiente, invitada por Jim y Georgie, y se preguntaba cuánto tiempo pasaría hasta que le dieran su propio código de seguridad.

Georgie no había planeado volver a verla tras el encuentro inicial, pero lo pensó mejor y le pareció una gran oportunidad. Le permitiría liberarse del creciente apetito sexual maoísta de Jim y la joven Helena, quienquiera que fuese, se lo pasaría bien, aquello le daría un toque de magia a su vida.

Pero puso dos reglas que no debían romperse bajo ninguna circunstancia: Jim no vería a Helena sin su permiso y esta solo podía cruzar el umbral de la mansión de Hummingbird Road encarnando a Marilyn: «Y me refiero a disfrazada de arriba abajo, hasta la puta peluca». Esta última era fundamental, ya que así Georgie sentiría que lo que llevaba a su cama era una caricatura en vez de una rival.

Cuando se aceptaron los términos, los juegos continuaron

para deleite de todo el mundo. A veces Georgie hacía de directora de peli porno y les ordenaba que hicieran posturas, además de darles las réplicas del guion a ambos. Después de la tercera visita, una cita a media tarde en la que se apiadó de Helena cuando esta tuvo que limpiarse la venida de Mao de la panza, Georgie los dejó solos y se fue a la sala de vapor. Entonces Helena se apoyó en el pecho de Jim. Ambos estaban sumidos en jadeos poscoitales y recorrían con la mirada la foto panorámica de un paisaje que él había colgado sobre la chimenea: campesinos hunaneses, el pueblo de Mao, todos agachados cultivando un valle cubierto de niebla.

—¿Qué es esa foto?

—Es mi hogar.

—Cuéntame cómo es.

—Bueno... —dijo estudiando la escena—. Es... ¿nublado? Es un lugar increíblemente nublado. ¿Y la gente? Todos granjeros nublados.

—Me gustaría ir contigo.

—Te llevaré.

—¿Me lo prometes?

—Claro. Para el Festival de la Niebla, en primavera. Les vas a encantar. Iremos juntos por el río en mi barca, te darán la bienvenida como a una diosa, todo el mundo te saludará y te lanzará pétalos de rosa.

—Es precioso... —dijo ella.

Se miraron el uno al otro un momento. Y entonces, sin apartar los ojos de ella, Jim eructó, un eructo largo y suave acompañado de una cara que decía: «¡¿Qué te parece!?». Ella se echó a reír, la broma gástrica le hizo pensar que había visto una parte muy especial de él, que acababan de compartir un momento real y espontáneo, y que, en los años que vendrían, habría muchos más como aquel. Estaba hambrienta de ese tipo de intimidad y en ese momento se dio cuenta, excitada, de que aquella era la primera vez que estaban solos, sin Georgie. Lo agarró y le susurró:

—Te quiero para mí. Sin ella...

Y entonces volvieron a empezar, unidos en aquel emocionante descubrimiento, una zona gris que las reglas de Georgie no habían previsto. Ella decidió que así debía de ser aquella cosa tan real que nunca había conocido.

No era solo coger, era algo más.

Y justo cuando Georgie estaba empezando a cansarse de *El show de Helena*, sonó el teléfono y respondió. Una mujer le dijo:

—Por favor, espere mientras le paso a Quentin Tarantino.

Este le dijo que su conversación en la fiesta había convertido sus divagaciones en conceptos. Aquellos conceptos se habían unido, habían «cogido sin condón» y habían dado a luz algo precioso.

Una historia de venganza.

—¿No va siendo hora de que una mujer asesine a un presidente? —le preguntó.

—¿Eh?

—Oswald. Booth. Hinckley, casi. ¿Cómo es posible que solo los hombres se diviertan? No me refiero a un buen presidente. Me refiero a algún hijo de puta, retorcido y sin alma. Dentro de veinte o treinta años. Algún cabrón voraz que haya manipulado los votos para ganar las elecciones y todos los lacayos misóginos que lo rodean son demasiado corruptos para hacer algo al respecto. Hasta que mi chica decide atacar la Casa Blanca.

—¿Y quién es ella?

—¡Es el puto karma! —escupió Tarantino como un

loco—. Es estrógeno puro con carácter. Va a igualar el marcador por todas las mujeres del mundo, a incinerar a todo el gabinete y a partirle el cuello a ese puto cerdo como venganza por las mujeres que han vivido durante estos dos millones de años, y me voy a arriesgar y lo diré, todo el mundo sabe que son más listas y más fuertes, y que tienen que tragar y frotar para sus inferiores masculinos. Es la ira de la puta diosa y se llama Lilith, la primera mujer, antes que Eva, ¿de acuerdo? ¡Así que tomamos toda la mierda de la Biblia, que es de puto dominio público, y si los censores se meten en nuestro rollo les diremos que se vayan a chupársela al puto diablo!

Georgie se quedó sin palabras. Sabía que Tarantino había resucitado la carrera de John Travolta. Que había elevado al cielo a Uma Thurman, que había vuelto a poner de moda a Bruce Willis. «¿Esto estaba pasando de verdad?», se preguntó. ¿Sería su momento de gloria?

—No puedo hablar de ello por teléfono. Ya hemos dicho alguna de las palabras sospechosas. Hasta «sospechosas» es una palabra sospechosa. Carajo. Estoy en Palm Springs. ¿Puedes venir la semana que viene?

—Claro.

Aquella noche vio *Kill Bill* y *Jackie Brown*, más por continuar con la fantasía que como investigación. Su atención pasaba a menudo de las imágenes que se sucedían ante ella a las que se generaban en su mente: ella haciendo de Lilith la Vengadora, matando a hombres con ráfagas de disparos, rompiéndoles el cuello sin miramientos.

Aquella semana ya estaba en la caminadora antes de que saliera el sol y empezó una dieta cetogénica especial y perdió dos kilos y medio en seis días. Empezó a practicar krav magá con Avi Ayalon y a invocar fantasmas de su pasado para llenar el corazón de su personaje de rabia. Pensó con odio en Mitchell Silvers, en *Lucky* Dealey e incluso en Carrey. Toda su vida se había preparado para aquel momento, lo sabía, y todo aquello merecía la pena.

Era perfecto.

Pero el día antes de su supuesta cita en Palm Springs, de pie frente al espejo del clóset del baño, vio una arruga.

Una arruga nueva.

Justo debajo de su nariz.

Una ofensa a su belleza, una marca de decadencia, pero que, después de veinte años en Hollywood, sabía cómo tratar. Fue a ver al doctor Marcus Mendel, el jefe de conservación de la élite hollywoodiense, y le pidió una cita para el clásico tratamiento de relleno.

—Solo esta línea —le dijo—. Llénala. Ponme Restylane.

—El Restylane te hará reacción —le dijo, tal como le habían informado en sus clases de un reciente seminario de *marketing* farmacéutico, organizado para el lanzamiento de un nuevo producto aprobado por la Administración de Alimentos y Medicamentos y con unos márgenes de beneficio mucho más altos, el Vividerm—. Tu cuerpo procesa el Restylane como un agente externo. El Vividerm es totalmente natural. Está hecho de colágeno humano real.

—¿De dónde lo sacaron?

—Creo que todo empezó con una víctima de accidente de tráfico. —Se quedó en silencio, como si hiciera una reverencia. Entonces, como si nada, retomó su discurso—: Parece ser que el terror puro que sentimos en un accidente libera un flujo de hormonas mágicas. Los suizos las capturaron todas. Tenemos suerte de vivir en estos tiempos.

—¿Vivi-derm?

—Ashton Kutcher fue uno de los primeros inversores.

Se pasó los dedos por la frente. Estaba sorprendentemente tersa.

—Yo me cambié la semana pasada. Ya no queda como si fuera plástico, ¿ves?

Balanceó el espejo de aumento de la sala de examen frente a su propia cara, lo cual provocó una deformación macabra —un glóbulo enorme y desafiante de Marcus Mendel— y a la vez le ofreció una prueba irrefutable. La frente cincuentona de Mendel era como el muslo rollizo de un bebé. No estaba roja ni inflamada.

No había ni rastro del pinchazo.

—Es natural.

—¿Natural?

No había ni siquiera poros.

—El cuerpo asimila el Vividerm.

Los milagros médicos ocurrían. La llegada de Vividerm justo en aquel momento era tener mucha suerte. La prueba de que la resurrección de su carrera en manos de Tarantino estaba destinada a ocurrir.

—Ponme el Vividerm —dijo encogiéndose de hombros, como quien elige el último iPhone en vez del modelo precedente.

Mendel le pidió que se sentara, le metió la jeringuilla en la arruga, un pinchazo doloroso que llevaba consigo la promesa de la juventud.

—¿Y las patas de gallo?

—No las iba a tocar, pero bueno.

—¿Y la frente?

—Solo un poquito.

Aquello fue todo. Dentro y fuera. Mendel no le dio instrucciones para el postratamiento porque el Vividerm, el último fruto de la época de las maravillas, no las requería. Volvió a casa a mediodía, hizo el equipaje para una noche, lo metió en el Porsche y condujo hacia el desierto.

Cuando se hubo marchado, Carrey comió un almuerzo que consistió en dos sándwiches a la plancha y un bote pequeño de kétchup.

Después se fue a su gimnasio y se metió en la cámara hiperbárica con un tubo de Pringles. El oxígeno presurizado hizo que sus sentidos se aclararan y en sus audífonos sonaba una grabación de Mao leyendo uno de sus famosos discursos, el Manifiesto Antiamericano del 20 de mayo de 1970. Carrey ya se lo sabía de memoria, pronunciaba las palabras en mandarín en sincronía perfecta, casi como si fuesen suyas:

—«El imperialismo estadounidense está masacrando a los blancos y a los negros en su propio país. Las atrocidades fascistas de Nixon han encendido las furiosas llamas del movimiento revolucionario de las masas en Estados Unidos...»

Se quedó una hora allí dentro, rebobinando y repitiendo, gesticulando con tanta energía que al final, vista desde fuera, la estructura de nailon parecía una crisálida en la que Carrey-Mao se exaltaba cada vez más:

—«El imperialismo estadounidense, que parece un enorme monstruo, es en realidad un tigre de papel que ahora agoniza en su lecho de muerte.»

Oyó el timbre de la puerta principal.

Otra vez, doble, un *staccato* impaciente.

Salió a tropezones de la cámara hiperbárica.

Se tapó la nariz y sopló tres veces, para despresurizarse los oídos al pasar por la cocina. El timbre volvió a sonar, ahora más largo, desafiante.

Temió que fueran los avivadores de nuevo, pensó que

tenía que llamar a Avi Ayalon. O puede que fuese Charlie Kaufman, que ya había vuelto de Taipéi. ¿Y si al final no había conseguido el financiamiento? Wink y Al estaban furiosos con él porque había hecho saltar por los aires el proyecto de Play-Doh. Se habían aprovechado de la crisis y lo habían forzado a hacer algo todavía peor. Porque podían. Porque los actores, por muy glorificados que estén, no dejan de ser trabajadores y, si algo había aprendido de ser Mao los últimos meses, era que el capital abusa del trabajador, le clava los colmillos en el cuello. Él iba a luchar. Iba a hacer su propia revolución, a acabar con el sistema corrupto que había recibido con alegría el dinero de oligarcas que tenían los puños manchados de sangre y robaban a su gente. Le llevaría el proyecto a Soderbergh y se lo autofinanciarían, asaltarían la ciudad. Anticipando tan solo las ventas a los Balcanes ya podrían pagar el presupuesto. Y más. Abrirían su propio estudio y acabarían lo que Redford había empezado, defenderían la integridad de todos los trabajadores. Puede que fuera todo el oxígeno que se había embutido en su cerebro por la cámara hiperbárica, puede que fuera pasión pura y dura, pero volvía a olerlo, el aire con aroma a sudor y ozono de la fábrica de Titan Wheels, sentía el hambre del niño famélico que nunca lo abandonó. Sí, eso era. Soderbergh y él, o quien fuera, harían realidad el sueño del puto Charlie Chaplin.

El timbre volvió a sonar, largo, desafiante...

Y no era Kaufman.

En las pantallas de seguridad de la cocina Carrey vio a Helena San Vicente, que había venido a darle una sorpresa. Iba vestida con unos jeans ajustados y una blusa blanca, la Monroe de *Los inadaptados* (*The Misfits*). Le dijo que aquel fin de semana no habría visitas, que Georgie estaba fuera. Helena miró fijamente a las cámaras de seguridad que apuntaban a la calle, con los ojos verdes por la imagen de visión nocturna y unos rizos rubios que parecían bengalas de magnesio. ¿Qué hacía allí si no la habían invitado? ¿Qué era aquello? En el mejor de los casos era una toma de poder; en el peor, un destello de locura. Pero la locura es un afrodisiaco para los poderosos. Aquellas tetas. Las dulces tetas de color verde demoniaco de la pantalla. Una poderosa División de la Lujuria se elevó en su Parlamento Mental, acallando cualquier tipo de advertencia, de razón. No tenía elección.

Las puertas se abrieron.

Carrey empotró a Helena contra la pared del recibidor.

Le desabrochó la camisa.

Le bajó los jeans, los calzones de color lavanda, tocándose a tientas el bajo vientre para liberar su erección, y luego se la cogió por detrás. Ella se vino, él también.

—Quiero más —murmuró ella.

La guio al dormitorio principal y ella lo siguió a un paso de distancia. Sin que él lo viera, se empapó la mano con los fluidos de ambos y, separando los dedos como una bailarina del método Balanchine, las arrastró por la pared y por las cortinas para acabar cubriendo los cristales de las puertas de estilo francés. Jim quería poder coger toda la noche, así que tomó dos Viagras del buró, donde guardaba sus medicamentos, y le pidió un favor.

—¿Puedes hacer la Marilyn de *Una Eva y dos Adanes*?

—La única ropa que traje es la que dejé tirada en el vestíbulo —dijo mirando el clóset de Georgie—. ¿Puede que Georgie tenga algo que me sirva?

Carrey asintió en silencio.

Cruzó la habitación, abrió la puerta del clóset y reprimió un gritito. El vestidor era más grande que su habitación en el departamento que compartía con tres personas. Georgie tenía una colección aparentemente infinita de zapatos, iluminados como si fueran obras de arte en estanterías encastradas. Tres largas hileras cargadas de vestidos de gala que gritaban que los tocaran, que los llevaran, que los amaran. Separó la seda y el raso, esperando ver, detrás, una playa polinesia.

—¿Encuentras algo?

—Sí.

Abrió los cajones de la cómoda y se zambulló en un océano de pañuelos de seda de colores, cada uno de los cuales costaba lo mismo que su renta mensual, nada que ver con los falsos que ella se compraba en las tiendas de segunda mano. El *negligé* negro corrió como líquido sobre su cuerpo. Se abrochó un par de tacones de mil dólares. ¿Era todo aquello suyo por derecho del destino? ¿Había estado esperando desde siempre su llegada? Salió al dormitorio, transformada, pero no fue suficiente. De repente, Carrey se volvió autoritario y la observó como Hitchcock a Tippi Hedren en sus juegos de *casting* y grabaciones. Le hizo una señal para que fuera al tocador de Georgie y se puso detrás de ella, de pie, mirando fijamente al espejo, ansioso, hambriento.

Helena se echó base de maquillaje, pero no era lo que él quería.

Levantó el corrector, grueso y grasiento, y se echó una capa en la cara antes de pintarse los labios de rojo y el famoso lunar. Entonces Carrey vio el bulto brillante de una cicatriz en la frente de ella, una marca que nunca antes había visto.

Y como Monroe no tenía nada parecido en su frente, se lo untó con corrector, intentando borrar a la chica que había detrás de la aparición. Era demasiado grueso. Fuera lo que fuese, no había curado bien. Volvió a echarle una capa de corrector, con suavidad pero decidido, en un *allegro*, y al hacerlo, Helena San Vicente volvió a su decimosegundo cumpleaños, cuando su padrastro, borracho, le clavaba los ojos al pecho incipiente de su amiga. Después, cuando reunió el valor para enfrentarse a él, este la tiró dentro de la chimenea de ladrillo visto cuyo borde le rajó la sien. Los médicos le harían preguntas, así que le puso un curita y se disculpó entre dientes. Ella pasó una semana sintiendo un dolor punzante en la cabeza.

Y ahora estaba de vuelta, como un fantasma. Sintió un ardor alrededor de la cicatriz. Su pulso se aceleró a causa del traumático recuerdo. Se hundió las uñas en las palmas de las manos, esperando volver al momento presente con aquel nuevo dolor, para seguir...

Helena se retorció, tumbada boca abajo, con el *negligé* levantado mientras Carrey le daba por detrás. Era lo mismo que habían hecho en el vestíbulo, pero ahora no se sentía bien. Se le tensaron los músculos. Los miembros gritaban y querían hacerse una bola. Se escurrió alejándose de él y fue hacia la cabecera.

—No me gusta así.

—¿Así cómo?

—Como si fuera Marilyn Monroe.

—Pero yo sé que no eres Marilyn.

—¿En serio?

—Sí, eres Helena San Vicente.

—Tampoco.

—Entonces ¿quién eres?

Titubeó, a él le dio la impresión de que no estaba del todo segura.

—Celeste.

—¿Celeste?

Ella pensaba que Georgie no lo quería y sabía, en el fondo de su corazón, que ella podría amarlo. Se imaginó la vida que podrían tener juntos y se la describió, regalándole sus sueños como si arrojara flores de papel a un volcán.

—¿Alguna vez has pensado en mudarte a Santa Bárbara? Te gustaría. Es precioso, ya sé que hay restricciones en el consumo de agua pero todavía se puede montar a caballo en algunos lugares. Esta peluca me da mucho calor.

Metió las manos bajo la peluca y se quitó los pasadores del pelo. Se la quitó y la dejó sobre la cama. Su color natural era castaño claro y llevaba un corte a lo *garçon*. La miró con un horror abrupto, ya no la veía como un escape de sí mismo sino como otra amenaza más, una niña asustada y destrozada que había llegado a su cama con sueños de un financiamiento que sacaría de su tiempo o de su dinero y sin un miligramo de anticonceptivos entre ellos. Se quedó callado, buscando una salida.

—Te quiero —dijo ella sin saber que aquellas palabras eran peligrosas allí.

—Dios mío —contestó Carrey, que comprendió entonces el alcance de su delirio. Lo mejor era ser claro. Así que, con una suavidad aplastante le dijo—: El amor no tiene cabida en esto, cariño.

—No, con ella seguro que no. No te quiere.

—¿Quién no me quiere?

—Georgie. Es evidente.

—No la metas en esto.

—Ella me metió en esto.

—Ya hemos roto las reglas, Helena. Por favor...

—No me llamo así —protestó con una voz que parecía insinuar que los dóciles no heredarían nada más que su propio dolor.

El celular de Jim vibró en la otomana. Los ojos de ambos fueron directos a la superficie brillante y vieron que la que llamaba era Georgie. Carrey contestó y salió al pasillo. Celeste escuchó la conversación: la voz de Jim se revistió de ternura de repente. Entonces se dio la vuelta y se vio en las grandes ventanas acristaladas del dormitorio. Su imagen le pareció, de nuevo, no la de una persona que estuviera perdida o sufriendo, sino la de la estrella de una película. No pasaba nada. Había millones de espectadores viéndola, lo sabía, una mano narrativa estaba al mando de todo y no la hubiera llevado hasta allí ni le hubiera dado aquella ropa sin ningún motivo. Llorando, conmovida por la benevolencia cósmica, se percató de que aquella era la escena en la que le demostraría su amor y le explicaría que no podía vivir sin él. En la que él se daría cuenta de que la amaba...

Carrey colgó y, en lugar de volver a la habitación con la chica, decidió que se daría una ducha. Le pediría un taxi y le sugeriría amablemente que se fuera, pensó al abrir el grifo. Encontraría las palabras para que la caída no fuera muy dura, le diría que no era culpa de nadie. Después, si era necesario, cambiaría su número de teléfono y sus mensajes llegarían a cualquiera al que le hubiera tocado el antiguo en la lotería. Se secó con la toalla y empezó su ritual de belleza nocturno frente al espejo del tocador, una producción de veinte minutos de duración: se recortó las cejas, se aplicó el *bronzer*, se echó corrector en los granos. Al final dibujó una sonrisa amable y volvió a la habitación, donde encontró los frascos de sus pastillas vacíos en el buró, los ojos de Celeste en blanco y a ella convulsionando en la cama y escupiendo saliva ensangrentada sobre la peluca rubio platino. Había realizado toda la actuación: era la Marilyn perfecta, sus últimos sueños se desangraban en la noche de Brentwood.

En el hotel JW Marriott de Palm Springs, Georgie reservó una clase de pilates para la mañana siguiente, ya que quería llegar a su cita con Tarantino llena de energía. La cara le ardía, la tenía un poco hinchada después de las inyecciones. Las mejillas y la frente estaban un poco rojas, pero lo atribuyó al aire seco del desierto. Durmió con una máscara de gel frío y dejó pepinos en el refrigerador para ponérselos por la mañana. Al día siguiente se despertó para descubrir que formaba parte de un grupo demográfico poco envidiado y hasta entonces desconocido: era la única persona entre diez mil que desarrollaba una respuesta muy negativa al Vividerm.

Su cara, su único instrumento, se había transformado en algo parecido a un guante de beisbol empapado en lluvia. Tenía morado e hinchado donde las agujas le habían inyectado el producto. Sufría de una parálisis general de la boca, las mejillas y los párpados; uno de ellos estaba caído y su piel parecía plástico barato, incapaz de expresar cualquier rastro de emoción al mundo; ni de su horror ni de la culpabilidad por haber hecho aquello. Ahora estaba más atrapada que nunca en sí misma, cuando lo que quería intentar con aquel *casting* era trascender aquel estado.

Llamó a Mendel. Pelearon a gritos en una lucha bastante desigual porque a Georgie, llena de contusiones, le dolía hablar, y el dermatólogo era, según su propia opinión, un artista al que no se le podían hacer reproches.

—Me dijiste que no tendría ninguna reacción.

—Dije que era cien por ciento natural.

—Dijiste que era mejor que el Restylane.

—Para la mayoría.

—Pues no para mí.

—Bueno, pues entonces tendrías que haber seguido con el Restylane.

—Vete a la mierda.

—¿Perdona?

—Hijo de puta.

Se fue corriendo a la farmacia para comprar cortisona, Benadryl. Pero las pastillas solo le dieron sueño y no causaron ningún efecto contra el Vividerm. Allí estaba, en lo más profundo, descargando un aluvión de histaminas.

Su comida con Tarantino era a las dos de la tarde. Llamó para intentar pasarla al día siguiente. Su asistente le dijo que se iba a Washington a buscar locaciones por la mañana y le advirtió que había liberado toda la tarde para ella, que no solía hacerlo y que se tomaba su tiempo muy en serio.

No podía dejar que aquella oportunidad se le escapara.

Él se quedaba en una *suite* del Ace Hotel. Georgie condujo hasta allí, aterrorizada, maldiciéndose por dejarse tomar el pelo con tanta facilidad. La voz de su madre salía ahora de sus labios, regañándola: «Claro que la cagaste, siempre la cagas». Desplazó la visera para que no la vieran los demás conductores y el regaño se convirtió en un discurso de autoayuda a medida que se acercaba al hotel, ahora era su propia voz la que la tranquilizaba: «Puedes hacerlo, él es un artista, lo entenderá». Había reservado las *suites* de al lado de la piscina y estaba allí con su agente de *casting* y con su asistente personal, una rubia veinteañera que borró su mueca artificial cuando, al ver a Georgie, se quedó sin aire y le dio miedo de contagiarse.

—Es una reacción —murmuró Georgie.

—¡No! ¡Si estás estupenda! —contestó la chica, con una amabilidad falsa, acompañándola por la piscina hasta una mesa sobre la que había madalenas, cuernitos, café, té y una cámara de alta definición.

Detrás de esta, reclinado en una tumbona de frente al sol

estaba Quentin Tarantino haciendo ruiditos de explosiones y riéndose mientras pilotaba un dron sobre la piscina que zumbaba al lado de la gente que iba al *spa* y cuyas reacciones podía ver en tiempo real en la pantalla de su computadora portátil.

—Quentin —dijo la asistente—. ¡Quentin!

Aterrizó el dron y volteó. Tenía dificultades para ver a Georgie mientras esta se le acercaba.

Ella tenía el sol detrás y se hacía visible poco a poco, de modo que se convertía en una figura misteriosa con cada segundo. Y entonces la vio: la cara amoratada, hinchada y brillante, cubierta de cortisona, inmóvil en todos los lugares que exteriorizaban sentimientos, incapaz de transmitir el *pathos* del que se había enamorado en *Oksana*. Se percató de lo que era: una catástrofe de la cirugía plástica digna de una conmemoración en la prensa sensacionalista. No era la primera vez que lo veía. ¿Qué llevaba a la gente a hacer aquello? Reflexionó sobre aquella cuestión mientras alargaban el momento intercambiando formalidades, bebiendo jugos verdes y dando gracias por aquel aire tranquilo del desierto. Pero los ojos de Georgie seguían los de él mientras estudiaba su piel y buscaba los puntos exactos de las inyecciones. Una parte de ella esperaba que aquello le sirviera para imaginar las escenas de lucha y la otra vio que los botones oponían resistencia en su barriga, lo cual le hizo pensar que era una puta mierda que un hombre pudiera llegar a ese estado físico sin que interfiriera en nada.

—¿Quieres hacer una prueba?

—Claro —consiguió decir.

—Carly, ¿me traes las páginas?

Miró la cámara de la mesa, la tomó, le dio al botón de GRABAR y encuadró a Georgie mientras la asistente les traía los guiones.

—Vamos a la página setenta y dos. «Asedio a Hacienda» —dijo Tarantino.

Pasó las páginas del guion hasta llegar a una repleta de una matanza en mayúsculas, las palabras casi salían de la página para atacarla: «DECAPITADO», «DESTRIPADO», «DESOLLADO VIVO», «CARA DESGARRADA». El Benadryl le estaba pegando fuerte. Le costaba recordar el nombre de su personaje, le costaba hasta encontrar el diálogo.

Quentin seguía grabando con la cámara de mano, que tenía el piloto rojo encendido, y la movió a través de la bandeja de panes. Georgie se preguntó qué pasaría si su cara se hacía viral, un alud de visitas y de clics que enterrarían todo lo que había hecho en su vida hasta aquel momento. Abrirse camino hasta aquella humilde rama le había costado todas las artimañas que podía inventar, toda su astucia. Ya no podía pensar en volver al suelo de la jungla.

De repente sintió vértigo, una caída, mientras Tarantino la dirigía.

—Mantén la calma, pero recuerda, esta tipa está cortando penes.

Georgie miró la página y vio el nombre del personaje: Lilith.

Quentin leyó la descripción:

—«Interior. Noche. Estados Unidos. La sede de Hacienda. Lilith corre a través de las imprentas de billetes, disparando un Uzi y lanzando granadas. Es todo venganza y velocidad a la hora de disparar a los guardias. La sangre sale a chorros y rocía las láminas de dinero, billetes de diez, de veinte y de cien.»

—Me gusta —dijo Georgie quedándose paralizada al escuchar su propio balbuceo, sabiendo que todo aquello quedaría grabado en silicio para siempre.

—Consigue entrar en la oficina del secretario de Hacienda, Saperstein —dijo Tarantino acercándole la cámara a la cara—. Bien, ahora lee.

Georgie bajó la mirada y vio el nombre: «Secretario de Hacienda Saperstein».

Su cara no estaba del todo paralizada, sino más bien hinchada y medicada. Pero aquello, aquello era complicado bajo cualquier circunstancia. Sus ojos pasaron de línea en línea, recorriendo páginas de genio tarantiniano: frases reivindicativas, citas de la Biblia, últimas palabras llenas de astucia. Aquellos eran el guion y el papel que siempre había soñado, por los que hubiera dado la vida. Y no pudo ni pronunciar el nombre de aquel hijo de puta lleno de «eses».

—Zzzzec-de-taddio...

Tarantino cerró el plano y sonrió de lado. «Vamos», se dijo a sí misma.

—Zzzzec-de-taddio...

Le dio un trago a su jugo verde, como si el problema no fuera más que una garganta un poco reseca, una dificultad muy típica entre los actores. Volvió a intentarlo sin conseguirlo. Sus labios se rebelaban contra ella. Y entonces la cosa empeoró, sintió el jugo corriéndole por la barbilla y vio los ojos de Tarantino seguir el chorro hasta que llegó a su blusa de lino. Los Ángeles es una ciudad de sueños que se hacen realidad, construida en pleno desierto, decorada de maravillas pero plagada del miedo de ser borrado de un golpe. Y todo aquello la sobrecogió en aquel instante.

Se echó a llorar.

Tarantino le pasó una servilleta.

—La verdad es que todavía le estoy dando vueltas a qué hacer con este papel —dijo.

Volteó hacia su joven asistente y su cara arrugada de cincuentón se vio atravesada por un gesto que la asistente sabía que significaba: «Llévala a la salida».

Luego volteó de nuevo hacia Georgie y le dijo:

—Eres un encanto.

Georgie volvió al hotel e hizo la maleta. Condujo de vuelta a casa, dos horas a través del desierto, deseando estar en los brazos de Jim: necesitaba que le dijera que todo saldría bien.

Más tarde recordaría que la casa se encontraba demasiado limpia. El baño estaba inmaculado, no había manchas de pasta de dientes en el lavabo y había toallas de manos limpias en el estante. Y las sábanas, que solían cambiar los miércoles, estaban limpias y planchadas. ¿Había ido el servicio de limpieza el fin de semana? No podía ser. Entonces vio un puntito brillante en la alfombra del pasillo. Se agachó y lo recogió; era una uña acrílica reluciente, una garra diminuta de color rosa algodón de azúcar.

Medio esperanzada, medio temerosa, fue a la oficina que había en la cocina y cerró la puerta detrás de ella. Se sentó en el escritorio. Vio el icono del programa de los Sistemas de Seguridad Brentwood y dio click sobre él. Dentro encontró las carpetas en las que se almacenaban los videos de los últimos días. Puso las imágenes de la puerta de la mansión de Hummingbird Road y las pasó en cámara rápida.

Horas y horas ante sus ojos.

Entonces, la figura de una mujer apareció, granulada.

Pausa. Zoom.

Vio que era la muñeca sexual que ella había elegido: Helena San Vicente.

Las puertas se abrieron.

Vio entrar a la joven imitadora de Monroe.

Cambió a la cámara del vestíbulo.

Vio a Carrey agarrándola, el encuentro lujurioso, cómo llegaban al dormitorio principal. Pasó las horas rápidamente y luego volvió a la velocidad normal cuando las imágenes de las cámaras exteriores se llenaron de luces de ambulancias. Unos paramédicos entraron corriendo en la casa. Un espacio en el que no ocurría nada. Luego salió Helena, su cuerpo rebotaba en la camilla mientras la llevaban a la ambulancia y su carne flácida resplandecía de color verde en la cámara de visión nocturna.

Pero aquella cita no sorprendió mucho a Georgie y lo que más le horripiló no fue ver a una chica sobre una camilla. Fue la rapidez y la facilidad con la que una vida podía apagarse allí, la corrosiva revelación de que ella misma, de alguna manera, ya estaba viviendo ese proceso. Que sus sueños no se harían realidad en aquella casa.

Fue a la sala y lo vio en carne y hueso.

Lucía su característica sonrisa afable, pero sus ojos hinchados lo delataban. Luego volvió a hurgar en su helado con salsa de chocolate y siguió viendo su documental de la tarde en el History Channel: *Mysteries of Atlantis*. El narrador describió un conjunto de esferas de cristal ultrapoderosas que se cree que les dieron a los antiguos atlantes acceso a una energía casi ilimitada y además, mejor aún, a poderes sobrenaturales. Un grupo de exploradores creía que unas lecturas electromagnéticas erráticas indicaban que estas esferas de poder se encontraban en una fosa oceánica cerca de la isla griega de Santorini, pero no tenían suficiente presupuesto para los submarinos de última generación que permitirían recuperarlas. Mientras veía el programa, Carrey se preguntó si toda su carrera solo había sido un entrenamiento para un importante papel histórico y espiritual. ¿Estaba intentando decirle algo el cosmos mediante la televisión? ¿Estaba mostrándole su verdadero destino, algo que superaba su imaginación?

Llenó hasta arriba la cuchara de helado de vainilla y recuperó un poco de salsa, después intentó atrapar una cereza antes de perder la paciencia y meterse la cuchara en las fauces. El dulce azúcar se instaló en su cuerpo y reanudó sus ensoñaciones.

¿Le estaba encargando el cosmos que utilizara su fortuna para recuperar las esferas de poder de la Atlántida de las profundidades de Santorini? El narrador dijo que era probable que las esferas de poder hubieran elevado a los atlantes de su abrupta isla hacia reinos de pura energía. No morían, no, se convertían en seres eternos. En seres de luz. ¿Le ocurriría aquello a él también una vez hubiera capitaneado a su equipo de recogida? Qué alivio. Por fin se liberaría de la carga de convertirse en alguien. Sería pura energía, brillando hacia la eternidad. Se moría de ganas de montar un equipo y estaba buscando en sus contactos el número de Philippe Cousteau cuando su celular vibró para notificarle la llegada de varios correos: las grabaciones de seguridad, enviadas por Georgie, que se había puesto a sí misma en copia. No la había visto, quieta en el pasillo. Alzó la mirada y vio su cara amoratada, hinchada, con los ojos a punto de explotar.

—¿Qué pasó?

—¿Y tú eres quien lo pregunta?

—¿Eh?

—Te diré lo que le pasó a mi cara cuando tú me digas qué le ocurrió a tu juguetito sexual.

—¿Qué juguete sexual?

—¿Ya no te acuerdas?

—Cariño, deberíamos llamar a un médico.

—Mira tu puta bandeja de entrada, Mao.

Desbloqueó el teléfono, vio los archivos que le acababa de mandar, los abrió...

Vio a Helena en la camilla. Sintió un calor ardiente en sus lóbulos; sintió, dentro de él, a su Parlamento Mental escindido entre el Frente de las Víctimas, que culpaba a Georgie por haber metido a esa chica loca en sus vidas, y el Partido de la Culpa Católica, que le decía que los pecados cometidos por la carne casi destruyen todo lo que había construido, que debía arrepentirse o lo llevarían al Lago de Fuego. Y ambos estuvieron de acuerdo con sus primeras palabras, que fueron:

—Está bien. No está muerta. Está...

—Ja —dijo Georgie—. Eso lo soluciona todo, claro.

Ahora el Frente de las Víctimas se levantó, negándose a aceptar aquel insulto. Tenía que dejar claras ciertas cosas.

—¡Fuiste tú la que la metió en todo esto!

—¿Perdona? —dijo Georgie. Una parte de ella esperaba una disculpa.

—La trajiste a nuestra casa. Pusiste unas reglas que sabías que iba a romper.

Georgie tuvo la sensación de que aquello quizá era cierto y sonrió al sentir que de todas formas ya no importaba, que no habría nuevas reglas.

—¡Me tendiste una trampa!

—Tranquilo, no tendrás que soportar mi traición nunca más.

—Georgie, lo siento...

—No lo sientas —contestó y se acercó a él, le agarró la cara con las dos manos, le acarició el pelo como si fuera un niño el primer día de guardería y continuó—: Te voy a dar un acuerdo mejor que el de cualquier abogado. Y espero que seas lo suficientemente inteligente para aceptarlo.

Le dio una palmadita en la mejilla y se fue de la habitación. Él la siguió hasta el vestíbulo y la vio, con la boca seca de rendición, desactivar la alarma de la casa y tomar el autorretrato de Frida Kahlo de su sitio sobre el piano.

—Vividerm —dijo.

—¿Eh?

—Lo que me pasó en la cara. ¿Ves? Yo cumplo con mis promesas.

Entonces se llevó el cuadro, salió por la puerta, lo metió en la cajuela del Porsche plateado de Carrey y salió a la carretera. Fue al Hotel Viceroy en Santa Mónica y reservó una habitación con vistas al mar. Allí, sentada en el pequeño balcón, con Frida acompañándola en la silla de al lado, dio sorbos a una copa de rosado seco y pensó en los maravillosos días que estaban por venir.

CAPÍTULO 10

Aquella semana en que la prensa del corazón se llenó de noticias sobre la ruptura de Jim y Georgie, Carrey, Wink Mingus y Al Spielman II se reunieron en el jardín trasero de la mansión de Hummingbird Road para hablar de todos los frentes abiertos: la ruptura pública con Georgie y el rumor de una infidelidad, el grave insulto a la corporación Disney, y la creciente y recién descubierta preocupación de ciertas personas de alto rango de Pekín.

Wink Mingus cargaba con noventa kilos de músculos de guerrero en un marco de dos metros de alto. Llevaba el pelo largo y recogido en una coleta grasienta desde que sirvió como boina verde y se dedicó a sembrar el caos en Centroamérica en los ochenta. Una vez obligó a sus hombres a pintar a los muertos panameños como muñecos vudú humanos y se los llevó en helicóptero para tirarlos en el jardín de la embajada del Vaticano y asustar así al general Manuel Noriega, después de que George H. W. Bush, llevado por un capricho típicamente americano, hubiera cambiado su designación de títere a paria.

Pero el trauma del combate le había dejado los nervios alterados. Guiñaba su ojo izquierdo sin control, lo cual provocaba que muchos de sus comensales pensaran, erróneamente, que compartía secretos especiales con ellos; también le valió el sobrenombre de «Wink» (Parpadeo), lo cual no le molestaba, ya que nunca le gustó ser un Eddie.

—Por Dios, Jim, nos iba tan bien juntos —dijo inspeccionando los cimientos de la mansión—. Mira todo lo que hemos construido. Ahora mucha gente piensa que estás loco.

«Tienen miedo —pensó Carrey mientras le caía ceniza en los antebrazos—. De mí. De la industria. De su propia pérdida de poder.»

—Has enfurecido a los dioses, Jim —dijo Al—. Phillip Morris. Los pasteles de Mickey y Minnie. La chica que te cogiste. Esto es un puto desastre.

Gerry Carcharias se unió telefónicamente a la reunión desde la costa amalfitana y justo cuando Carrey estaba a punto de preguntar cómo sabía Al lo de Helena, la voz de Carcharias llegó crepitando desde el altavoz:

—¡Jim! Soy Gerry. Hablemos de cómo podemos ayudarte. Sabes que la gente sigue un poco molesta en CAA. Wink y Al están haciendo un trabajo que te cagas y...

A Carrey se le revolvió el estómago y sus propios instintos básicos de supervivencia aplacaron un flujo de paranoia maoísta que se iba desvaneciendo. A estas dos sensaciones también se opuso una de ahogo cuando le costó recordar cómo hubiese lidiado con aquello el viejo Jim, a la que siguió un pánico horrible al darse cuenta de que no lo sabía. Y que había olvidado también otras cosas. Según Mao la Le había parecido una afirmación válida cuando lo leyó en el guion.

Pero ¿estaba de acuerdo ahora con ella? ¿Había perdido a Dios en la fusión? ¿O el santo padre se había marchado de la actuación? Vio moverse los labios de Wink y Al y buscó con desenfreno fragmentos de memoria que pudieran definirlo...

«Recuerdo que a los tres años iba montado sobre una bicicleta sin rueditas en Aurora, Ontario. Pedaleaba por la calle ante el asombro de todos los vecinos.

»De niño odiaba la coliflor, me daba náuseas pero ya no.

»Me dieron muchas cachetadas. Solían decir: "Si se te descontrola, pégale".

»Mis padres le decían a todo el mundo: "Si tienes que pegarle, no te limites", medio en broma medio en serio; les dejaban hacerlo a todos los que cuidaban de mí.

»Mi tía Janet usaba un trozo de la rampa de mis coches de juguete...

»Con once años me emborrachaba cada fin de semana y una vez acabé en cuatro patas vomitando en una cubeta y semi-inconsciente mientras levantaba el pulgar para decirle a mi hermano John y a sus amigos que estaba bien. A la mañana siguiente me desperté en el suelo de cemento del sótano de Marty Capra. Me habían quitado la ropa para hacerme una broma...

»Cuando me colé en el autocinema con trece años para ver *El exorcista*.

»Cuando gané el concurso de discursos del condado de Halton, mi padre en primera fila, que aplaudió y gritó tan fuerte que se le cayó parte de arriba de la dentadura y casi se la traga, y...

»Cuando mi hermana Pat me dijo si quería probar la masa de pastel que estaba mezclando pero en realidad era pegamento para el papel tapiz y me dio náuseas, nos reímos...

»Cuando perdí la virginidad a los quince con una rubia flacucha de veinticinco mientras en el Panasonic de sonido cuadrafónico sonaba el "Grand Illusion" de Styx y...»

El flujo de recuerdos le provocó un torrente de impulsos.

«Corre hacia el barranco.

»Cágate en los pantalones, a ver cuánto tardan en darse cuenta.

»Rómpele el dedo meñique a Al», que entonces estaba señalado el pecho de Carrey y le decía, con un tono maleducado:

—Hubo un momento en que la gente te quiso, Jim.

—¿Me quiso?

Al creció en Scarsdale, un suburbio chic de Nueva York. Era el único hijo de Al Spielman padre, un vanguardista cirujano cardiovascular cuyos halagos siempre deseó y nunca obtuvo. Se tituló en Columbia, igual que su padre, con honores y luego se metió en política y trabajó en el gabinete del presidente Carter durante los acuerdos de Camp David. Una carrera prometedora que acabó cuando le compró tres gramos de heroína a un policía encubierto de Washington. Las conexiones que tenía su familia le ahorraron la cárcel, pero su vida política había acabado. Se mudó a la costa oeste en 1983 e hizo unos pinitos como monologuista; luego, como no consiguió triunfar, se hizo representante, tomando como modelo al gran Bernie Brillstein y construyendo una cartera de talentos que lo catapultarían a los niveles más elevados de la alta sociedad de Los Ángeles.

—Los chicos del Riviera creen que perdiste la cabeza.

Carrey contrajo la mandíbula y se imaginó a Al difamándolo en el esnob club de golf de Brentwood.

—En China también piensan lo mismo.

—¿China...? —preguntó Carrey.

Las manos le empezaron a hormiguear y presintió no solo una conspiración, sino una caída en picado. ¿Sabían lo de Mao? ¿Se lo había dicho Georgie?

—No sé si te entiendo.

—Estamos bastante seguros de que sí.

—¡Sabemos toda la historia esta de Mao! —soltó Wink—. ¡Se acabó el show, Jimbo!

—Kaufman me juró que sería confidencial.

—¡Kaufman! —espetó Al—. A Kaufman le tomaron el pelo desde el principio. No había ningún millonario en Taipéi. ¡Todo había sido una invención del Estado! Y él se lo tragó desde el principio.

—Era una tomadura de pelo, Jim —dijo Wink guiñando el ojo—. Habían pensado en todo. Incluso en el tratamiento de guion que ahora ya está garantizado que jamás saldrá a la luz. Una abominación que empezaba con un Mao moribundo y un largo plano de cuarenta millones de campesinos hambrientos, sufriendo, miserables, pobres, ¡gente sacrificada que —su cara ya estaba roja— fastidiaría todo el mercado asiático! Te has vuelto loco, ¿sabes?

—Es lo que dice todo el mundo —dijo Al.

Hacía ya mucho tiempo que la gente que trabajaba con Carrey utilizaba la idea de que estaba loco para manipularlo.

Cuando volvieron a hurgar en la herida, Carrey se enfureció.

—Tienen que irse.

—Vamos a calmarnos —dijo Gerry Carcharias—. Vamos a hacer un trato, ¿sí, Jim? Como en los viejos tiempos. Dejamos que pase toda esta historia. La tapamos bien con cemento, hacemos un badén. Y tú nos devuelves el favor; tomas toda la pasión, toda la valentía, toda esta determinación artística que utilizaste en el personaje de Mao. Y lo usas todo para un personaje que puede que sea todavía más estimulante: Morris Simmons.

—¿Quién es Morris Simmons?

—Es tu boleto de vuelta a los corazones de América —dijo Al—. El protagonista de *Los tragabolas* en 3D digital. Sería una película veraniega con un presupuesto gigantesco, muchos efectos digitales y no solo eso: el inicio de una franquicia basada en un apreciado juego de mesa de los ochenta en el que los niños daban de comer a unos hipopótamos de forma frenética. Los analistas de datos de CAA les aseguraron que sería un éxito infalible; su investigación sugería profundas afinidades que apuntaban a una monetización de todo tipo de públicos. Algunas de las estrellas más famosas habían hecho presión para protagonizar la película, pero los datos de la importante horquilla de edad que va de los cinco a los diez años habían apoyado con vehemencia la candidatura de Jim Carrey, cuya imagen pronto sería reintroducida en la cultura estadounidense como la de la figura del padre con éxito gracias a una intensa campaña de *marketing*.

—Léele esas páginas que ha escrito Kenny Lonergan.

—No tienes que leerme nada, no soy un puto niño.

—Escucha —dijo Al con un suspiro.

Utilizando su seudónimo, Mitch Branchwater, el aclamado dramaturgo Kenneth Lonergan había escrito un tratamiento de guion de tres páginas que ahora *Wink* Mingus sacaba del bolsillo de su camisa estampada de manga corta. Se aclaró la garganta y comenzó a leer:

—MORRIS SIMMONS: cuarenta y ocho años, ejecutivo de publicidad de Chicago. Orgulloso residente de ROSEDALE, un suburbio de lujo. Lo despiden de la agencia tras haber perdido la cuenta más importante, THE MERIWETHER COMPANY, fabricantes de «satélites, letrinas y todo lo que hay en medio». Si Morris se queda sin su lugar en Meriwether, se queda sin su lugar en el mundo. GRAN PROBLEMA. Una gran parte de Carrey, que seguía dispuesta a morir por su oficio, fantaseó con matar a Wink de un tiro en la cabeza. Una parte más pequeña, y en cierto modo más necesitada, se maravilló ante el profesionalismo de Wink y Al, ante su coordinación, y estuvo tentada de aceptar que prometieran regenerar su imagen para que alcanzara las alturas comerciales de antaño. Sintió que aquello era suficiente para volverlo insensible cuando Al abrió su propia copia del tratamiento y continuó.

—Cada mañana, MORRIS finge ir al trabajo pero en realidad conduce su automóvil hasta la localidad vecina, MECKLENVILLE. Allí pasa el día escondido en la biblioteca municipal del pueblo, leyendo libros para niños que su madre le leía cuando era pequeño. Un día encuentra un libro llamado *VIAJE A HIPOPÓTAMA*. ¡No puede dejar de leerlo! Intenta sacarlo en préstamo, pero la bibliotecaria le dice que el libro no está registrado en la biblioteca. No sabe de dónde ha salido. Así que se lo puede quedar. QUÉ EXTRAÑO. Un día, volviendo a casa en su vehículo, se encuentra con el HOMBRE VIEJO (piensa en Samuel L. Jackson) de traje. De pie junto a su buzón. El tipo tiene una carta, se la da a Morris y le dice: «Dime, Morris, ¿te acuerdas de cómo se sueña?». Morris le pregunta cómo sabe su nombre pero el tipo desaparece en un REMOLINO MULTICOLOR. A Morris lo está espiando el VECINO CHISMOSO (corpulento), desde cuya perspectiva Morris está hablando SOLO. La cara del vecino parece decir: «¡Ese tipo perdió la cabeza!». Morris abre la carta, que está escrita en TINTA MÁGICA MULTICOLOR y que dice que ha ganado un safari en el PAÍS DE HIPOPÓTO-MA. El mismo lugar sobre el que leyó en el MISTERIOSO LI-BRO DE LA BIBLIOTECA.

—Qué coincidencia más curiosa —dijo Al.

—Ya me enganchó —dijo Gerry Carcharias.

—Por la noche —continuó Wink— les lee a sus hijos, ZACK y MOLLY, el libro de *Viaje a Hipopótama*. Cuenta la historia de la fundación de Hipopótama a manos de LA REI-NA HIPO (piensa en Helen Mirren), que gobierna a los hipopótamos con benevolencia. Morris les dice a los niños que va a viajar a Hipopótama y a conocer a todos esos INCREÍBLES ANIMALES DE DIBUJOS...

Mientras leían, Carrey sintió a Mao haciéndose cada vez más pequeño dentro de él, sintió el vínculo diabólico soltándose y a su mente pensando en un video de YouTube que había visto en el que salía Mao, muerto, dentro de su féretro de cristal. El eje giratorio de la Historia se convierte en un recuerdo espeluznante.

—La mujer de Morris —iba diciendo Wink—, DANI, se entera de que lo han despedido. Se enfrenta a él y lo humilla, lo cual le obliga a irse de VIAJE. Hace lo que le ha dicho el HOMBRE VIEJO. Dice: «¡Hipos! ¡Hipos! ¡Hipos!», entonces un REMOLINO MULTICOLOR lo transporta a Hipopótama, un mundo de ANIMALES EXÓTICOS hechos con animación digital, que están aterrorizados por la REINA HIENA (piensa en Tilda Swinton) que les ROBA EL AGUA, privándolos así de PECES Y COSECHA y amenazando su bosque de mangos, hogar del MANGO DORADO.

Jim dejó caer la cabeza entre sus manos y la balanceó lentamente mientras Al continuaba:

—Morris utiliza sus TALENTOS DE PUBLICISTA para

que los animales se alíen y luchen contra la REINA HIENA. Ellos se arman de valor. Él gana confianza en sí mismo. Las cosas salen mal. Luego bien. Luego muy mal. Luego muy bien. ¡Morris Simmons ha salvado Hipopótoma! Ve fotos de su mujer. Vuelve a casa con una maleta llena de MANGOS DORADOS y CUATRO BEBÉS HIPOPÓTAMO SONRIENTES.

—¿Qué ocurre con esos bebés? —dijo Al con voz soñadora.

—Los vemos crecer —contestó Wink—. Un verano tras otro.

—Una franquicia de miles de millones de dólares —dijo Gerry Carcharias—. Un verano tras otro.

—El director es Lanny Lonstein —dijo Al—. El George Lucas *millennial*. El tipo es como un DeMille en digital y tienes suerte de que sea fan tuyo. Creció contigo, quiere volver a lanzarte al estrellato. Burger King quiere sacar un menú espe...

Carrey se había perdido en sus propias profundidades. Tenía los ojos cerrados...

Tiene doce años y acaba de llegar a casa de la escuela con su saxofón. Su padre, que muchos años atrás tuvo su propia orquesta, salta del sofá, toma el instrumento y empieza a tocar una versión lenta y sexy del estándar de los años veinte, *Bye Bye Blackbird*, su canción favorita. La madre de Jim se le acerca, sonriendo, callada. Le tiende las manos como si dijera: «¿Quieres bailar?».

Le da la mano y empiezan a dar vueltas por la habitación, con las notas susurradas del saxofón alto de fondo y cantando mientras bailan, tomados de la mano. «*No one here to love or understand me. Oh what hard luck stories they all hand me. Make my bed and light the lights, I'll be home late tonight. Blackbird, bye bye...*»

Los ojos se le llenaron de lágrimas cuando volvió al jardín, donde Wink dijo:

—Necesitas mucho dinero para llevar este estilo de vida. Esta historia con Helena San Vicente... Puede que sea buena chica, pero puede que no. Creo que sabes adónde quiero llegar.

—Para.

—A un lugar tan oscuro que se necesitan miles de millones de kilómetros de neón solo para iluminarlo.

—Por favor —suplicó Carrey—. No quiero hacer esto.

—Las Vegas —dijo Al—. Ya les ha pasado a personas con más talento que tú.

Carrey languideció en la silla de jardín, echando de menos el recuerdo de su madre.

—The Mirage viene con un contrato. Diez espectáculos a la semana. Necesitas el dinero, no tienes otra opción que aceptar.

—La gente no ha ido a verte a ti, solo están de paso en la ciudad.

—Vives en un condominio de departamentos y tus vecinos llaman a tu puerta para tomarse *selfies* porque sigues siendo famoso, pero no te puedes permitir una casa con una valla.

—Dije que pares.

—Sexo sin gracia con putas. Te dicen que eres especial, que te puedes ahorrar el condón. ¡Bam! ¡Tu pene escupiendo una pensión alimenticia! Los tribunales de insolvencia te dan un subsidio. Tu comida sale de envases de poliestireno de restaurantes de bufet libre a cinco dólares. Le debes dinero a la mafia, pero has perdido lo último que te quedaba jugando lotería.

—Te dan una paliza con bates de beisbol.

—Acabas en un agujero en el desierto.

—¡Por Dios!

—No hay otra forma de salir de esto, Jim —dijo Al—. Estás haciendo que el TPG se enoje.

—¿TPG? ¿Quién es TPG?

—El Texas Pacific Group.

—TPG es el dueño de CAA.

—Igual que SLP es el dueño de WME.

—O UTA y PSP.

—¡OGM! ¡UFO! ¡WYI! ¡BTW! ¡PCP! ¡DVD! ¡UCI! ¡¡¡Jeejeeejeee!!!

Jim pasó de una erupción de acrónimos a una demente risa pagana, la cabeza le daba vueltas; peor, le molía los sesos, intentaba procesar lo que no era procesable mientras el viento del desierto soplaba cargado de ceniza a través del jardín.

Entonces, una nota chirriante le perforó el cráneo. Parecía un acúfeno pero con un volumen muy elevado por orden de magnitud, ondulante, a todo volumen. Se preguntó si era víctima de un arma de microondas, ya que, a sus ojos, Wink y Al se habían alejado en sus sillas de jardín, como si de repente Spielberg hubiera hecho un *rack focus* en la escena.

—¡Se supone que mis agentes trabajan para mí! —exclamó Carrey lleno de rabia.

—Piensa en esto como en una colaboración, Jim —dijo Gerry Carcharias—. La estrella alimenta al sistema, el sistema alimenta a la estrella.

—Sí —coincidió Wink—. La estrella alimenta al sistema, el sistema alimenta a la estrella.

Carrey volteó hacia Al esperando una explicación y obtuvo la misma fría aseveración.

—La estrella alimenta al sistema, el sistema alimenta a la estrella.

—¿Qué carajo les pasa?

Asustado por sus miradas vacías, con una sensación como de cierres que se abrían y cerraban en su cráneo, se levantó y empezó a caminar hacia la casa.

Wink y Al se levantaron y caminaron hacia él arrastrando los pies maquinalmente.

—La estrella alimenta al sistema...

—¡Déjenme en paz!

Se le secó la boca. El jardín se convirtió en una visión burbujeante del desierto de Mojave.

—El sistema alimenta a la estrella...

Wink y Al lo alcanzaron, «El sistema alimenta a la estrella...», mientras entraba torpemente en la casa y cerraba la puerta tras él. Su canturreo se volvió fantasmagórico tras el vidrio aislante, que estaba borroso por todo el polvo que acababa de arrastrar consigo aquel viento demoniaco. Lo único que deseaba era agua, agua fresca.

Fue a la cocina, donde en las pantallas planas se veían las noticias locales y al hombre del tiempo, Dallas Raines, con unas facciones perfectamente cinceladas, mechas rubias que hablaban bajito de amor adolescente y una piel bronceada que cantaba canciones sobre los fines de semana en las lomas de la montaña Mammoth; un Dorian Gray capaz de interpretar mapas barométricos y cuyo trabajo como meteorólogo tenía más que ver con las compañías de seguros que con la predicción del tiempo. Al igual que los demás, él era un cuentacuentos que le daba las buenas noches a un montón de niños asustados, ya que la meteorología se volvía cada vez más apocalíptica.

—Rondaremos los 30 °C toda la semana. No se esperan lluvias. Esa es la buena y la mala noticia, Los Ángeles, porque tenemos estos vientos de Santa Ana atravesando el desierto, y con las altas temperaturas y ya bien entrados en la temporada de incendios, ya saben lo que esto significa. ¡No vendría mal darle un manguerazo a los tejados esta noche! Y preparar el equipaje de emergencia. Y ahora es la hora de los deportes con Don Chevrier.

—¿Don Chevrier?

Carrey intentó recordar dónde había oído aquel nombre cuando la enorme pantalla plana perdió la alta definición y se llenó de imágenes granuladas en color de los años setenta de un hombre vestido con un traje a cuadros, de lana y solapa ancha que declaraba: «Bueno, compañeros, los Boston Bruins son los campeones de la Copa Stanley de 1970 gracias a que ese chico, Bobby Orr, ha rematado una temporada increíble con un gol milagroso en la prórroga».

Vio el programa, fascinado. Derek Sanderson le pasó el disco al superhombre Bobby Orr, el héroe de infancia de Carrey. El jugador de hockey consiguió meterlo en la portería y luego navegó por el aire como un niño en un sueño en el que puede volar. La repetición en cámara lenta parecía salirse del marco de la televisión e hizo que su corazón y su respiración se ralentizaran.

La cocina se llenó del olor familiar de cebollas salteadas y de ternera cuando su teléfono empezó a cantar *Bye Bye Blackbird*, un tono de llamada que nunca había establecido, pero al que no pudo resistirse. Lo tomó y vio cómo su pulgar, casi por cuenta propia, tocaba la tecla de RESPONDER.

Se llevó el dispositivo encantado al oído.

—¿Hola?

—¡Eh, Jasper! —exclamó una voz familiar, efusiva y amable, que hablaba alto, como un hombre que le gritara a su propia oreja sorda—. ¿Estás viendo el hockey?

—¿Hola?

—¿Qué les he dicho a ti y a tu hermano?

—Haz un tackleo.

—¡Haz un tackleo! Eso es, no hay que dejar que un hombre se interponga en tu camino...

—Papá...

—¡Hay que sacarlos!

—¡Papá!

—Oye, tengo un chiste para ti, de los buenos, van dos tipos caminando por la calle y uno de ellos dice...

—No.

—Uno de ellos dice, dice, Yiiiihaaa...

—Papá, no.

—Dice, Yiiihaaaauaaalaaaa...

Del teléfono salió aquel chillido hipomaniaco que su padre solía dejarle en la contestadora para acabar chistes predecibles, y que luego se convirtió en una afasia galopante que dejaba a Carrey preocupado de que los genes fueran proféticos y de que, llegado el momento, terminara en el mismo lugar en el que su padre, Percy, había sufrido. Y a donde parecía que ya había llegado en aquel momento, con las lágrimas corriéndole por la cara y recién salido de la visión de una crisis nerviosa, mirando desde el vestíbulo a Wink y a Al, que le lanzaban una mirada lasciva.

Se fumó un tazón de índica, esperando que lo calmara, y estuvo a punto de conseguirlo.

Los coyotes empezaron a aullar en los barrancos, a celebrar un banquete. Un *pfnur* le recorrió todo el cuerpo.

De niños, él y su primo Tom jugaban a algo llamado María la Sangrienta. Cantaban: «María la Sangrienta, María la Sangrienta...» en las escaleras del edificio de su abuela para invocar al espíritu de un demonio. Una vez, tras el tercer canto, escucharon un grito espeluznante debajo de ellos, que le provocó un escalofrío que se extendió por toda su columna vertebral y le erizó los pelos de la cabeza. Se inventó una palabra para describir aquella sensación: un *pfnur*. Y lo que sintió en aquel momento, al escuchar los aullidos delirantes de los coyotes, era mucho más que un *pfnur* común y corriente. Le hizo temer por su vida. Le hizo acordarse de cuando, años atrás, su hija Jane lo despertaba por las noches, temblorosa y asustada, diciéndole que había alguien en su habitación.

Una médium les dijo que era el espíritu de una que se había despeñado por el barranco en la época del Imperio español y que, se había roto la pierna y había sufrido un *shock* postraumático que desencadenó en la búsqueda de su única hija, desaparecida años antes. Poco después escuchó los gritos de la pequeña a quien atacaban los hambrientos coyotes a lo lejos.

—Tiene el pelo oscuro con canas y te está gritando en la cara —le dijo la médium—. Está intentando asustarte para que te vayas. Ha perdido a su hija y quiere la tuya.

Tras este informe Carrey empezó a sentir la presencia él mismo; siempre se imaginó el espíritu de la pionera como una especie de Nancy Reagan trastornada.

Aquella noche, el fantasma fue por él.

Revolviéndose en la cama, soñó que le daba a Georgie todos los hijos que quería. No uno o dos, sino más o menos una decena. Él es el tipo de hombre que puede con todo. Duermen en un cuarto de bebé al otro lado del pasillo un gran número de niños pequeños, una camada en realidad. Cuando se levanta para ver cómo están, escucha una respiración diabólica, como si un toro exhalara a través de un hocico ensanchado: *buff-buff-buff-buff*.

La angustia hace que a Georgie se le hiele su perfecto rostro durmiente.

Carrey corre hacia la habitación de los bebés. Empuja la puerta con el hombro. Solo se abre quince centímetros y entonces se encuentra con una resistencia muy fuerte.

Por el resquicio ve los ojos negros y sobrenaturales de Nancy Reagan, sus dientes afilados como cuchillos, ensangrentados de la carne de sus bebés. Esta cierra la puerta de golpe. Carrey oye el llanto de los bebés, la carne desgarrándose, los huesos diminutos que escupe y que provocan un golpe sordo en la pared, bien roídos como alitas de pollo. Se está comiendo a sus hijos, entiéndelo, los tiernos bebés que has tenido con Georgie, la misma que te dejó hace semanas, que se llevó tu Frida Kahlo. La que no te devuelve las llamadas...

Una semana se convirtió en dos, y luego en un mes.

Treinta años antes, en el Club de la Comedia Dangerfield, un mesero llamado Tony, un hombre que seguramente había matado a más de una persona, le había clavado el dedo índice a Carrey en el pecho y le había dicho con sabiduría: «Tienes una chispa sobrenatural. Protégela».

Entonces se acordó de aquellas palabras y temió que sus alucinaciones fueran fruto de la desaparición de su chispa.

Por las noches se sentía perturbado, por el día no conseguía descansar; las nubes de ceniza y los ruidos incesantes de las obras lo invadían, volviéndolo todo asqueroso. Del otro lado del barranco, Mijaíl Svinyakov, un oligarca ruso, había comprado y demolido cuatro bungalows. Entonces unió los solares para construirse una casa cuya única razón de ser era lavar dinero. Y al igual que los miles de sucios millones de Svinyakov, su construcción tampoco tenía fin. La fase inicial, que se había completado hacía seis meses, vomitó un petulante zigurat negro embellecido con acero rojo. Carrey pensó que aquello era todo. Pero entonces llegó un equipo de obreros con maquinaria pesada y empezaron a ampliar aquella monstruosidad. Le añadieron un acuario, una discoteca, un garaje para diez vehículos, unas fuentes de fantasía cuyos chorros nunca paraban y una piscina en la azotea cuyo gran cobertizo columnado homenajeaba el edificio del Bolshói, en cuya puerta Svinyakov había empezado su negocio revendiendo entradas, un origen en el mundo del espectáculo que lo empeoraba todo porque implicaba que, de alguna forma, algo sarcástica, aquel era el sitio donde el hijo de puta debía estar. Los estruendosos martinetes, los furiosos taladros y las humeantes retroexcavadoras no le daban ni un momento de paz a Carrey.

Su mente se parecía cada vez más al Parlamento de alguna ridícula república balcánica. Había una facción antihipopótamos que culpaba a los simpatizantes de Mao del fracaso de su proyecto artístico. Luego estaba el partido ¡Todo es culpa de Georgie!, cuyos agentes de inteligencia sostenían que su examante acababa de venderle un guion a Kathryn Bigelow y que *Variety* ya había dicho que era digno de un Oscar en un artículo acompañado de una foto de ella en una cena en Londres, sentada muy contenta entre Tom Waits y Justin Trudeau. Esta noticia hizo que todo el Parlamento se agitara y dio pie a una reunión electoral de la Traición que no era sino la marioneta del Bloque de la Envidia, que era a su vez el Frente del Abandono encubierto y que (una vez descubierto) cambió su imagen para convertirse en Necesito una Pizza. Había instalado una ventanita especial del tamaño de un pastel equipado con una caja térmica en la puerta principal y, varias veces a la semana, recibía pasteles enormes con coberturas increíbles con complementos de buñuelos de canela y extra de glaseado. Corría a recogerlos como un niño asilvestrado, esperando que el repartidor se hubiera marchado para evitar cualquier interacción humana. A veces llevaba puesto un albornoz, a veces nada en absoluto. Y siempre brincaba de vuelta a la casa, con miedo por si se encontraba con la Nancy Reagan comebebés. Una vez dentro se le pasaban todos los temores cuando se atiborraba hasta que ya no quedaba nada y su mente volvía a refunfuñar.

«No hay ni una sola célula en mi cuerpo que lleve ahí más de siete años.

»¿Adónde ha ido ese tipo?

»La persona que fui...

»Si él puede esfumarse, ¿por qué yo no?»

¿A qué lugar —se preguntaba— iban las personas que habíamos sido? ¿Era el mismo desde el cual seguía recibiendo, a altas horas de la madrugada, llamadas de su padre muerto que le soltaba diatribas en una lengua incomprensible? Y él contestaba, porque, ¿cómo se sentiría Percy si hubiera encontrado la manera de llamar por cobrar desde el más allá y el hijo por el que se había sacrificado tanto lo hubiera redirigido a la contestadora automática?

Así que Carrey contestaba.

—¿Diga?

—¿Quefaguegue? ¿Quefaguegue?

—Papá, dime, qué quieres.

—¡Patiki torrati pompo!

—Habla...

—¡¡PATIKI TORRATI POMPO!!

Al día siguiente le llegó un mensaje de Nic Cage.

«Acabo de comprar una espada del siglo VI en Sotheby's en Londres. Deberías ver la precisión, el orgullo, la artesanía.

Los saudíes tienen demasiado billete, hermano. Se ha resistido, la cabrona. Es la puta *Excalibur*, Jimmy. ¿Puedo esconderme en tu choza de Malibú por unos días?»

«¿Por qué?»

«Tengo un problema con unos cabrones místicos.»

«Claro —contestó Carrey—. Toda tuya.»

Se dejó caer en la cama. Las sábanas estaban suaves, las almohadas frescas. Encendió Netflix y dejó que lo inundara su brillo tibio, que lo guiaran sus algoritmos.

CAPÍTULO 11

Y ahora volvemos al momento en el que se encontraba Carrey al principio.

Estaba viendo un documental que afirmaba tener evidencias irrefutables de que los líderes alienígenas de la Tierra no tardarían en venir a liberar al planeta de su sufrimiento. Lo veía con un asombro estremecedor, la oleada de imágenes provenientes de la televisión le parecía profética, más poderosa y fiable que el desorden de su propia cabeza. Vio a homínidos unicejos capturar el fuego. Vio la cara de Cristo reconstruida por computadoras cuánticas. Vio a un equipo buscar con desesperación los manuscritos perdidos de William Shakespeare en la isla del Roble, en Nueva Escocia, donde, casi con total seguridad, los caballeros templarios los habían enterrado junto con el Santo Grial. Vio a mujeres ricas de Beverly Hills enzarzadas en fogosas peleas regadas con vino chardonnay, y vio *renders* en 4K de Pangea y de las enormes criaturas de los antiguos mares. Se vio incluso a sí mismo de joven, en un *sketch* de *In Living Color*, «El poli krishna», cuyo protagonista era un policía hare krishna que se reencarnaba cada vez que lo mataba un malo. Pensó en aquella época, en Keenan y Damon Wayans, que le habían ofrecido una preciosa parcela para que floreciera en el jardín que tanto trabajo les había costado crear; recordó las largas noches en las que se sentaba a escribir con Steve Oedekerk. Se asombró de que las décadas hubieran pasado tan rápido mientras veía morir y resucitar a su yo cómico en el *sketch*, una y otra vez, hasta llegar a la perfección convertido en una vaca sagrada que resolvía delitos. Sintió que el tiempo era insaciable y que devoraba también a los dioses mientras veía un documental de la BBC sobre las últimas horas de Pompeya, cuando los templos fueron sepultados y la certeza de la extinción llevó a los millonarios a planear huidas pírricas a Marte. Después acabó viendo un programa de testimonios llamado *Afterlife*, en el que unos bobos adorables aseguraban que habían ido al cielo y luego habían vuelto para contárnoslo.

Una salvación pura, una esperanza entusiasta.

De los ojos insomnes de Carrey brotaron lágrimas, se imaginó a su alma saliendo del cuerpo. «Suéltalo, suéltalo, suéltalo», se suplicó a sí mismo una y otra vez, tratando de despojarse de su cáscara humana. Pero no se produjo ninguna ascensión, se quedó allí donde estaba, diseccionado por los algoritmos de YouTube que deducían rápidamente sus intereses y le proponían que disfrutara viendo el *top-ten* de fotos de autopsias de famosos: John F. Kennedy, con la cara paralizada, el pelo castaño rojizo manchado de sangre de su propio cráneo; un plano detalle de la mano de Michael Jackson, con un código de barras pegado a una etiqueta que colgaba allí donde antaño brilló un guante de lentejuelas; Bruce

Lee con la boca cosida como si fuera un balón de rugby, hundido en un ataúd revestido de satén...

«Eres un producto, solo un producto.

»Hasta cuando estás muerto. No es culpa suya, sino tuya, tú le diste la sangre a los perros para que la olieran...

»Jesucristo se ha convertido en un paraíso fiscal.

»El fantasma de Fred Astaire vende aspiradoras en la televisión, de madrugada.»

Un plano de John Lennon. Su cara anegada sobre una camilla. Aquel hombre, el poeta y compositor más importante de la época de Carrey. Nació en Liverpool en los años del Blitz. «Hay que ser un héroe de la clase obrera.» Allí tendido para las masas. Si le podían hacer aquello a John Lennon...

Carrey fue al baño, se limpió la cara y se puso guapo.

Tendría un bello rostro para las generaciones que aún no habían nacido si el corazón se le paraba aquella noche.

El reloj marcaba las 5:17, las 5:39, las 6:40. Y justo cuando empezaban a cerrársele los ojos...

Las obras volvieron a empezar en la mansión de Svinyakov. Había perforadoras nuevas que habían traído en camión de algún país que practicaba el *fracking*, poderosas trituradoras de rocas que golpeteaban, estallaban y enviaban ondas sísmicas que le llegaban al cráneo a través de su ventana. Llamar a la policía no serviría de nada, el ruso no estaba incumpliendo ninguna ley. Así que Carrey pescó un bote de Ambien del cajón del buró. Se echó dos pastillas en la palma de la mano y se las tragó. Se acordó de Helena San Vicente, allí, en aquella cama. Entonces cambió de idea sobre el suicidio, no creía que fuera un acto de desesperación, sino de desafío. Otra pastilla y, por fin, el regalo del sueño.

Se despertó y vio la cara de su hija, Jane, y la de su nieto de seis años, Jackson, que se cubrió la boca y la nariz al oler el hedor de los sudores nocturnos y de las sábanas sucias y declaró:

—Aquí huele a culo, abuelo.

—Me debes un dólar por decir palabrotas.

—«Culo» no es una palabrota.

—Está en el límite. ¿Qué es eso? —preguntó Carrey señalando un libro que su hija llevaba en la mano: *D'Aulaires Book of Greek Myths*.

—Es para las clases de Jackson. Están dando mitología griega.

—Léelo, mamá —dijo el chico.

—Me vendría bien un cuento —dijo Carrey.

Jane abrió el libro. Allí estaba su hija, su preciosa hija, a la que su primera mujer y él habían llevado desde el hospital a casa, un departamento cerca del parque MacArthur. Aquella niña que irradiaba pura alegría desde una cesta de mimbre mientras Melissa y él se leían *Pregúntale al polvo* de Fante el uno al otro en la escalera de incendios.

Ahora era ella la que le leía a él, pasando a una página que tenía un punto de lectura.

—«Prometeo no soportaba ver sufrir a su gente y decidió robar el fuego aunque sabía que Zeus lo castigaría con severidad. Subió al Olimpo, tomó una ascua brillante del fuego sagrado y la escondió en un tallo hueco de cañaheja» —leyó, y le pasó el libro a Jackson—. Enséñale al abuelo lo bien que lees ya.

Carrey se incorporó en la cama y dirigió toda su atención al niño, que tomó el libro, orgulloso, mirándolo atentamente, avanzando poco a poco por el texto.

—Lo llevó a la Tierra y se lo dio a la humanidad, y les dijo que nunca dejaran que la luz del Olimpo se extinguiera.

Aquellas palabras eran como agua para el alma reseca de Carrey.

—Los hombres ya no volvieron a tiritar en el frío de la noche y las bestias, que temían la luz del fuego, no se atrevieron a atacarlos.

—Dios, es precioso —dijo Carrey y posó la cabeza sobre la almohada.

Entonces su nieto le tocó la mejilla con el dedo, en un titubeo que a Jane le recordó el gesto vacilante con el que su hijo había tocado un pájaro muerto con un palo unos días antes. Y aquel momento, aquella mirada de pena en su heredero de seis años, se repitió en la mente de Carrey durante las horas siguientes y se tradujo en la determinación de que, aunque no hubiera ninguna razón para seguir existiendo ni prueba alguna de que su existencia hubiera servido para algo, sí había al menos una razón para continuar: por su hija, por el hijo de su hija.

«Cuenta conmigo para los HIPOPÓTAMOS», le dijo a Al Spielman en un mensaje.

«¿Qué te hizo cambiar de idea?»

«No he cambiado de idea.»

«Lo dejaré tener la última palabra», pensó Spielman, maravillado de cómo la inteligencia artificial de la agencia TPG había acertado al predecir que —si lo dejaban solo y le negaban cualquier tipo de halago— Carrey aceptaría el papel en menos de cuarenta y ocho horas.

CAPÍTULO 12

El Escalade blindado trituró un camino de tierra que no aparecía en la mayoría de los mapas.

El paisaje se deshizo de sus certezas cuadriculadas, se plegó poco a poco y volvió a un espacio bidimensional, con bandas ocres y azules.

El desierto estadounidense es un cochecito de bebé de horror y de maravillas, el último portal sin filtro desde el mundo hasta el más allá, un lugar donde el cielo y el infierno se encuentran en la tierra.

Se imaginó a un Oppenheimer inquieto, en blanco y negro, fumando sin parar con su saco de lana, llevando la bomba atómica por una vía pecuaria justo como aquella hacia el lugar donde sería desvelado el *deus ex machina*, el último recurso narrativo de la Historia, aquello que, según Carrey, tenía un cincuenta por ciento de probabilidades de destrozar todo y a todos, excepto los datos que la Tierra enviaba en forma de gritos al espacio.

Pensaba en sus viejos tuits, ahora a la deriva en Alfa Centauri, cuando el vehículo se detuvo y levantó una nube de polvo a través de la cual vio cinco cúpulas geodésicas que brillaban bajo el sol. Se imaginó que eran huevos gigantes que se abrían y de los cuales salían reptando bebés serpiente. El líquido alantoideo hacía brillar a las criaturas cuando un hombre y una mujer salieron de la estructura central y le dieron la bienvenida con sonrisas estiradas y artificiales.

—Hola, soy Lala Hormel —dijo la mujer, una rubia flaca como un cerillo de unos cuarenta y tantos y con pupilentes azules, un engaño brillante sobre sus ojos color avellana. Cuando se dieron la mano vio que llevaba un sello de oro grabado con un halcón gritando—. Soy la socia de TPG que se encarga de las operaciones en Hollywood.

—Y yo soy Satchel —dijo su adjunto, que llevaba lentes redondos y cuyo pelo empezaba a escasear de forma prematura—. Satchel LeBlanc, trabajo con Lala.

—Nunca me he sentido tan bien —dijo Carrey, tal y como le había recomendado su equipo que dijera—. Estoy listo para volver a trabajar...

—Qué bien que digas eso.

—Me siento en forma y con muchas ganas de volver al ruedo.

—Nos alegramos de oírlo.

Entonces, con un destello antagonista en su mirada y hablando un poco demasiado alto dijo:

—¡Se me da bien estar con gente!

—Es algo que valoramos mucho —dijo Lala mientras lo acompañaba al interior del complejo y le explicaba—: Todo esto es tecnología que hemos desarrollado gracias a nuestras inversiones en Corea y en Silicon Valley. Vamos cinco años por delante de los estudios. Es pura ventaja competitiva, Jim.

«Mierda, se han hecho los amos de todo», pensó Carrey al caminar con ellos entre las cúpulas, cada una de ellas tan grande que podría albergar un Boeing 747.

—Tenemos animadores, programadores y procesadores. Tenemos a los mejores ingenieros de sonido e interfaces de realidad aumentada. Tenemos...

«United Artists estuvo a punto, Rayo Láser Jack lo intentó, pero allí donde los artistas fallaron, un buen montón de dinero lo conseguirá.»

—Aquí tenemos escritores anónimos pero bien remunerados que van ajustando el guion mientras las computadoras centrales analizan todas las cámaras en tiempo real.

«Me siento como el primer mono en el espacio. Haré lo que me digan a ver si me dan un plátano», pensó cuando llegaron a las puertas de una cámara de descompresión.

—Aquí tenemos invertidos más de mil millones de dólares en tecnología —dijo Lala invitándolo a entrar—. Hay muchos tipos malos a los que les encantaría meter las garras aquí. La Era de la Desinformación acaba de empezar. Ahora, si no te importa...

Lo hicieron pasar por un escáner que detectaba dispositivos de escucha y después lo llevaron a la habitación de control, donde había círculos concéntricos de computadoras y de cubículos detrás de un vidrio de visión unilateral, dispuestas alrededor de un espacio de actuación esférico de color beige al que llamaban «la sala interior». Sentado en el escritorio central, estaba el George Lucas *millennial*, Lanny Lonstein, un pelirrojo rollizo que intentaba disimular un mentón desdibujado con una barbita rala. Las pecas de sus antebrazos brillaban a la luz de los halógenos.

—Jim, este es Lanny —dijo Lala—. Lanny, Jim.

—Jim Carrey... —dijo Lonstein casi sin aliento.

En la Universidad de Nueva York había fascinado a toda la facultad con profundos análisis de sus películas. Creía que contenían una magia que solo se revelaba cuando una cultura, como una persona, abandonaba su alma al final de la vida; que revelaban su sentido tras verlas repetidas veces, como una oración recitada.

—Tengo todas las figuritas de *La máscara*. No las he sacado del empaque. He visto *Ace Ventura* doscientas ochenta y tres veces y media. Es un número exacto. De niño la veía una y otra vez. En la universidad nos dijeron que teníamos que escoger entre arte y negocios. *Ace* me enseñó que aquello era una estupidez. *Ace* me enseñó que puedes llenar los cines y ser brillante y subversivo a la vez.

—Nos burlábamos del concepto del importante hombre invencible —dijo Carrey.

—Destripaban el ideal puritano —repuso Lonstein.

—Y a la gente le encantan los animales —dijo Lala—. Había tantos y tan lindos.

—Me gustaría hablar a solas con Jim, si puede ser —pidió Lonstein.

—Por supuesto —dijo Lala, y los dejó solos.

—Creo que el cine es, por encima de todo, un almacén de memoria —empezó el director—. ¿Sabías que los primeros recuerdos que se registraron son los sellos babilonios? Son como pequeñas bobinas de película, talladas en cilindros de roca que pasaban como un rodillo sobre la arcilla y hacían surgir una historia, sobre la cosecha, sobre una inundación o sobre un héroe. «Héroe desnudo con barba luchando contra un búfalo de agua»; «hombre toro luchando contra un león». A ese mismo personaje lo recibe un dios en un trono que, parece ser, ha descendido de una esfera brillante.

—*Alienígenas ancestrales* —dijo Carrey—. He visto ese episodio.

—Sí, los babilonios creían que sus ascendentes eran extraterrestres.

Se miraron fijamente.

—Jim, estamos viviendo la mayor extinción en masa jamás conocida. De lenguas, de especies. Quiero hacer algo que hable por nosotros cuando ya no estemos aquí. ¿Creen que estamos haciendo una película sobre un juego de mesa? Pues dejemos que lo piensen. Dejemos que la llamen *Los tragabolas*. Nosotros sabremos lo que estamos haciendo en realidad. Tú y yo. Sabremos que estamos aquí versionando, con sus miles de millones, la primera historia humana jamás grabada. Quiero contar aquella historia inicial para que podamos vernos a través de estos tiempos difíciles.

—¿Qué historia es?

—*La epopeya de Gilgamesh*.

Un olor reconfortante y pleno inundó el ambiente cuando la asistente de Lonstein llegó con la comida que Carrey tomaba cuando quería recuperar la forma pero todavía no estaba preparado para hacer dieta de verdad: dos sándwiches de pan de espelta y queso vegano a la plancha con un frasco de kétchup orgánica y una lata helada de LaCroix con sabor a mango natural.

Lonstein miró complacido a la estrella, que empezaba a devorar el manjar.

—¿Creemos que somos inmunes a los cataclismos masivos? Nada más lejos de la realidad. El capitalismo sin restricciones está destruyendo el mundo. Esto no puede durar.

—Anhela su propia destrucción —dijo Carrey.

—Creo que esto también puede aplicarse a la fama —respondió Lonstein—. La fama, tal y como la conocemos, forma parte del capitalismo. No es sostenible. Creo que por eso todos acaban comiendo sin control.

—¿Quiénes?

—Elvis. Liz Taylor. Bardot. Brando. Los mejores se atiborran hacia el final de sus vidas.

Carrey se quedó callado, tenía un hilito de queso colgándole de la barbilla.

—Vaya, gracias.

—No lo tomes a mal, es solo una observación.

—Michael Jackson habría acabado como un muñeco de Michelin si no hubiera sido por el medicamento que tomaba —dijo Carrey—. Era su forma de conseguirlo.

—¿Qué quieres decir?

—¿Cincuenta años? ¿Una gira por cincuenta ciudades? Tomaba fentanilo para bailar y propofol para dormir. Lo cual demuestra lo mismo.

—¿Qué?

—Que todo el mundo al final se convierte en una especie de sarcófago —dijo Carrey sin rodeos—. ¿Y qué es lo que hace uno en un sarcófago?

—¿Morirse?

—No sin antes intentar salir de ahí arañándolo.

—Pues hagámoslo —dijo Lonstein.

Más tarde, Carrey recordaría que la mano izquierda de Lanny temblaba sobre la mesa y que sus ojos lo habían traicionado al expresar una necesidad de aprobación casi enfermiza cuando tomó aire y lanzó un «¡Perfectiiísimo!» tan estupendo que resultó espeluznante.

Llevaba puesto un traje de captura de movimiento negro hecho de fibras transmisoras de datos. Estaba de pie en la sala interior, equipado con la joya de la corona de TGP: unos lentes de realidad aumentada de un millón de dólares de los que solo existían cuatro ejemplares en el mundo. Un salto cuántico en la producción tecnológica, diseñados para contestar las quejas que los actores llevaban tiempo expresando respecto al croma: que era difícil imaginarse que una pelota de tenis era un tiranosaurio.

Parecían lentes de bronceado normales, un poco más gruesos, y prometían mostrarle las escenas renderizadas por la computadora central en tiempo real.

—Supone una inmersión total, un salto que convierte la actuación en reacción —presumió Lala cuando los sacó de su estuche—. Que no se te caigan.

La mitad de su valor estimado lo cubrirían las ganancias previstas en la industria del porno.

Una luz ultravioleta escaneó el torso de Carrey, su cara y sus piernas, y se envió toda esta información a las computadoras centrales, que a su vez la insertaron en el perfil digital de Morris Simmons que habían creado, un publicista, un estadounidense de clase media a punto de emprender un viaje increíble. Miró, con una fascinación inquietante, cómo el traje negro se convertía en unos shorts y un polo de los Chicago Bears que cubría una panza abultada. Sus antebrazos se hincharon como si fueran bloques de mortadela. Se rio por primera vez en semanas. Se sintió tan libre que se puso a bailar, primero con cautela, probando la velocidad de los *renders*, y luego despreocupado, incluso feliz, asombrado por aquella ilusión encantadora. Sus dedos, que siempre habían sido flacos, se convirtieron de repente en salchichas. Los movió ante sus lentes y casi estuvo tentado a morder uno cuando escuchó la voz de Lonstein por el audífono.

—Te recuerdo que tus dedos no son comestibles.

—Se ven muy bien.

—Solo quería que vieras lo que puede hacer esta cosita —dijo Lonstein devolviendo sus dedos a la normalidad—. Bueno, vamos a empezar con la escena doce: «La llegada a Hipopótama».

La sala se transformó, cada panel de color beige empezó a generar píxeles de maravillas destellantes que formaron una Hipo-Babilonia de casas de terracota protegida por una muralla sólida. La profundidad del *render* era asombrosa. Le pareció que cada uno de los ladrillos de la ciudad se había cocido al sol. Y entonces se quedó sin aire al ver a los hipopótamos. Sus rasgos tenían todo lo tierno de los dibujos animados, pero la carne era elástica y los ojos vivos. Se quedó embelesado al caminar entre ellos, con un palo de golf Dunlop en la mano, un hierro del nueve, por un mercado con los puestos casi vacíos.

La escena recordaba el típico desastre de un Black Friday. Los hipopótamos se peleaban por llenar sus bolsas de mangos deshidratados y aquello enseguida se convirtió en una verdadera aglomeración. Cuando apareció un carro lleno de mangos, empezaron a rechinar los dientes, a embestir unos contra otros sus enormes cráneos y a salpicar sangre sobre la fruta fresca; una pelea animal tan salvaje como era posible para que la película siguiera siendo apta para todos los públicos. Aquellos eran, sin lugar a dudas, unos hipopótamos muy hambrientos, con muchas ganas de tragar.

No había un guion escrito. El tiempo que se dedicaba a su revisión, sus costos y lo impredecibles que resultaban los actores y los guionistas entre una versión y otra provocaron que TPG lo considerara un método ineficiente y decidiera cambiarlo por una generación autónoma de diálogos...

—¡Es un poco pronto para tanto desastre! —dijo una voz

en la oreja de Carrey, una voz que se parecía tanto a la suya, sin ser tan agobiante como la original, que la aceptó casi como si fuera su voz real e íntima. No repitió la línea hasta que se la apuntaron de nuevo; entonces levantó una ceja para hacerla más cómica:

—¡ES UN POCO PRONTO PARA TANTO DESASTRE!

Lo había cachado.

Entonces, como en una película, unas trompetas estallaron en una fanfarria real y al mercado llegó una hipopótama con una corona dorada, la Reina Hipopótamo, rodeada de cinco guardias reales hipopótamos cuya presencia detuvo la violencia.

—¡Buenos hipopótamos! —dijo la Reina Hipopótamo, excelentemente doblada por Judi Dench—. Todos somos hermanos y hermanas. Y todos tenemos un único enemigo —exclamó, y se quedó en silencio, esperando darle así un ritmo dramático—. ¿Quién es nuestro enemigo?

—¡La Reina Hiena! —gritó la multitud.

—¡Sí! —dijo mientras pasaba por el mercado señalando todos los puestos vacíos—. Se come nuestros preciados mangos, ensucia nuestras aguas. Se come a nuestros bebés hipopótamo. Y las bacterias de sus colmillos son tan peligrosas que si te muerde, ¡te vuelves loco!

—¡Una vez me mordió y cuando me desperté me había casado con un mesero de Reno! —soltó una voz desde el otro lado de la plaza.

Carrey se dio la vuelta y vio un rinoceronte bípedo cuyo contoneo y corbata roja le resultaron familiares incluso antes de que todos los hipopótamos exclamaran:

—¡Es Rodney el rinoceronte!

Aquel rinoceronte se parecía mucho a Rodney Dangerfield, el legendario cómico al que Jim solía ver en el *Ed Sulli-*

van Show cuando era niño. No entendía los chistes pero se reía porque su padre lo hacía.

El mismo que, cuarenta años antes, había contratado al joven Jim para que le hiciera de telonero en Las Vegas. Había sido su mentor, había creído en él, siempre veía sus monólogos entre bambalinas y se reía con su patosa inocencia.

Un hombre a quien Jim amaba y admiraba.

Y que llevaba muerto quince años.

—¿Rodney?

—No te salgas del guion, Jim.

—Rodney está muerto.

—Tú tampoco estás para tirar cohetes, amigo —dijo el rinoceronte al mismo tiempo que una voz en el audífono de Carrey le explicaba que tenían los derechos de su esencia.

—¿Eso se puede hacer?

—Sí, claro.

—No me jodas.

—Volvamos al lío, ¿sí? Uno, dos, tres...

Y Rodney el rinoceronte, examinando a todos los acongojados hipopótamos, siguió con su frase:

—Siempre lo he dicho. No hay que fiarse de las hienas. ¡Todo les hace gracia! —Señaló a Carrey—. ¡Pero este tipo puede salvarnos!

—¿Yo?

—Sí, tú eres el elegido.

—Sí, anda.

—Sí, sí, ya lo creo.

—No, no.

Volteó hacia los hipopótamos como si fueran el público de un bar de monólogos, se jaló de la corbata y puso los ojos en blanco.

—¿No puedo tener razón nunca? —dijo y señaló al hierro del nueve de Carrey—. ¡Eres el elegido, te lo aseguro! El que aparece en los *Pergaminos de Hipopótama*.

Entonces aparecieron cuatro sacerdotes hipopótamo y desenrollaron un pergamino gigante que representaba a un hombre corpulento con un cetro. Carrey levantó la mano en señal de protesta, pero cuando el sol brilló contra su palo de golf, todos los hipopótamos se arrodillaron, convencidos de su destino.

Y por si aquello no había sido suficiente para conmoverlo, la promesa de pasar uno o dos segundos con Rodney Dangerfield, aunque fuese en su forma animal, lo logró.

—Has venido a salvarnos —dijo Rodney—. A devolvernos el agua limpia. Y los mangos. Y los niños. ¡Gracias a ti, por fin conseguiremos el respeto que nos merecemos! ¿Estás conmigo?

Entonces Carrey sintió que la mejor réplica se gestaba dentro de él antes de que nada llegara a su audífono. Habló de todo corazón:

—Contigo iría a cualquier parte.

Durante el mes siguiente, en la sala pseudomágica, Jim y Rodney anduvieron mucho más allá de Hipopótama. Lucharon contra leonas depredadoras de rugidos amenazantes y Rodney le salvó la vida cuando corneó a dos de ellas con tanta fuerza que las demás se retiraron. Después lucharon contra unos sádicos chacales como un verdadero equipo. Carrey cabalgó sobre Rodney como si este fuera un tanque blindado y ahuyentó a los chacales con su hierro del nueve, haciendo bromas sobre sus golpes cortos, que nunca habían sido tan buenos. Más adelante se pararon para descansar en una ladera frondosa, una noche en que la luna llena colgaba sobre ellos; cada píxel del paisaje evocaba la Masái Mara keniana.

Carrey posó su cabeza en un bloque de hule espuma del que no dudó ni por un segundo que fuera el vientre de rinoceronte de Rodney.

¿Por qué no?

Todo parecía mucho más real y rico que el gris mundo exterior, donde las cenizas llegaban en oleadas desde el oeste, donde la temporada de incendios ya se había iniciado en las colinas. En la sala el aire era puro. Se dio cuenta de que no quería dejar de estar con su amigo. Le gustaba el sentido que su vida, o la falsificación de esta, adquiría con su compañía. Su misión, noble y compartida.

—Fin del rodaje —dijo una voz en su oído.

Y Carrey vio disolverse las colinas ondulantes y el cielo crepuscular. Le entristeció ver cómo desaparecía cada píxel, el silencio repentino de los pájaros.

—¿Puedes dejar la imagen?

A través del vidrio de visión unilateral, en la sala de producción, Lanny Lonstein compartió una mirada cómplice con Lala Hormel, que le hizo un gesto rápido de aprobación con el pulgar.

—Como quieras, jefe.

Le dijo al equipo que se quedara y programó las computadoras para que permitieran cualquier línea de acción, esperando capturar cada momento de aquel encuentro entre dos amigos reunidos más allá de la barrera de la muerte.

Las estrellas resurgieron en el cielo de la sala y el valle que veían debajo de ellos se llenó de las siluetas de miles de elefantes.

—A veces se pasan un poco —dijo Rodney.

—Oye, ya sé que esto no es real —dijo Carrey—. Pero, por Dios, cuánto te he extrañado, amigo —continuó atragantándose—. Qué bien poder oír tu voz.

El rinoceronte se ofendió.

—¿Cómo sabes que no soy Rodney? Igual es así como nosotros, los famosos, vivimos después de la muerte. Vamos, compruébalo. Pregúntame lo que quieras.

—¿Quién es tu humorista favorito?

—¡El increíble Joe Ancis!

—¿Cuál era tu imitación favorita de todas las que me viste hacer?

—¡El increíble Kreskin, chico! Es lo más gracioso que has hecho. Es una lástima que nadie en Estados Unidos sepa quién es.

—Bueno, no está mal. Pero cualquiera podría encontrar esa información en Google.

Carrey se estrujó el coco. Por un lado deseaba ganarle la partida a la máquina y por el otro quería creer en ella. Buscaba algo muy personal. Algo que solo conocieran ellos dos. Privado, valioso...

—¿Qué me dijiste en los camerinos del Caesars Palace sobre practicar sexo después de los sesenta?

—¡Necesito a una chupapitos de campeonato, hermano!

—¿Cómo carajo sabes eso?

—La diferencia entre las personas y las computadoras ya no es tan grande, chico —dijo Rodney frotando con cariño el hombro de Carrey con su cuerno. Los sensores del traje activaban una pulsación con cada caricia, volviéndolas muy convincentes.

—Es como si fueras tú —dijo Carrey—. Por Dios.

—Sofisticado, ¿eh? Ojalá hubiera existido esto antes de que tu padre muriera.

Las cámaras se movieron rápidas, con un zumbido, por los cables, buscando un buen ángulo para la respuesta de Carrey. Y algunos de los encargados del *render* se sintieron mal, incluso culpables, cuando vieron lo que pasó a continuación.

—Lo extraño —dijo Rodney—. Qué hombre, Percy. Ese tipo era muy gracioso.

—Últimamente he sentido que está intentando ponerse en contacto conmigo.

—¿Ponerse en contacto?

Entonces Carrey se dejó llevar.

—Me llama al celular —dijo con voz temblorosa—. Él o algo. Yo contesto. Empieza a contarme un chiste y luego se pone a hablar en una lengua incomprensible, como un grito muy agudo. Es exactamente lo que hacía cuando murió mi madre. Al final estaba perdido.

—Solo tenía alguna falla técnica.

—¿Falla técnica?

—Sí, falla técnica —dijo Rodney—. Mira esos elefantes de ahí. Un par de ellos no paran de pitar y temblar. Pero ¿sabes qué? Todo se arregla en la posproducción. Y, mientras tanto, mira esas estrellas. ¿Alguna vez has visto una luna tan nítida? Han hecho bien muchas cosas —dijo Rodney, seguido de un silencio elogioso—. Igual que tu padre.

Unas lágrimas brotaron en los ojos de Carrey.

—¿Quieres ver otra falla técnica? —preguntó Rodney con un brillo malicioso en los ojos. Se levantó, se dio la vuelta y se levantó la cola-solapa de rinoceronte—. ¡No tengo ano! ¡No me hicieron ano! Me como la mitad de mi peso cada día y no puedo cagar.

Estaban muy unidos, eran amigos de verdad. La risa de ambos hizo eco en la sala, parecía que se repetía hasta el infinito, las computadoras que miraban y escuchaban también capturaban cada nota.

Vagaron por la sabana digital como Gilgamesh y Enkidu, compartiendo anécdotas. Lonstein sonrió cuando Carrey le contó a Rodney que una vez un chico con una cerbatana le tendió una emboscada en un condominio de departamentos de Toronto. También cuando, con once años, lo cacharon cogiéndose la alfombrita verde de la habitación de sus padres. Pronto, Carrey empezó a extrañar a Rodney cuando no estaban juntos.

Por la noche, en su dormitorio, se tumbaba en su catre espartano y veía la CNN, cuya resolución no era ni la mitad de convincente que las escenas de la sala de rodaje.

La campaña de un magnate de casinos multimillonario que se presentaba a presidente estaba plagada de gestos groseros y de insultos de patio de colegio. Era bien sabido que tenía una planta entera llena de prostitutas en el complejo de Las Vegas donde vivía en un ático dúplex, una situación que hubiera sido legal en el estado de Nevada si no fuera porque se excitaba pegándoles a todas. Todo empezó con una demanda y luego aumentaron a una decena; cada vez aparecían más mujeres, de hacía años, con fotos de cuellos amoratados, narices rotas. Historias de estrangulamientos llevados tan lejos que a veces se quedaban inconscientes, de amenazas de muerte a ellas y a sus seres queridos. Aquellas imágenes y relatos se propagaron por todos los medios, pero lejos de arruinar la candidatura del magnate no hicieron sino darle un empujón. Casi todos sus simpatizantes se conformaron con su defensa, que consistía en decir que aquellas mujeres eran en su mayoría unas *millennials* perezosas incapaces de llevar a cabo un trabajo que requiriera cierto esfuerzo. Los sondeos le daban cada vez más porcentaje de votos.

Y en aquel contexto, el *New York Times* publicó un reportaje en el que afirmaba que pilotos de la marina habían grabado encuentros con ovnis muy avanzados, que el Gobierno tenía varios edificios a las afueras de Las Vegas en los que guardaban partes de platillos voladores, trozos de metales extraños que desafiaban cualquier identificación. La historia alimentó un poco de comedia ligera en Twitter y luego se fundió con el atronador ruido de fondo...

El mundo que veía en las noticias empezó a parecerse a una farsa en la que tenían cabida varios géneros. Las tramas eran cada vez más inverosímiles y desalentadoras. El mundo de la sala de rodaje era, por el contrario, una obra de arte impresionista cuyas imágenes y argumentos eran mucho más atractivos y estimulantes de lo que últimamente decían que era la realidad.

El tiempo se comporta de una forma extraña en un set de rodaje.

Los días se convierten en meses de golpe.

Los cambios de estación se desdibujan.

El sol caía. Rodney y él habían acampado al lado de un riachuelo y descansaban al lado del fuego. Carrey, que había dejado el guion bien atrás, estaba seguro de que podrían conseguir un brillante logro. Derrotarían a la Reina Hiena. Devolverían los peces al río Hipo y todos los bosques de mangos y los bebés hipopótamos dormirían sanos y salvos. Y él tendría una gran película veraniega con la que arrancar. Con el ego y el alma en un unísono excepcional, miró con esperanza a la sombría sabana y escuchó unas risitas alteradas.

—Suena como si alguien estuviera de fiesta... —empezó a decir.

—¡Shhh! —ordenó Rodney, y sus diminutas orejas se despertaron sobresaltadas—. Sé lo que es una fiesta, chico, y deja que te diga que eso no se le parece —susurró.

Las risitas convulsivas aumentaron de volumen y rebotaron por toda la sala. Los técnicos miraban por el vidrio de visión unilateral como si fueran loqueros de la cárcel. Llevaban meses programando aquella escena, querían saber quién ganaría una vez todos los datos se hubieran destilado e introducido en las computadoras centrales, si una mente hecha con ingeniería o el cerebro humano. Los ojos de la hiena aparecieron entonces por entre la hierba. Dos vacíos profundos con iris de color ámbar que hacían rebotar la luz del fuego.

Dos pares de ojos.

Cinco.

Siete.

Ocho hienas babeando y saliendo poco a poco de las sombras, con el pelaje manchado de sarna y sangre. Lonstein había sido generoso y ahora —como homenaje a Gilgamesh, que perdió su corazón cuando perdió a Endiku— arrebataría aquello que había concedido.

—¡Rodney! —gritó Carrey, por encima de la voz en su oído.

Las hienas corrieron hacia ellos desde todos los ángulos, una avalancha de dientes rechinantes y de pelaje. Rodney, haciendo prueba de su lealtad, se puso de pie y empezó a mecer su enorme cuerno. Destrozó el cráneo de una de las bestias —a lo cual reaccionó con un «¡Uy!»— y después lanzó a otra por los aires bromeando con «¿Esto es todo lo que saben hacer? ¡Luchan como flamencos!». Entonces, como respuesta a su provocación, dos hienas se le echaron al cuello. Le arañaron los ojos y le mordieron las orejas. Carrey blandió su hierro del nueve como un loco, intentando defenderse mientras más y más bestias entraban en escena y saltaban sobre Rodney. Atravesaban su blanda panza con los colmillos, le arrancaban trozos de vísceras y la sangre salpicaba a la luz del fuego. Carrey empezó a llorar y a gritarle al destino y a la sala de control.

—¿Qué cojones pasa? ¡Esto es demasiado!

Lonstein admiró su propia genialidad. Sabía que tendría que quitar la mayor parte de la sangre en la versión final pero estaba emocionado por ver a Carrey reducido al modo supervivencia, creyéndose por completo la matanza, esforzándose en vano para evitar la única exigencia del guion: que Rodney moriría y que Jim sobreviviría y saldría de allí cambiado.

—¡Vengan por mí! ¡Vengan por mí! —gritó.

El miedo consiguió despojar del cliché a las líneas improvisadas. Aquello provocó que los dispositivos digitales detectasen un desenlace inminente.

—Sigan el guion —dijo Lonstein, dirigiendo a los programadores para que acabaran la escena con una última bestia, la decimotercera, que se materializó de repente.

Era más grande y temible que el resto y salió de detrás de él: la Reina Hiena, con unos colmillos que parecían cuchillos de carnicero y unos ojos tan deliberadamente malvados que Carrey mojó el traje. Las hienas seguían devorando al pobre Rodney, sus carcajadas se multiplicaban y llenaron al actor de una pena que remontaba como el agua en una inundación, sobre lo poco que quedaba de los escombros de las paredes que separaban sus experiencias en la sala y su existencia fuera de ella.

Las hienas se desvanecieron poco a poco.

Rodney todavía estaba allí en forma de rinoceronte, su sangre se derramaba en la hierba. Su respiración se volvía cada vez más débil, sus ojos saltones luchaban por mantenerse abiertos.

—Rodney —susurró Carrey, sujetando el bloque de hule espuma que creía que era el cuerpo de su amigo.

Aquel murmullo le recordó a una habitación en el hospital universitario de Los Ángeles, hacía diez años, cuando Dangerfield estaba a punto de morir y su respiración era corta y costosa, como ahora. Carrey se había inclinado entonces para contarle un último chiste a su amigo al oído.

—No te preocupes, Rodney, le diré a todo el mundo que eras el más marica de todos. La gente ya no juzga ese tipo de cosas.

En aquel momento las máquinas se despertaron y las enfermeras corrieron a la habitación. Dangerfield había empezado a mover los labios intentando formar palabras, sin conseguirlo.

Los párpados de Rodney el Rinoceronte se cerraban.

Su cuerpo se desvaneció por completo.

El sonido ambiental paró...

Ya no se oía el susurro de la hierba, solo el ruido blanco del aire acondicionado.

—Quiero a Rodney —dijo Carrey—. Tráiganlo de nuevo.

—No podemos —repuso una voz idéntica a la suya por el audífono.

—Tráiganlo de vuelta o no haré esta película.

—Se ha ido —dijo la voz, insensible.

—¡Traigan de vuelta a Rodney!

—Eso es todo —dijo Lonstein—. Ha sido una pérdida preciosa.

—Nooooo...

—Es genial, Jim.

—Quiero que Rodney vuelva.

—Se ha ido —dijo la voz en su oreja—. No va a volver.

—Entonces yo también —dijo Carrey y destrozó las cámaras que llevaba en la cabeza, unos prototipos que costaban cien mil dólares cada uno. Las despedazó y tiró al suelo. Las pisoteó e hizo papilla, saltando encima del amasijo de plástico y cables como un niño haciendo añicos un castillo de Lego—. Devuélvanme a Rodney —dijo golpeando los lentes—. Quiero verlo.

Aquello excitó a las otras cámaras.

—¡A ti también te voy a joder!

Se le acercaron.

—No soy tu mono de feria —dijo una voz en su audífono, la cual se parecía más a la suya que nunca antes y, como lo asustó, cambió la frase.

—¡No soy tu marioneta!

—Contrólate —dijo una nueva voz, la de Al Spielman II.

—Estoy controlado.

—Estás saltando de un lado a otro como si fueras un loco.

Aquello no hizo sino agudizar su rabia.

Pegó un salto para alcanzar las cámaras de la plataforma, un conglomerado de tecnología de diez millones de dólares cuyo seguro excedía el del propio contrato de Carrey.

Las puertas de la sala se abrieron.

Entraron Wink, Al, Lonny y Lala, seguidos de Satchel LeBlanc, que llevaba una bandeja de plata con copas llenas de champán hasta arriba.

—¿Qué carajo es esto?

—Vamos a brindar a tu salud.

—¿Por qué?

—Por la extracción —dijo Lonstein—. Poca gente ha proporcionado tantos datos tan rápido. Los ingenieros tienen todo lo necesario para *Los tragabolas*. Y para todas las secuelas.

—¿Secuelas?

—Si estás de acuerdo.

—¿Por qué iba a estarlo?

—¡Porque las computadoras cuánticas son *chispeantes*! —dijo Lonstein en un patético intento de evocar *La máscara*.

—Por Dios bendito —balbuceó Carrey.

—Y porque podemos asesorarte —dijo Lala—. No solo sobre esta película sino para las que vendrán después.

—Yo no quiero que me asesoren.

—La elección es una ilusión, Jim —dijo Wink—. El jurado ya ha tomado una decisión. Pero al aceptar esto, puede que hagas la elección más importante. Una elección que puede permitirte triunfar y ser eterno. El primer artista liberado del tiempo.

—La inteligencia artificial toma mejores decisiones que mil genios en un comité de expertos —dijo Al—. ¿Y qué hay de la felicidad y del éxito? Ambas se reducen a la toma de decisiones.

—Nosotros, desde el Texas Pacific Group queremos ayudarte —dijo Lala—. Queremos llevar tu marca por una cadena sin fin de beneficios futuros.

La habitación se llenó entonces de imágenes de posibles Jim Carrey, mucho más felices, mucho más jóvenes y guapos que el de verdad, todos fijos en unos eternos treinta y cinco años. Dio vueltas sobre sí mismo, asombrado, a medida que aparecían las escenas. Se vio a sí mismo en un yate en Nantucket con Oprah, Tom Hanks y el matrimonio Obama, todos igual de intemporales, riéndose de un chiste que acababa de contar. Se vio a sí mismo jugando rugby con los jóvenes Bobby y Jack Kennedy en Hyannis, marcando un gol de chilena en la final de un Mundial, nadando con orcas en Maui, la más grande de ellas saltando fuera del agua y pasando por encima de él para que su mano pueda tocar su tierno vientre, como en *Liberen a Willy*. Y para acabar, una imagen que eclipsaba a todas las demás y que transformó la habitación en Atenas tal como se veía desde la terraza de una villa erigida en la montaña y con vistas a un Partenón perfectamente restaurado. Vio a su doble vestido con una toga holgada, el sol antiguo resplandecía en sus abdominales marcados con el brillo de mil esferas luminosas de Atlantis.

—El Partenón está precioso.

—Jim Carrey pagó la restauración —dijo Al—. Ingresos pasivos, colega.

—El trato no es ninguna tontería —afirmó Wink—. Nunca dejarás de ganar dinero. Pero eso no es todo.

Entonces la habitación se llenó de una escena de la ceremonia de los Oscars. Estaba sentado entre el público y Daniel Day-Lewis estaba en el escenario, abriendo un grueso sobre, anunciando que el Oscar al mejor actor es para...

«Cabrones», pensó Carrey.

Parecía tan real.

—Jim Carrey —dijo el legendario actor, no con sorpresa, no, sino con satisfacción.

En su cara se leían la alegría y el alivio, como si se hubiera enmendado por fin un error, como si aquel suceso volviera el mundo un lugar mucho más habitable. Carrey giró sobre sí mismo, vio todas aquellas caras alegres y escuchó un aplauso desenfrenado que explotó en los altavoces.

Daniel Day-Lewis golpeaba su corazón con el puño.

«Por Dios, qué alegría.»

Toda aquella validación, era casi agobiante...

Caminó hacia Lewis, la dopamina le estimulaba todas las células y, justo cuando estaba a punto de llegar al escenario del Dolby Theatre, la fantasía se desvaneció.

—Todavía no es real —dijo Wink—. Por ahora solo es un sueño.

—¿Qué tengo que hacer?

—Ya hemos recopilado todos tus datos. Solo tienes que decir «sí». Pueden acabar esta película. Y la siguiente. ¿Y tú? Tú puedes ir a descansar. Ir a pintar.

—Soy un artista —dijo Carrey—. No dejaré que una computadora haga mi trabajo.

—Díselo a Jeff Koons —replicó Wink—. Hace siglos que el hombre no hace un perrito con globos.

—Están quitando todas las estatuas de Elvis en Las Vegas —dijo Al—. A los jóvenes les importa una mierda, no saben ni quién es. Ese no es tu destino. Tú tienes que vivir para siempre.

«Siempre.» Aquella palabra era como música celestial.

Carrey imaginó a su esencia digital volando a toda velocidad por el cosmos, con los puños bien cerrados precediéndola, al estilo Superman, pasando como un caballero por Alfa Centauri, y después por los cuásares y las nebulosas, y al final más allá del borde empapado de sueños de la cosa...

—Siempre —dijo Carrey pensando que era la palabra más radiante.

—Estarás ahí para tu hija, tu nieto, sus hijos...

—Se acabaron las dificultades —dijo Wink.

—Se acabaron los rodajes que empiezan de madrugada.

La escena de los Oscars dio paso a una imagen más atractiva que todas las demás: su habitación en la casa de Hummingbird Road, una noche tranquila, sin ruidos de construcción. Y su cama en el centro de la composición.

Su blanda y querida cama.

—Tu casa —dijo Wink—. Mejor que cualquier otro lugar del mundo.

—Descansar, relajarte —dijo Al—. Y puedes trabajar cuando quieras.

—Pero deja que el futuro siga su curso.

Entonces, un Jim Carrey idéntico a él apareció en la cama, enrollado en su albornoz, con una cara de completa tranquilidad.

Tan feliz.

Tanta paz.

Tan irresistible y cruelmente plausible.

Se sintió unido de manera inquietante a aquel fantasma que extendía su mano y lo invitaba a acercarse. Empezó a caminar, vacilando, hacia él, admirando el trabajo de renderización. Aquella cara era igual que la suya. Los ojos igual que los suyos. La luz de la luna los iluminaba a ambos, allí de pie. Cada forma se unía a la perfección con la otra, lo virtual y lo real eran imposibles de distinguir, ambos susurraban: «Bueno» al unísono, «bueno, bueno». El edredón de algodón era tan bonito como lo recordaba; el enorme colchón, tan acogedor como siempre lo había sido cuando, agotado, se hundía en él y exhalaba un suspiro profundo, casi como una oración.

CAPÍTULO 13

—¡Fuego! ¡Fuego! ¡Fuego! Por favor, sal de inmediato.

Estaba en casa, o eso parecía, tumbado en la cama.

Los Jophiel, acobardados en la puerta del baño.

—¡*Shub*! —los llamó, la orden en hebreo que quería decir: «¡Ven!», y trotaron a regañadientes hasta llegar a su lado mientras él miraba por entre las persianas y divisaba una neblina amarillenta.

Un eucalipto ardiente había caído sobre la caseta de la piscina y había destrozado el tejado, convirtiéndolo en una hoguera.

—Información de la amenaza —le dijo a la casa.

—La cabaña está en llamas. Temperatura exterior, sesenta y cinco grados. Por favor, sal de inmediato.

—El fuego nunca llega a Brentwood.

—Las casas adyacentes están en llamas.

—El fuego no puede ir más allá del acantilado.

—No estamos de acuerdo.

La mujer digital solo hablaba en primera persona del singular. ¿Por qué había cambiado al plural? ¿Cómo sabía lo que pasaba en las otras casas? ¿Acaso estos sistemas de seguridad semiconscientes se intercambiaban los secretos de los famosos? Se puso de pie y las rodillas le crujieron, se cerró el albornoz y fue a zancadas hasta el pasillo, con los rottweilers a su lado y un color carmesí parpadeando en las ventanas. Miró afuera y vio el barranco ardiendo, las llamas alcanzaban los diez metros de alto, arrojaban brasas a los vientos endiablados que llegaban a su jardín, donde el césped ya estaba sembrado de flamas.

Abrió la puerta.

Las cortinas se retorcían como espíritus torturados, con una ráfaga caliente chirriando en su interior que le quemó la piel cuando salió al patio, donde se encontró con que el mundo entero parecía un sauna. Se ahogó con el aire hirviente, se tapó la boca y la nariz con la camiseta y luego se sentó en una silla de cedro. El fuego estaba ahora más cerca que nunca. La mansión del oligarca estaba completamente en llamas. Estas engullían el oxígeno de su base y arrojaban fuentes de llamaradas mientras los tractores y los camiones que habían pulverizado las mañanas de Carrey escupían fuego.

Las redes móviles estaban saturadas, pero Avi Ayalon había conseguido enviar un mensaje en el que decía que había evacuado a Jane y a Jackson de Laurel Canyon, pero que la policía y los bomberos estaban bloqueando las carreteras que llevaban a Brentwood. Avi le aconsejaba que se subiera en el Range Rover y que se encontrara con él al norte.

«Dile a Jane que la quiero», contestó Carrey, pero el mensaje no se envió.

En el complejo ruso, un camión de combustible prendió fuego y sus neumáticos estallaron como preludio a la explosión del tanque de propano que destrozó el vidrio de la fachada noreste de la mansión. «Es precioso —pensó Carrey, absorto—. Que la naturaleza siga su rumbo, que borre este engendro, que purifique la tierra y se la devuelva a lo indómito.»

En el norte vio un pálido destello de color albaricoque, fuegos gigantes a lo lejos, renderizados con delicadeza. De una de las casas en llamas salía un hilo de música, notas arpegiadas que llenaban la noche de un lamento majestuoso que sonaba como un tema de Philip Glass. Lo último que recordaba era que estaba en una cúpula geodésica en el desierto, preparándose para echar una siesta digital. ¿Acaso Wink y Al le habían metido, con su acuerdo, en el género apocalíptico? ¿Era aquello la realidad? Desbloqueó su iPhone y abrió Twitter, donde los *trending topics* parecían verificar la crisis.

«Fuego sin control.»

«Contención del 5%.»

«#FireSelfie» era *trending topic*; la gente estaba compitiendo por hacer transmisiones en vivo en las que se vieran sus caras ruborizadas por la adrenalina a la distancia más corta posible de las llamas, desafiando a la muerte hasta que algunos se desvanecían entre humaredas. Todo para obtener los «me gusta» de un puñado de desconocidos.

Los vientos del este rugieron y avivaron los fuegos del barranco hasta que alcanzaron los veinte metros de altura. Había brasas brillantes flotando en el césped de Carrey y sobre su casa. Alzó los brazos, estaba totalmente cubierto de ceniza. Vio su reflejo en las puertas de vidrio, su pelo y sus hombros cubiertos de sedimentos escamosos. Parecía una versión vieja de sí mismo, agrisada por el tiempo. Sonrió y se imaginó alzando el vuelo, uniéndose al polvo. Estaba tranquilo, resignado, con una calma casi budista. La preparación del personaje de Mao, sus profundas inmersiones en documentales aterradores, aunque históricamente dudosos, habían limado los colmillos de la muerte. Había sobrevivido a la erupción del Vesubio.

Aquello era una tontería.

Entonces, saltando de entre las llamas y quebrando su calma, un puma corrió directo hacia él, mostrando los incisivos y acercándose cinco metros con cada salto. La paz interior de Carrey se deshizo en un grito. Los Jophiel se lanzaron para defenderlo. Sus colmillos de acero brillaban cuando atacaron al enorme gato y los cuerpos animales se volvieron una maraña de garras y músculos al mismo tiempo que, más allá, un tornado de fuego se arremolinaba desde la estructura de la casa rusa y empezaba a acercarse a la mansión de Hummingbird Road.

—¡*Shub*! —gritó Carrey, pero los perros lo ignoraron—. ¡*Shub*! —repitió, y los rottweilers lo ignoraron de nuevo; sujetaban el cuello del puma con los dientes, negándose a liberarlo incluso cuando el gran felino cayó al suelo sangrando.

Al final, desesperado, Carrey dio la única orden que sabía que anularía cualquier acción.

—¡*Ahavá*! —dijo, «amor» en hebreo.

Funcionó.

Tanto para los animales como para el hombre, el recuerdo del amor maternal se anteponía a todo.

Dejaron atrás al puma herido y se dirigieron a la casa mientras el tornado de fuego se arremolinaba hacia ellos a una velocidad inesperada. Los perros corrieron pero la tormenta de fuego los alcanzó a medio camino.

Carrey se apresuró hacia el interior, pensando primero en salvarse a él y luego sus obras de arte. Su Picasso, un cuadro de la serie de las guitarras, una obra cubista seminal que fue expuesta por primera vez en 1915 en el Armory Show. Su Basquiat, *Flash in Naples*. Su precioso Hockney, *Alliums*.

«Tengo que salvarlos para la prosperidad», pensó, y luego se quedó paralizado al darse cuenta de su lapsus freudiano. «¿Prosperidad?» ¿Era eso lo que había dirigido su espectáculo? Pensó en una segunda versión de la frase, con una motivación más noble: «Tengo que salvarlos para la posteridad».

Pero no pudo hacerla verosímil, la primera versión era mejor.

La «Marcha fúnebre de Siegfried» del *Götterdämmerung* empezó a sonar por los altavoces de la casa, una elección del sistema de seguridad que, al sentir que sus componentes plásticos comenzaban a derretirse, debió de pensar que era el momento del adiós. Al escuchar el sonido ascendente de viento metal y cuerda, Carrey se acordó de un tesoro más valioso que todos los demás: el bastón de Charlie Chaplin, que compró en una subasta en 1995 con lo que ganó en *Batman Forever*.

En cuanto lo compró, se convirtió en su objeto más sagrado, el que afirmaba su posición y lo hacía sentirse realizado.

Chaplin no solo le había causado una impresión, lo había instruido. Le enseñó cómo cada gesto —un beso, jugar con panecillos— podía ser liberado de la mundanidad, colmado de magia. Charlie Chaplin siempre convertía orugas en mariposas. Utilizaba la comedia para revelar la verdad del dilema humano en vez de huir de ella. Había patinado con los ojos tapados en el vacío, como un planeta dando vueltas alrededor de un agujero negro. Filmó al obrero de una fábrica aspirado por una máquina, alimentando sus engranes y sus rieles, atacando a una época que cosificaba a la gente. Charlie Chaplin había combatido a un mundo desolador con... ¿qué? No con un cuchillo ni tampoco con una pistola. Con un bastón. Amable, gestual, la batuta de un maestro. El bastón de Chaplin, sin querer faltar al respeto a Hockney, Picasso o Basquiat, era, en aquel momento, lo que Jim Carrey deseaba salvar con más fuerza.

Y con esa intención atravesó el calor sofocante hasta llegar a su sala, tomó el delicado objeto de su soporte de metacrilato, lo abrazó contra su pecho y fue corriendo hacia la puerta justo cuando el más alto de sus sauces llorones caía y atravesaba el tejado produciendo un golpe estruendoso, partiendo las vigas en dos y atrapando a Jim Carrey entre su mesa de comedor de vidrio volcada y un amasijo de viñas ardientes.

Aun así, siguió aferrándose al bastón de Chaplin. Aun así, esperaba poder salir de allí y subirse al Range Rover que estaba estacionado en la calle, en un lugar seguro. Las llamas se elevaban. Su sistema de aire acondicionado, programado para mantener una temperatura interior de veinte grados, usó la energía del generador y envió una última ráfaga de aire que golpeó toda la destrozada casa y la convirtió en un verdadero infierno. Carrey empezó a negociar con el cosmos para salvarse.

Se arrepintió, juró que haría cosas. Renunció a todos los placeres terrenales. Si era divertido, lo evitaría. Se cambiaría el nombre y se pondría Francisco o Simón Pedro. Y si el cosmos tenía a bien añadir algún poder o habilidad especial, como curar a los enfermos o hablar con los pájaros, algo que lo distinguiera de los demás en aquella nueva vasta gama de iniciativas (y quizá también un pequeño grupo de seguidores, no hacían falta muchos, pero que fuesen creyentes entregados), bueno, todo aquello sería bien recibido.

Innecesario pero bien recibido.

—Sálvame —suplicó, encogido de miedo—. Por favor.

Las llamas lamieron más arriba, el tejado silbó y gimió. El calor le estaba cociendo los ojos.

Otra erupción brotó en la puerta principal, se imaginó que había explotado el depósito de gasolina.

«Se acabó», pensó. Cerró los ojos, como un marinero abandonándose a las profundidades, esperando alguna visión que pondría punto y final a la historia pero que nunca llegaría. «Esto es todo —pensó—, la muerte, dejándose llevar poco a poco hasta la nada.»

Entonces, como ocurre con los héroes en los mitos y en el cine, escuchó una voz que venía a salvarlo. Femenina e intrépida, tierna y a la vez fuerte como el acero, una toalla húmeda y fría para el cerebro, entonando la canción más agradable de todas, su nombre:

—¿Jim? ¿Jim Carrey?

¿Era la alucinación de un ángel que venía a llevárselo al gran olvido?

—Sí... —sollozó, muerto de miedo—. Estoy aquí...

—¿Dónde?

—Estoy en el nuevo solárium —dijo con un hilo de voz, mirando hacia el agujero del techo, haciendo la última broma—. No tiene pérdida.

Entonces, a través del humo, del hedor asfixiante a plástico quemado, las vio. Eran las Hijas de la Anomia, un grupo de élite de veteranas de guerra radicalizadas a las que les faltaba por lo menos un miembro, y que habían venido a salvarlo.

—Mi casa —dijo el actor, delirando, cuando la más alta del grupo le quitó de encima la mesa de comedor con un solo e increíblemente poderoso gesto—. ¡Mi casa!

—Olvídate de ella.

—¡Mis cosas!

—Aprecia que tu carga se aligere.

—¿Quiénes son? —preguntó con el bastón de Chaplin agarrado contra el pecho y perplejo ante la imagen de aquellas mujeres que llevaban máscaras de oxígeno y trajes ignífugos.

—Somos las HA.

—¿Las Hijas de la Anomia?

—Relájate —dijeron y le pusieron un respirador sobre la nariz, lo cargaron de las extremidades, lo sacaron de la que iba a ser su tumba y lo llevaron al recibidor.

Analizó las lenguas de fuego que ondeaban a través del techo sobre sus cabezas, vio cómo brillaban sus miembros de titanio. Entonces, afuera, vio el tornado de fuego bailando descontrolado, lanzando millones de brasas que se elevaban como las súplicas egoístas de toda una ciudad, hacia el firmamento nocturno.

«Dios, por favor, haz que desaparezca la celulitis de mis muslos, que se queden perfectos para ir a la playa...»

«Dios todopoderoso, haz que pueda viajar en un jet privado hasta el final de los días para poder acercarme a ti...»

Lo sacaron por la puerta principal a Hummingbird Road. Lo metieron en el Humvee, un modelo híbrido que habían comprado a través de un anuncio en la revista *Soldier of Fortune*. Carrey tiritó cuando se bajaron el cierre de los trajes ignífugos. La mayoría tenía la cabeza rapada al estilo marine. Sus brazos eran fuertes y estaban tonificados y llevaban camisetas de tirantes que dejaban a la vista unos hombros anchos y vigorosos. Eran como un equipo olímpico de voleibol. Incluso sus prótesis parecían de un nivel superior.

Una mujer lo envolvió en una manta ignífuga mientras

otra le quitaba el albornoz y le pinchaba la nalga izquierda con una jeringuilla.

—¿Qué me inyectaste? —preguntó Carrey, que de repente estaba muy drogado.

—Un poquito de salsa de la felicidad, natural, sacada de los campos de amapola de Topanga —contestó la mujer que le había puesto la inyección, Bathsheba Brenner. Se había enrolado en el programa de entrenamiento de oficiales en Harvard, un acto de servicio que la tenía que ayudar a desarrollar una carrera en el Gobierno; después, se unió a los boinas verdes para luchar contra el Estado Islámico en Irak, donde comprendió que el terrorismo era el nuevo activismo.

El alivio del sedante recorrió el organismo de Carrey mientras el vehículo se alejaba rechinando de la casa y las mujeres buscaban frecuencias de la policía y de los bomberos con la radio.

—«¡El Getty se está quemando!»

—«Tanque a Bonhill, tanque a Bonhill...»

—«Tengo a treinta hombres localizados aquí y...»

La radio emitía gritos aterrorizados cuando el Humvee llegó a Sunset Boulevard. Delante de ellas el brillo de las luces traseras de los demás vehículos se extendía, sin esperanza, a lo largo de varios kilómetros y se desvanecía en una neblina color rojo Netflix.

A Carrey le ardían los pulmones. Regurgitó un escupitajo de moco lleno de ceniza. Una mano de titanio le ofreció una botella de agua. Alzó la vista y vio los delicados rasgos y los brillantes ojos almendrados de la enorme soldado, que cuando era un hombre se llamaba Salvatore Marinelli y había sido un descarriado adicto a las apuestas de galgos. Al convertirse en mujer se rebautizó con el nombre de Sally Mae y encontró el sentido de la vida en la horticultura orgánica y en los robos éticos de bancos.

—Sí, trágatela —dijo Sally Mae lanzándole un guiño juguetón.

Por todo Sunset Boulevard a la policía le costaba mantener el orden: lanzaban bengalas de magnesio y le explicaban a una fibrosa rubia oxigenada vestida de Fendi de pies a cabeza que, a pesar de ser la heredera de la fortuna de la mantequilla de cacahuete Jif, tendría que esperar como el resto del mundo.

—Ahora somos todos iguales, perra.

Más allá, una familia abandonaba su Subaru. El padre arrastraba las maletas, la madre llevaba en brazos a un bebé que lloraba y el niño pequeño blandía un sable láser listo para atacar, como si los protegiese a todos. La madre le llevó la mano a los ojos para tapárselos cuando, al atravesar el tráfico justo detrás de ellos, pasó un hombre que llevaba una bolsa de IKEA como único atuendo, con agujeros para sacar los brazos y la cabeza. Se apretó el escroto como si fuera la bocina de un payaso y gritó: «¡Mec! ¡Mec!» mientras saludaba a los automóviles. A la gente se le olvidó el peligro por un momento y sacaron los celulares para inundar el ya sobrecargado sistema de satélites con imágenes subidas a Instagram de sus saltarines genitales septuagenarios. Entonces el aire se calmó, antes de subir por la pendiente donde el fuego rugía más caliente y más arriba. Carrey miró al otro lado de la calle, donde estaba el Brentwood Inn. En las ventanas se veía a sus adúlteros huéspedes. Algunos se vestían deprisa y llamaban a los seres queridos a los que hacía un momento estaban traicionando, mientras otros miraban Sunset horrorizados cuando un chorro de llamas violetas de propano salió disparado por la calle como si fuera un mechero Bunsen. Una onda sísmica atravesó los automóviles.

—Son las cañerías de gas —dijo Willow, la hija de un camionero de Virginia Occidental que se había enrolado en los marines para pagar sus estudios, había salvado a su unidad dos veces en Faluya antes de perder la pierna izquierda por culpa de un artefacto explosivo improvisado y se había unido a las Hijas después de que las facturas hospitalarias hubieran dejado a su familia en bancarrota. Sobre el techo del Humvee llovían pedazos de asfalto en llamas.

—Mierda —dijo Carla, una mujer negra increíblemente bella, hija de un sargento y titulada en West Point, que empezaba sus días recitando versos de la *Ilíada* mientras hacía un centenar de dominadas con un solo brazo.

La pérdida de su brazo izquierdo en un ataque de mortero en Afganistán había terminado con su carrera militar y la había sumido en una depresión clínica. Conoció a Bathsheba en Twitter y recuperó las ganas de vivir gracias a las teorías de aquella joven, que afirmaban que todavía podían servir al espíritu americano si se preparaban para la inevitable autodestrucción del sistema político: «Todos van a desaparecer».

Gritos agónicos, gente quemándose en sus automóviles, sembrando el caos y la confusión. Aquellos con los suficientes caballos de potencia pasaban por la mediana, por encima de las aceras. Un Ford *pickup* con ruedas gigantes derribó una fila de parquímetros como si fueran bolos. Carla se unió a la carrera de demolición y golpeó con fuerza a un Kia que estaba justo delante de ellas y se puso a dar órdenes:

—Bathsheba. Tira una granada cegadora. Justo entre el Yukon y ese Sentra.

Carrey miró cómo Bathsheba quitaba la anilla de seguridad con los dientes y admiró la yuxtaposición de sus labios, suaves y rosas, contra el oscuro acero militar, la gracia desenfadada con la que lanzó la granada desde la ventanilla.

—Preferiría no tener que tomar medidas letales —le dijo Bathsheba a Carrey cuando consiguieron pasar—. Ya he visto suficientes muertes en las guerras del desierto.

Acribilló a un Mercedes terco con balas de goma del 12 y destrozó la luna trasera. Carla aceleró el Hummer para subirse al cofre del Kia y aplastó el automóvil hasta convertirlo en papel aluminio para luego dirigirse hacia Kenter.

—¡Por Dios! —dijo Carrey, asustado y confundido—. ¿Qué carajo haces?

—¿Literalmente? —le soltó Sally Mae—. Esto es un secuestro.

—¿En medio de un incendio?

—Las puertas abiertas, el sistema de seguridad inoperativo. Nunca desperdiciamos una buena crisis.

—¿Por qué a mí?

—Porque nos gustas, Jim. Nos gustas de verdad.

—¿Me secuestraron porque les gusto?

—Pensamos que, si se hace bien, el secuestro puede ser una experiencia positiva para todo el mundo —dijo Bathsheba—. Empezamos con tipos de Silicon Valley para financiarnos, para permitirnos los últimos modelos de prótesis y para protestar, al mismo tiempo, contra el incesante saqueo de nuestra privacidad y dignidad por parte de las grandes compañías tecnológicas.

—Al principio nos hacía sentir bien pero luego se volvió muy pesado —continuó Carla, dando un volantazo para esquivar un Volvo—. Son como bebés con un buen trabajo. Empiezan a gritar desde el primer momento. Así que tienes que amordazarlos, lo cual les recuerda a los años de acoso escolar. Entonces empiezan a temblar y se mean en los pantalones.

—Al final tienes que atarlos, lo cual empeora las cosas

porque los altos cargos odian que los toquen —dijo Sally Mae—. Algunos se ponen tan tensos que no pueden actuar.

—¿Actuar?

—Cuando el capitalismo se devore a sí mismo, tendremos que reconstruir el mundo —dijo Bathsheba—. Para ello nos hacen falta buenas semillas. Un hombre como tú puede plantarlas.

Al oír esas palabras, una vibrante erección empezó a formarse bajo su albornoz. Para intentar concentrarse en el Apocalipsis, pensó en sus vecinos de Brentwood, a los que no tardarían en sacar de sus mansiones. ¿Dónde se quedarían ahora que todos los hoteles de cinco estrellas estaban completos? Años antes había habido rumores de gente llegando al Ramada Inn, peleándose por rodajas de melón y por minicuernitos durante el desayuno continental. Un pensamiento apaciguador que tuvo el efecto deseado: su excitación disminuyó cuando pasaron de Kenter a Bundy y luego giraron por San Vicente abalanzándose sobre los árboles de coral que ardían en la mediana para llegar al Brentwood Country Club.

El Humvee rugió y subió por una escarpada vía de acceso para salir a un campo de golf donde levantó pedazos de tierra muy valiosa al pasar dando tumbos hasta llegar a una de las calles.

—Esto nos dejará vía libre —dijo Carla—. Después volveremos a la carretera que lleva a Topanga.

—¿Topanga?

—Tenemos una casa de seguridad allí.

Se unieron a un lento convoy de todoterrenos que habían destrozado la valla metálica del club para pasar a través de ella y dejaron atrás San Vicente, que ahora era una línea de fuego.

Carrey aplastó su cara contra la ventanilla.

«FUNDADO EN 1947», decía la placa del club antes de desvanecerse presa de las llamas. La ceniza y las ascuas murmuraban contra el cielo de color rubí. Adelantaron a un todoterreno Buick cuyas llantas cromadas lucían de color ámbar con el reflejo del fuego. Una pelirroja en un asiento trasero reconoció a Carrey y empezó a saludarlo con entusiasmo. Su ingenuidad era conmovedora. Él le contestó levantando las comisuras de sus labios hacia los ojos y arqueando las cejas en un ángulo siniestro, cada vez más grande, hasta que la chica reconoció su cara del Grinch y todo el miedo que le tenía al fuego se disolvió en una carcajada. Arrancaron los *greens* a su paso, vadearon un arroyo anémico y al final pasaron por un búnker de arena donde todavía había un golfista que intentaba, una y otra vez, devolver su bola al *green* para acabar su vuelta. Carrey se inclinó para ver a aquel maniaco y reconoció al manager con el que había trabajado durante veinte años, Al Spielman II, que parecía estar en guerra contra la Tierra misma, golpeaba y maldecía con cada *swing*, que no hacía sino enterrar la bola cada vez más en la arena.

—Espera, conozco a ese tipo.

—¿A quién?

—A ese.

—No hay nadie.

—¡Para el coche! —dijo Carrey, que todavía le tenía cariño a Spielman. A pesar de todas sus diferencias, no le deseaba nada malo.

—Me parece que no estás entendiendo bien la dinámica de poder entre el secuestrador y el secuestrado —dijo Carla, alejándose del búnker y dejando a Carrey mirando una cortina de humo negro que se alzaba a través de la calle y borraba al pobre Al de su vista.

—Uno cambia —dijo Sally Mae poniendo su mano de titanio sobre el brazo de Carrey. La empatía de aquella poderosa mujer era tan profunda que le daba la impresión de sentirla fluyendo entre sus dedos de aleación—. A veces hay que dejar a algunos atrás.

La radio crujió y se encendió emitiendo una interferencia distorsionada que se disparaba y se apagaba, fragmentada y reformada una y otra vez, que se metamorfoseaba y empezaba a sonar como la música más preciosa que Carrey hubiera oído jamás, unas notas cuyos poderes curativos superaban incluso los de las notas sagradas de *solfeggio* que había vertido en su cámara hiperbárica.

—Cambia la frecuencia —dijo Bathsheba y Willow así lo hizo, pero la música volvió a sonar, como si estuviera sincronizada con la visión que aparecía ahora al oeste, en el cielo: un disco brillante.

Al principio parecía una estrella aumentada por una gota de lluvia en una ventana, pero entonces revoloteó juguetona y dibujó un triángulo equilátero perfecto en el aire. Era demasiado grande, incluso en la distancia, comparada con cualquier estrella. Y su luz no destellaba, sino que palpitaba.

—¿Qué es eso? —preguntó Bathsheba señalando al cielo.

—¿Un dron? —respondió Willow.

—Pues vaya dron más grande, carajo.

—¿Un globo?

—¿Dónde crees que estás? ¿En el Proyecto Libro Azul? —dijo Carrey—. Es un puto ovni. Mujeres cíborg soldado, un incendio, llamadas de mi difunto padre, ¿y ahora un puto ovni? ¿Quién demonios está escribiendo esto?

—¿Quién está escribiendo qué?

—No le hagas caso. Conduce.

—Podría ser la TPG —musitó Carrey.

—¿Quién es la TPG?

—La TPG es la dueña de la CAA. Y son los dueños de mi esencia digital. Y puede que también de la tuya. Tienen cientos de computadoras en el desierto. Esto podría estar pasando dentro de uno de ellos.

—¿Una simulación por computadora?

—¿Por qué no?

—Porque te acabamos de sacar de una casa en llamas, idiota —respondió Carla—. Somos personas de verdad, carajo. Personas que han sufrido y perdido cosas y a quienes el sufrimiento y la pérdida las han hecho cambiar.

—Nuestro dolor es la prueba de que somos reales —dijo Bathsheba.

—¿Sienten alguna vez los miembros que han perdido? —preguntó Carrey.

—No sigas por ahí.

—Pero sí los sienten, ¿verdad? Dolor fantasma. En las piernas y en los brazos que hace años que desaparecieron. A veces la gente siente cosas que no están ahí.

—Ponle otra inyección, Bathsheba.

—La verdad es que creo que tiene razón.

El iPhone de Carrey vibró en su bolsillo.

—Dame eso —dijo Sally Mae. Luego vio el nombre de la llamada entrante—. Es Nic Cage —anunció—. ¿Lo dejamos que conteste?

—No sé —dijo Bathsheba—. Cage refuerza los principios opresivos del patriarcado sistémico.

—A mí me parece que está bueno —repuso Carla—. Y su estilo al actuar, profundamente expresionista, captura a la perfección la esquizofrenia de nuestra época. No es casualidad que su técnica tenga elementos del cine y el teatro alemán de los años veinte. Es un visionario.

—Estoy totalmente de acuerdo —convino Willow—. Cage es como el Chuck Yeager del arte dramático, ha sobrepasado barreras que se creían infranqueables.

—Bueno, muy bien —dijo Carrey—. ¿Me pueden dar el celular, por favor?

—Eres un puto rehén —contestó Willow—. Nosotras controlamos tus comunicaciones.

—No sé —dijo Carrey, y la llamada de Cage pasó al buzón de voz—. Si TPG está comprando esencias digitales seguramente tienen la de Cage y seguirán torturándonos hasta que contestemos la llamada. Nos van a atacar con cosas horribles. Nos arrebatarán a nuestros seres queridos y...

—Dale el teléfono —ordenó Sally Mae cuando Cage volvió a llamar—. Está descontrolándose.

—Bueno —dijo Carla—. Ponlo en altavoz. Y no hagas ninguna tontería.

Sally Mae descolgó y el Humvee se llenó del horror atonal de Nicolas Cage, que cantaba con alegría el villancico *Do you hear what I hear?*

—«¡Arriba en el cielo, mi corderito! ¿Ves lo mismo que yo?»

—¿Nic?

—«¡Una estrella bailando en la noche!»

—Sí, la vemos —dijo Carrey, dirigiendo su mirada a la nave espacial—. Estamos mirándola.

—¡He visto esto antes, hermano! Durante mi recuperación de recuerdos en Malibú.

—Ya lo sé, Nic. Yo también estaba.

—¿Dónde estás ahora?

—¿Ahora? Con las Hijas de la Anomia.

—¿Las soldados feministas? ¡Qué puta maravilla!

—Sí, son buena gente —dijo Carrey—. Bueno, el caso es que me están secuestrando, vamos a Topanga.

—Uy, no van a poder llegar —dijo Cage—. El cañón de Topanga es un horno. No tienen nada que hacer allí a menos que sean cuencos de cerámica. ¿Y ese platillo volador? Conozco a esa gente. He visto sus asquerosas caras de serpiente. Me siguen por todo el mundo, me he comprado diez casas para escapar de esos hijos de puta resbaladizos pero siguen apareciendo. Me he gastado una fortuna comprando muebles. Vaya putada.

—¡Uf! —exclamó Bathsheba—. Solo habla de él.

—¡Retira eso! —dijo Cage—. ¡Seas quien seas, retira eso!

—No.

—Mira, soy famoso por hacer el papel de héroe reticente, pero no creas que puedes menospreciarme. La cosa va a ponerse... —Cage tomó aire al otro lado de la línea, sin razón aparente, e hizo cinco poses dramáticas y angulosas antes de su estallido operístico—. ¡FEEEEAAAA! Y el Gobierno no me va a escuchar porque al parecer cuando compras meteoritos en el mercado negro te ponen en una puta lista. Así que esto no lo he elegido yo, ¿sí? Esta carga me ha sido impuesta. Y de manera rotunda... —dijo con la voz temblorosa, enterneciendo los corazones de las Hijas de la Anomia—. Ven conmigo, Jimmy —concluyó Cage—. Todos los demás caminos llevan a la muerte.

Un amasijo de hojas de palmera en llamas cayó sobre el parabrisas.

—¿Dónde estás, Nic?

—En tu casa de Malibú.

—¿Por qué?

—Me dijiste que me podía quedar aquí.

—¿Cuándo?

—El mes pasado.

—Quería decir que podías quedarte un par de días.

—¿Ah, sí? Bueno, la necesidad es la puta madre de la invención, colega. Ven a Malibú. Toma el viejo camino de los Pinos que lleva a Santa Mónica y cuando llegues conduce por la playa hasta aquí.

—¿Qué es el camino de los Pinos? —preguntó Bathsheba.

—Una red de carreteras secundarias que lleva a la playa —respondió Carrey, que había usado esa carretera durante su breve pero intenso romance con Pamela Anderson el verano de 1996—. Los amantes la usaban en la época en la que tenían que seguirse ciertos códigos de moralidad y evitar ser vistos cuando salían del pueblo.

—Está subiendo la marea —dijo Cage—. El agua los mantendrá a salvo. Es su única alternativa.

—Topanga está ardiendo —confirmó Willow, que estaba mirando las publicaciones sobre los incendios en Twitter.

—No tenemos elección —dijo Sally Mae.

—Dense prisa —ordenó Cage—. Y buena suerte.

Así que condujeron por la calle del campo de golf, pasaron al lado de la llameante casa del club y a través de los ardientes jardines de la entrada. Después giraron en Baltic y tomaron el viejo camino de los Pinos, que zigzagueaba entre vecindarios llenos de gente asustada que regaba el césped y hacía acopio de sus objetos de valor. No tardaron en llegar al puerto de Santa Mónica, donde las pasarelas y los pilones cedían bajo el peso de cientos de evacuados. Los sanitarios hacían un triaje de los quemados y los restaurantes daban comida. La famosa rueda de la fortuna estaba vacía pero seguía dando vueltas y sus luces de neón violeta rebanaban el humo. Condujeron un kilómetro y medio por la ruta estatal 1 y vieron a lo lejos el linde trasero que dibujaban los incendios de Topanga. Incluso Willow, que había matado a diecisiete personas en la batalla de Faluya, se quedó sin aliento al ver el color mandarina chillón que bordeaba las colinas.

—Parece un ataque de napalm —dijo.

El tráfico estaba totalmente parado en la autopista, lo cual les obligó a bajarse del vehículo e ir a pie. Abandonaron el Humvee y fueron caminando a la playa, cargadas de armas y municiones que ralentizaban sus pasos. Se cruzaron con perros y caballos abandonados, con enormes palmeras que ardían como antorchas en lo alto de la pendiente y que les alumbraban el camino.

Entonces, en medio de una ciudad sumida en un dolor compungido, luchando contra la subida de la marea, realizando un esfuerzo más allá de las capacidades de su cuerpo, Carrey cayó al suelo, sin fuerzas. Sally Mae, que al haber sido jugadora de futbol americano de la Universidad de Staten Island era capaz de levantar pesas de ciento ochenta kilos, lo levantó del suelo. Él se abrazó a su cuello y sintió los pechos operados contra sus mejillas. Cerró los ojos y se durmió por un instante antes de despertarse alarmado...

—¿Georgie? —dijo asustado.

—Se encuentra a salvo. Está en Puerto Rico con Lin-Manuel Miranda.

—¿Cómo lo sabes?

—Porque los sigo a los dos en Snapchat. Tranquilízate.

Entonces la luz que arrojaba el fuego se reflejó en la prótesis de titanio de Sally y llegó a las pupilas de Carrey, que se dilataron y se abrieron como las alas de un ángel.

Justo antes de llegar a Malibú, vieron qué había detenido el tráfico que se dirigía hacia el norte: un accidente con unos sesenta vehículos implicados allí donde el cañón se acercaba al mar. Y cuando las sirenas gritaron y llegaron al clímax, un camión cisterna de Exxon soltó un bocinazo que les provocó ampollas en los tímpanos. Las llamas bailaban en todas las direcciones y engulleron, una vez más, el autobús de un casino repleto de cuerpos carbonizados y paralizados en mitad de su agonía, las bocas abiertas expeliendo un grito, las manos en un gesto de prensión. Una avalancha se había dirigido hacia el océano; los más fuertes habían llegado a las rocas más altas de la playa y habían muerto allí, apilados. Las olas, que avanzaban cada vez más, habían abierto un pasaje seguro bajo ellas, donde la arena mojada desafiaba a las llamas. Y allí, el mar se llevaba a los muertos, contadores, plomeros, profesores y artistas; las olas rompían y los convertían en vulgar lodo. Carrey se aferró a Sally Mae, que lo llevaba en brazos mientras pasaban por la orilla. Vio a gente que conocía entre las cenizas que las olas recogían y se llevaban consigo.

Allí, acurrucado en forma de una estrecha U, con un traje color caqui y una corbata marrón, vio a su tío Jim, del cual había tomado el nombre, un joyero que el día de su confirmación le regaló una navaja grabada con un antiguo dicho, ESTO TAMBIÉN PASARÁ.

Las olas avanzaban, retrocedían...

Vio medio enterrado, vestido con shorts y una camiseta de tirantes del 89 con la bandera estadounidense, al gurú del *fitness* Richard Simmons, que agarraba con fuerza un paquete de Donettes nevados.

Las olas avanzaban, retrocedían...

Otro cuerpo, un rostro en el que se había quedado fijada una mirada de terror, una peluca rubio platino que colgaba de los pasadores... Helena San Vicente, expulsada por una marea que luego se la llevó con ella.

La antigua fe de Carrey se alzó entonces por encima de

cualquier cavilación existencial precedente y sus labios empezaron a pronunciar oraciones como le habían enseñado las monjas, «Dios te salve María...»; algo dentro de él seguía creyendo que aquellas palabras podían conjurar magia de verdad, que podrían convocar a la madre virgen de cualquier hombre-dios ario para que lo protegiera y guiara. Rezó con una esperanza trágica, diciéndose a sí mismo que las Hijas de la Anomia eran avatares de ángeles y preguntándose por qué su mente estaba programada para creer en un alma. Rezó no una vez sino muchas mientras Sally Mae lo cargaba por la desoladora arena.

Vislumbraron las luces de la colonia de Malibú, entre las cuales se encontraba la de su propia casa, donde Nicolas Cage, que vigilaba desde la terraza del segundo piso, los vio a través de sus binoculares.

—¡Continúen! —gritó, blandiendo en el aire la espada medieval que le había costado tanto conseguir—. Tienen que dejar atrás todo aquello de lo que estuvieron seguros. Ha llegado la hora de contactar con ellos. La hora de ver todos los lados del diamante.

CAPÍTULO 14

El jardín estaba cercado con concertina y bolsas de arena apiladas.

Carrey entró en su casa agotado, con calambres en el estómago provocados por la caminata kilométrica, la garganta y los pulmones le ardían después de haber inhalado humo, pero de momento no iba a poder descansar. Había una caja llena de Uzis en la isla de la cocina. En su rincón del desayuno estaban Sean Penn, Kelsey Grammer y Gwyneth Paltrow sentados en el suelo con las piernas cruzadas e intentando armar un lanzamisiles cuyos componentes estaban desperdigados en una caja con una etiqueta donde decía «FUERZAS ARMADAS DE ANGOLA».

—«El microprocesador reprogramable Stinger es un rastreador ultravioleta de doble canal y un sistema de navegación y de teledirección de misiles —leyó Gwyneth del manual de instrucciones antes de darle un sorbo a su vino rosado—. La diferenciación espectral del material del rastreador, cuando se enfría por el argón de la unidad de refrigeración de la batería...» —continuó, buscando entre los componentes desperdigados. Entonces tomó una bombilla diminuta de acero y en voz alta se preguntó—: ¿Es esta cosa?

—No —contestó Willow—. Ese es el modulador de oscilación. —Se acercó y se unió a ellos, tomó partes del montón y las juntó como lo haría una experta, haciendo más avances en unos minutos de los que ellos habían conseguido en toda la noche—. ¿Dónde están los misiles?

—En la tina —dijo Gwyneth.

—¿Qué? —exclamó Carrey—. ¿Qué carajo están haciendo?

—Nos estamos preparando para luchar —dijo Kelsey Grammer, que llevaba un conjunto robado del departamento de vestuario de la 20th Century Fox: un abrigo napoleónico y un casco de la Segunda Guerra Mundial con cuatro estrellas a lo George Patton. Y algo del espíritu de Patton lo poseyó al mirar a Carrey y, emulando *Cara de guerra* de Kubrick, gruñó—: ¡¿Por qué no te unes al equipo y te apuntas a la gran victoria?!

—Muy bueno —dijo Carrey—. Te ha quedado perfecto.

—¡Ja, gracias! —contestó Kelsey, aliviado—. Cuando me repetía la frase en la cabeza parecía que estaba bien pero nunca sabes cómo va a salir hasta que la verbalizas.

—Estábamos viendo el incendio con Natchez cuando su casa ardió —dijo Sean Penn vestido con un traje militar de la guerra de Vietnam—. Su tercer ojo vio algo que los otros dos no pudieron soportar. Se ha tomado unos calmantes muy fuertes, no está muy bien. Lleva dos días emitiendo los mismos sonidos.

—¡Mmmm...! —gimió Natchez, tirado en el sofá, catatónico.

Carrey vio claramente que Nicolas Cage había excedido

cualquier definición razonable del préstamo de una casa en la playa; de hecho, había llevado a cabo algo más parecido a una requisición. Alguien había tirado un fardo de concertina en el sofá cama. Había cajas de granadas de mano apiladas sobre la mesa del comedor, un lanzallamas apoyado de cualquier manera en un tanque de quince litros de gasolina. Una hilera de computadoras portátiles ronroneaba en la isla de la cocina con unas cuantas alitas de pollo veganas a medio comer esparcidas entre ellas.

—¿Qué carajo has hecho con mi casa, Nic?

—Lo mismo que Juan Bautista —contestó Cage—. He preparado el camino.

—¿Qué es esa porquería de las ventanas?

—Silicona para que no se quiebren.

—¿Por qué se iba a quebrar el cristal?

—Porque hemos enterrado minas terrestres en el jardín trasero.

—¡Me lleva la mierda, Nic! Sabes que estoy en contra de la violencia.

—Incluso Arjuna tuvo que atender la llamada.

—¡No me vengas con el *Bhagavad Gita*!

—¡Mmmm! —volvió a gemir Natchez, como un oso que llevara varios días en una trampa. Carrey se dio la vuelta y vio que los ojos estaban a punto de salírsele de las órbitas—. ¡Mmmm!

—Hay algo ahí dentro que está intentando salir —dijo Cage y volteó hacia las Hijas de la Anomia—. ¿Así que ustedes son las soldados de izquierda?

—Ecoterroristas —dijo Carla—. No es lo mismo. Podríamos saquear el cuartel general de Exxon con el armamento que tienen aquí y seguramente nos sobraría para un asalto a Monsanto. ¿De dónde lo sacaron?

—Me lo dio el Chapo —contestó Sean Penn—. Me debía un favor. ¿Tú de dónde vienes?

—Estuve en la División 101 de las fuerzas aerotransportadas, en el valle de Korangal. Willow y Sally Mae eran francotiradoras en los marines: entre las dos han matado a ochenta y siete personas. Y Bathsheba era la jefa de la mitad de las tropas en Bagdad hasta que se le cayó el velo. ¿Y ustedes?

—Yo una vez hice de general con dos estrellas —dijo Kelsey Grammer—. Era una comedia que transcurría en una sala de reuniones, pero *Variety* dijo que inspiraba mucha autoridad.

—Yo salí en *La delgada línea roja*, en *Taps* y en *Corazones de hierro* —dijo Sean Penn apagándose una colilla en el antebrazo—. Hice un entrenamiento básico para esos papeles.

—Y estabas estupendo en todos —dijo Carrey—. Unas actuaciones portentosas.

—No lo puedo saber —contestó Penn—. No soporto verme a mí mismo.

—La cuestión es que tendremos que hacerlo: podemos lograrlo —dijo Cage—. He pasado el último año haciendo una investigación exhaustiva, escuchando retransmisiones del vacío de Bootes.

—¿Qué demonios es el vacío de Bootes? —preguntó Sally Mae.

—Es el Gran Vacío —dijo Carrey—. Lo vi en YouTube. No debería estar ahí. Y ahí está, sin estar. Una gigantesca extensión vacía de galaxias.

—Sí —continuó Cage levantando las cejas hasta el cielo—. ¡O al menos eso creíamos! Pero ahora sabemos que el vacío solo era una trampa, la sigilosa tecnología de una civilización extremadamente avanzada. Han estado retransmitiendo información pero está tan encriptada que pasa a través de la materia. Esos son los cabrones que llevan toda la vida persiguiéndome... —Tenía la voz rota de dolor—. ¡He luchado mil veces contra esos reptiloides! Llevo eones y muchas vidas haciéndolo. No es un eterno retorno, no, eso sería demasiado amable. Es una especie de tortura. Y mientras tanto he hecho bastantes pelis.

Al menos sus lágrimas parecían reales. Quizá eran una descripción de la frustración que sentía al verse encasillado o puede que fueran una reacción sincera a esta historia que había convertido en su propia fe personal mientras todas las demás religiones se deshacían. Carla sintió una empatía real por el hombre, por todos los hombres, que eran como niños tontos y caprichosos que se creían especiales.

—La última afirmación de Nic, la de las vidas pasadas, no se puede verificar de manera científica —dijo Gwyneth Paltrow—, pero las demás son comprobables. Hemos registrado las retransmisiones. Son increíblemente complejas, se ocultan a sí mismas al curvar la luz. Solo un algoritmo neutral y repetitivo puede enderezarlas. Por suerte, hemos aprendido a programarlos usando Goop.

—¿Has aprendido a programar algoritmos con tu página web de estilo de vida saludable?

—Me motivé con la página —dijo Paltrow— y acabé estudiando en el MIT.

—¿Fuiste al MIT?

—Claro —contestó Paltrow—. Hoy en día todo se puede hacer en línea. Pero eso da igual ahora. Lo que importa es que ha llegado la hora de contactar con ellos.

Con un sonido como el del velcro despegándose, Cage sacó un control remoto de su gabardina. Apagó las luces de la casa pulsando una tecla y abrió el techo retráctil para dejar a la vista el firmamento al pulsar otra. Entonces, las ecoterroristas de Oregon y los actores de Hollywood se agruparon en la oscuridad y miraron asombrados la esfera brillante sobre sus cabezas.

—Puede que sean amables —dijo Carrey—, como los vecinos que te dan la bienvenida con una cesta de frutas.

—¡«Amable» es una palabra que se les olvidó hace mucho tiempo! —contestó Cage, dando una patada de karate inspirada en Elvis—. Gwyneth, ¿se lo enseñas?

Paltrow se conectó a las computadoras y les explicó:

—Estoy pidiéndole a un satélite que me ha prestado mi buen amigo Elon que escanee el espacio alrededor del platillo. No sean tímidos. Acérquense más.

Se congregaron alrededor de la pantalla, que se llenó de imágenes del cielo que se extendía por encima de sus cabezas.

—Este es nuestro mundo tal y como parece que es ahora —dijo Gwyneth Paltrow.

Entonces, después de teclear una ráfaga de comandos, la imagen cambió por completo. Ya no había solo un objeto brillante sino muchos alrededor del primero, legiones de esferas brillantes encima de sus cabezas.

—Este es nuestro mundo como es en realidad. Hemos contado más de quinientas de estas naves. Cada hora que pasa llegan más y se agrupan sobre Tokio, Sídney y París. Y sobre cada gran ciudad del mundo.

Amplió una de las naves: las imágenes tenían buena resolución y se apreciaban sus formas perfectas y aerodinámicas, más allá de cualquier capacidad humana de construcción.

—¿Quiénes son? —preguntó Carrey, de repente con voz de niño pequeño.

Del sofá volvió a llegar el sonido agonizante, el «mmmm» provocado por un desprendimiento psíquico dentro de la persona de Natchez Gushue, que, con el cuerpo totalmente agarrotado, pronunció poco a poco la palabra que le estaba horrorizando:

—Monstruos.

Entonces, tras una gran vibración que parecía indicar un fallo, las imágenes de los platillos se desvanecieron de las pantallas y no dejaron más que un cielo estrellado común y corriente.

—Saben que los hemos visto —dijo Bathsheba.

A la mañana siguiente Carrey se despertó temprano y se quedó en la cama mirando su iPhone.

En Twitter había testimonios de avistamientos de ovnis sobre veinte grandes ciudades.

El Mando Norteamericano de Defensa Aeroespacial había enviado aviones de combate a ambas costas del país. El papa estaba retransmitiendo una Oración por un Encuentro Pacífico desde el Vaticano, donde los teólogos trabajaban sin descanso para reconciliar las Escrituras con la visita extraterrestre, debatiendo sobre si las naves espaciales estaban pilotadas por ángeles o por demonios. Los seguidores de la cienciología no entraban en debates. Para ellos los platillos voladores eran la confirmación final. Estaban haciendo campaña con una plantilla de Instagram que decía «RON TENÍA RAZÓN» y pidiendo a los miembros más antiguos que fueran a su cuartel general en San Jacinto, donde habían construido un círculo de neón para que el ovni pudiera aterrizar y habían organizado un bufet con champán y macarrones con queso trufado, además de colocar mil asientos para la proyección al aire libre de

Campo de batalla: la Tierra. Y aunque Carrey pudiera aceptar cada disparatado detalle de aquellas noticias —al fin y al cabo era un hombre que una vez pasó muchas noches intentando liberar su alma de su supuesta residencia en la parte superior del tórax— le molestó lo que ocurrió después. Un anuncio llenó su pantalla...

Empezaba con trombones que tocaban escalas ascendentes y descendentes, que soplaban cada nota como si fuera un estornudo mientras la cámara se acercaba a una nariz conocida. Una nariz mocosa, perteneciente a un Marlon Brando perfecto y digital, iluminado para crear un claroscuro que intentaba evocar al personaje de Kurtz en *Apocalypse Now*. Se sonó con fuerza con un pañuelo desechable, lo abrió para inspeccionar su contenido y entonces habló directamente al espectador.

—¡El horror! ¡EL HORROR! El horror... de la congestión nasal. Soy Marlon Brando. Hice unas cuantas buenas actuaciones en vida. Muchos pensaban que era el mejor. Pero habría sido todavía mejor si hubiera tenido Mucinex.

Se tomó una pastilla y se curó al instante, las mejillas recobraron su color, un canto brotaba con energía allí donde hacía un momento solo había moco.

Tomó una buena bocanada de aire, se dio la vuelta y unas cortinas de terciopelo se abrieron para dejar al descubierto un teatro de Broadway lleno hasta el tope, donde todo el mundo aplaudía y le lanzaba rosas. Recogió una del suelo, con gracia, y se la llevó a la nariz para olerla. Entonces el plano cambió a un bote de Mucinex que tenía un diminuto foco propio, a la izquierda del escenario y delante del cual cayó una sola rosa. La pantalla pasó a un plano de esferas luminosas bailando sobre Yakarta, de policías antidisturbios balanceando mazos, reprimiendo con brutalidad a una multitud de decenas de miles de almas aterrorizadas. Carrey se metió el teléfono en el bolsillo, un poco más deprimido por la prostitución digital de Marlon Brando que por la desesperada situación de decenas de miles de indonesios.

Bajó las escaleras.

Gwyneth Paltrow se había quedado en la habitación de invitados. Sean Penn y Carla dormían en un colchón inflable, Natchez Gushue y Willow en los sofás de la sala de estar. Carrey llevaba años intentando reducir su consumo de cafeína pero ahora aquella lucha, como muchas otras, parecía formar parte de un mundo ya abandonado.

Se hizo un café y salió al porche.

A Kelsey Grammer y a Bathsheba les había tocado la guardia matinal, pero algo en el camino les había hecho cambiar la vigilancia por el asombro. Sus Uzis estaban tiradas, abandonadas en la arena, y ellos, tomados de la mano como si fueran colegiales en vez de amantes, miraban anonadados más allá de las olas, donde planeaba la primera línea de un ejército de alienígenas, a casi dos kilómetros sobre el mar y sin perturbar prácticamente la superficie del agua. Emitían un brillo rosa y dorado que se reflejaba en el mar. Su luz caía, brillante, sobre cada grano de arena de la playa y parecía calmar las olas y el fuego de las colinas. Llenó a Carrey de una paz duradera cuando le pasó por la cara, acompañada de los sonidos más agradables que jamás hubiera escuchado. Las naves espaciales que planeaban emitían una armonía divina que te atravesaba en forma de olas sanadoras que te liberaban de todos los miedos, la vergüenza, los temores...

Carrey sintió cómo se disolvía un peso en su interior que había crecido tanto que incluso se había olvidado de que estaba allí. En aquel momento sintió una presencia profunda que lo conectaba con todo, no había disonancias entre su alma y su cuerpo. Era una armonía tan incontenible que casi no se fijó en la hilera de animales que se extendía por la playa. Caballos liberados de sus establos en Malibú. Cebras y avestruces que habían escapado de zoológicos privados. Gatos y perros domésticos, pájaros que habían volado allí desde las colinas: todos se habían reunido en la orilla, con sus cuellos, grandes y pequeños, inclinados hacia el ejército, piando, rebuznando, con los ojos cerrados como los primeros animales suplicándole a Noé o como jubilados llenos de morfina en un centro de cuidados, depende de cómo uno viera la llegada.

—La luz les gusta —explicó Kelsey—. A nosotros también.

—Es como el Prozac —dijo Bathsheba entre risas—. Y finales de junio.

Carrey ladeó la cabeza para recibir la dosis máxima de aquella luz mágica. Pensó en los atlantes, desvaneciéndose en un brillo sobrenatural.

—Los animales no tienen miedo —dijo Bathsheba—. ¿Por qué deberíamos tenerlo nosotros?

Caminaron por la playa seguidos de *paparazzis* que buscaban la fotografía perfecta de los famosos —animales, incendios y platillos voladores, todo en el mismo encuadre— y que ladraban preguntas estúpidas:

—¡Oye, Jim! ¿Qué piensas de los platillos?

—¿De verdad esto es lo que quieren hacer ahora mismo? —preguntó Carrey.

—¿Qué íbamos a hacer si no?

Las imágenes se vendían por tales cantidades que ni siquiera se habían parado a considerar que dentro de poco el dinero no valdría nada. Dispararon el *flash* cuando los actores y las ecoterroristas pasaron por las casas de la colonia de Malibú. Las piscinas y los *jacuzzis* de los jardines se convirtieron en refugios para la fauna. Llamas abandonadas bebían de la cascada de Sting mientras una familia de pingüinos emperador se tambaleaban y se tiraban al agua de su *jacuzzi*.

—Están arruinando la belleza —les gritó Kelsey Grammer a los *paparazzis*—. Y están acosando a estos nobles animales.

—¿Los están molestando estos tipos? —resonó una amistosa voz desde el otro lado de la playa.

Carrey se dio la vuelta y vio a Tom Hanks; flanqueado por un trío de bomberos privados y un dúo de corpulentos guardias de seguridad, sí, pero aun así era Tom Hanks. Era imposible escuchar su voz y no recobrar algo de fe en la bondad humana.

—¡Buenos días! —dijo Kelsey—. ¡Pero muy buenos!

—¡Es como el primer amanecer! —dijo Hanks señalando a los animales alineados en la playa, disfrutando de la agradable luz, con el ejército alienígena justo ante ellos—. O el último. En cualquier caso, me siento el hombre más afortunado del mundo. Oye, pero ¿no eres Jimbo?

—Hola, Tom —dijo Carrey amablemente—. ¿Has conseguido sobrevivir?

—El parque de bomberos de Mandeville se vio desbordado. —Hanks encogió los hombros para confirmar lo que decía su enorme guardaespaldas—. Y tuvimos que resolverlo con nuestros propios medios.

—La seguridad privada es la muerte de la democracia —dijo Bathsheba—. Un retorno al Estado hobbesiano y un insulto a la dignidad de las personas.

—¿Quién es esta? —preguntó Hanks.

—Es Bathsheba —dijo Carrey—. Se ha radicalizado.

—Me alegro por ella —contestó Hanks—. ¿Quieren venir a desayunar?

Allí estaba, una gran estrella, un actor de su nivel, y más allá del suyo en cierto sentido. Durante mucho tiempo Carrey se había sorprendido del dominio que Hanks tenía de la industria, la forma en que se paseaba con facilidad por los pasillos del poder. ¿Habría vendido Hanks su esencia también? Si era el caso, eso le resultaba a la vez reconfortante y desconcertante. Por un lado, significaba que seguramente era la estrategia de negocio a seguir. Por otro, ¿quién era la estrella allí? Porque si Cage, Penn, Paltrow y Kelsey Grammer, así como las Hijas de la Anomia (que bien podían ser actrices *millennial* que él desconocía a pesar de que tuviesen millones de seguidores en Instagram), estaban involucrados, aquello significaba que había muchas esencias que se habían apretujado allí juntas, y que la película era una mortadela de personajes digitales. Y dado que Carrey no había leído ningún contrato y, en suma, había vendido su espíritu a cambio de poder echarse una siesta, ¿era posible —un verdadero terror lo invadió entonces, que se hacía más profundo a medida que caminaba hacia la extensa veranda de Hanks— que le hubieran dado un papel secundario?

—Cariño, tenemos visita —le gritó Hanks a su mujer, Rita Wilson—. Son Jimbo y Kelsey, y esta... —dijo señalando a Bathsheba y cerrando los ojos—. ¡Bathsheba! ¿Qué quieren tomar, chicos? ¿Café? ¿Mimosas?

—Un capuchino sería estupendo —contestó Kelsey Grammer.

—Una mimosa —dijo Bathsheba.

—¿Jim? ¿JIM?

—Café... —contestó Carrey, ausente.

No prestaba atención, estaba fascinado con una risa que venía del otro lado de la veranda. Su corazón se aceleró, sintió un torrente de nervios cuando se dio la vuelta y vio, sentado en un banco de hierro forjado, filmando las esferas con una cámara digital, a un titán de la industria, un niño prodigio imperecedero, al padre del éxito moderno y que ahora se había convertido, sin duda, en algún tipo de profeta: Steven Spielberg.

Spielberg alzó la mirada, con la cara desfigurada de alegría, apuntando a Carrey con la cámara y acercándose, susurrando como si estuviera narrando una película.

—«Y dijo Jehová: Raeré de sobre la faz de la Tierra a los hombres que he creado, desde el hombre hasta la bestia, y hasta el reptil y las aves del cielo; pues me arrepiento de haberlos hecho...»

Acercó la cámara al rostro de Carrey mientras este inspeccionaba el ejército.

Ahora abarcaban todo el horizonte, miles de naves, quizá más. Cuando la cámara hizo un *zoom*, Carrey sintió que su pánico existencial disminuía. ¿Dónde estaba? Se encontraba donde siempre había querido, ante la cámara de Steven Spielberg. Clavado, fijo, categórico, no solo por su presencia, sino por cómo su apertura se anteponía al caos del mundo; grababa la escena, el momento. Se imaginó a sí mismo no tal como era sino tal como aparecía a través del ojo de Spielberg y en aquella fantasía se sintió poseído por una forma definitiva. «Vivificado.» Esa era la palabra. Y había otra, más allá de esta: «Completo». La realidad y la fantasía habían convergido casi por completo y allí estaba él, en el visor del gran creador de mitos secular. Vivificado, sí. Completo. No necesitaba buscar más palabras, ni sorprender a nadie con su cómica genialidad. Se había preparado para aquel momento durante las horas que había pasado viendo la televisión por la noche. Estaba listo.

—El Génesis se encuentra con el Apocalipsis —afirmó Carrey, haciendo un gesto con la cabeza a los animales reunidos, a las naves iridiscentes—. El inicio completa el fin.

—Precioso —dijo Spielberg y entonces continuó con una risa atolondrada—: ¿Y no sería posible también, Jim, que el fin nos brinde un nuevo comienzo?

—Nunca te he visto tan feliz.

—Mis sueños se han hecho realidad.

—¿Todavía existe alguna diferencia entre la vida y los sueños? —preguntó Carrey—. ¿Has visto ese anuncio en el que sale Brando?

—Mucinex les dio cincuenta millones a sus nietos —dijo Spielberg con arrepentimiento—. Llevamos un buen rato siendo posthumanos, supongo. Ya no importa. Ven a ver esto.

Carrey se sentó y miró a través de la cámara, hizo un *zoom* de la nave más cercana. Su forma era perfecta. Spielberg tomó una panorámica del aparato. No tenía juntas, ni uniones, ni remaches. Era un esbelto milagro de luz radiante.

—Es como un Brancusi.

—No sé lo que es un Brancusi —dijo Carrey—. Pero seguro que es algo muy bonito.

—Lo que quiero decir es que estoy seguro de que valoran la belleza si han hecho unas máquinas tan preciosas —explicó, mirando a su mujer, Kate Capshaw, que se acercaba con una bandeja llena de su famoso pan jalá—. Ah, guau. ¡Ya llega!

—¡Jalá! —exclamó Tom Hanks, tomando un trozo del pan todavía caliente de la bandeja. Spielberg retrocedió para encuadrarlos a los dos cuando Hanks le pasó a Carrey su café y luego se sentó en la silla de al lado de la suya, sin duda actuando para reclamar el monopolio profundamente gratificante de la lente del maestro—. ¡Hemos tenido unas vidas muy buenas! ¡Hemos hecho cosas muy buenas! Ahora estamos todos sobrevolando el río Hudson. Yendo más allá de la luna en punto muerto, en una nave averiada, con pocas reservas de oxígeno. Pero yo prefiero estar aquí con ustedes, con el pan jalá caliente de Kate, que en un búnker con Leo y Toby y esas modelos de lencería —dijo con un nudo en la garganta—. Prefiero estar aquí, pasándonos una pelota de rugby, cocinando hamburguesas y hot-dogs. Encendiendo bengalas. Con Jimbo. Y Kelsey. Steve, Kate, Bathsheba, que huir de esa cosa. Sea lo que sea. Venga de donde venga —continuó, luchando por no llorar—. Solo quería decir eso.

—Están más allá de nuestro entendimiento —dijo Rita Wilson, pasándole la mano por el brazo—. No pasa nada.

La cámara de Spielberg se quedó fija en ellos: el retrato de un marido y su mujer.

—Nunca tuve la esperanza de que la raza humana importara demasiado —dijo Carrey, la cámara pasó a encuadrarlo a él—. Buscar un sentido es algo ridículo. La inmensidad se ríe de ti. ¿Que cómo va eso? La materia supone el tres por ciento del universo. ¿El resto es energía oscura, materia oscura o lo que sea? No lo saben. Nunca lo hubieran sabido. Las cosas crecen y mueren. Hongos en un árbol. Lavanda en el campo. ¿Cuál es el sentido de la lavanda en el campo? A mí no me molesta que no exista un sentido. No me importa vivir sin un sentido.

—Pero nos hemos creado nuestro sentido, ¿no? —dijo Hanks—. Nos lo hemos dado los unos a los otros como un regalo.

—Entiendo lo que quieres decir —contestó Carrey encogiéndose de hombros.

Spielberg retrocedió para hacer un plano contrapicado

de las dos estrellas. Ninguno de los dos quería discutir, ambos apreciaban el punto de vista del otro.

—¿Por qué no hemos quedado todos antes? —dijo Hanks—. Cuando tuvimos tiempo.

—Pregúntale a TPG —contestó Carrey.

—¿Quién es TPG? —preguntó Rita Wilson.

—TPG son los dueños de CAA —contestó Kate Capshaw.

Spielberg pasó a un plano de la bandeja plateada, donde las migas del pan jalá de su mujer bailaban cada vez más desatadas a medida que el sonido de la nave espacial se hacía más potente. Hanks volteó hacia el mar y sus ojos resplandecieron de terror al ver las naves moverse. Entonces, al igual que los demás, miró hacia la mesa, donde, al ritmo de la música, todas las migas de pan dulce se habían colocado para formar una figura geométrica, vibrante y perfecta, que los sobrecogió mucho, incluso antes de que Spielberg, sin aliento, identificara el dibujo.

—Es el Árbol de la Vida.

Entonces las migas se esparcieron desordenadas, la armonía alienígena se encontró con las interferencias de los altavoces cercanos y una voz exclamó:

—¡PROBANDO UNO-DOS! ¡PROBANDO! ¡NO... NO TIENEN LAS RESPUESTAS! ¡NO TIENEN LAS RESPUESTAS! ESCUCHEN.

Los animales dejaron escapar gemidos de sobresalto.

—¡SOY EL EMISARIO DE LOS ALIENÍGENAS PARA TODA LA HUMANIDAD!

—¿Quién es ese? —dijo Jim.

—Kanye —dijo Tom Hanks.

Todos dejaron atrás la veranda y caminaron lentamente por la arena, al lado de los *paparazzis*, hasta encontrarse con Kanye West, que estaba de pie en la terraza de su moderna casa. Llevaba un par de pupilentes de espejo plateados y una corona de titanio con esmeraldas en forma de un logo de Adidas. Se acicalaba y posaba para los drones de los noticiarios, levantaba los brazos al cielo como si fuera a bendecir y a dar la bienvenida a la flota alienígena. Spielberg, Hanks y Carrey no resultaron mucho más interesantes que un grupo de llamas cuando de la casa —y precedida de equipos de cámara completos de FOX, CNN, TMZ y E!— salió Kim Kardashian. Llevaba una tiara de perlas y un corsé plateado, el pecho cubierto con un brasier en forma de dos platillos voladores y a un niño asustado en brazos, a quien acariciaba mientras Kanye jugaba con la cámara de su iPhone y hacía una transmisión en vivo para los millones de personas para las cuales era, en aquellos delirantes y últimos tiempos, el corresponsal extraterrestre más visto de la tierra.

—¡No tengan miedo! ¡Me hablan con rimas sobrenaturales! ¡Soy de su clan! —dijo Kanye dándose palmadas en la corona de titanio—. ¡Esto es lo que está pasando! —exclamó señalando al bebé que se retorcía en los brazos de Kim Kardashian—. Los ángeles alienígenas se acostaron con Kim. ¡Le llenaron el vientre con el Hijo de las Estrellas!

Kim Kardashian levantó al niño para mostrarlo a las cámaras. Este llevaba puesto un body de lamé dorado de la línea de ropa para niños de Baby K, de la cual había sido elegido director ejecutivo por voto unánime del consejo al cumplir un año de edad. Unos inversores de Catar acababan de comprar la compañía. El bebé, que ahora tenía un año y medio, costaba setecientos millones de dólares.

—¿Por qué te eligieron para esto? —le preguntó el periodista de la CNN.

Y toda la historia y la lógica le parecieron a Carrey un sueño incoherente cuando Kanye empezó a explicarlas.

—En otra dimensión soy un dodecaedro llamado Cake. Y tenía que matar a los alienígenas, pero no lo hice. Así que aquí me respetan. Me dijeron que soy el Arcángel y que Kim es la Madre de las Estrellas. Y nos dieron al Hijo de las Estrellas.

—Nos ha llenado de humildad, por no decir más —expresó Kim Kardashian.

—¿Cómo les dieron al bebé? —preguntó el periodista de la CNN.

—Enrollaron nuestro ADN —contestó Kanye—. De forma sintética.

—¿Cómo se pusieron en contacto con ustedes?

—Me llamaron.

—¿Desde dónde?

—Desde Palm Beach.

—Creía que te hablaban a través de tu corona.

Entonces Kanye West, recurriendo a los plenos poderes que le otorgaba su título de Arcángel recién acuñado, ordenó a los platillos voladores que desintegraran al periodista de la CNN. Cuando esto no ocurrió, se echó a llorar.

—Son inteligencias superiores —dijo Spielberg—. Pueden amarnos incondicionalmente o aniquilarnos con la frialdad más espantosa. Una cosa es segura. No dan explicaciones; no dan ruedas de prensa.

Una lluvia fina empezó a caer.

Las naves que pasaban sobre sus cabezas resplandecieron a la luz de los teléfonos celulares y las televisiones —de hecho, de cualquier pantalla que emitiera información—, que cobraron vida al recibir todos el mismo programa.

Empezaba con un pequeño título, UNA BREVE INTRODUCCIÓN A LA CANCELACIÓN PLANETARIA, que se fundió a una imagen en vivo de una figura sin raza, sin género, un estudio de piel color marrón grisáceo de una estética agradable, cuyo aspecto garantizaba una afinidad con todas las culturas. En contra de lo que Spielberg creía, Tan Calvin daría explicaciones.

—La Tierra ha sido uno de nuestros programas más queridos y de mayor duración —dijo Calvin—. El Edén era precioso, pero tan soso como una mierda de perro. ¡Una pesadez! El programa no funcionaba para nosotros, que éramos los espectadores de sus personajes. Así que introdujimos el conflicto. Cuando Caín le reventó la cabeza a Abel, nos dimos cuenta de que allí había algo. De todas las esferas, nuestro pueblo se conectaba a las suyas. La caída de la torre de Babel fue tan buena que tuvimos que crear una secuela, esta vez con dos torres. La Guerra Santa: de todos los programas de todas las galaxias, la Tierra fue el primero en descubrir ese oxímoron. A algunos les encantaría que se pulverizaran los unos a los otros, pero el consejo que decide las cuotas de pantallas y una cierta deontología no nos lo permiten. Y por eso estoy aquí. He venido para que vuelvan a casa, y con estos consejos les informaré de las mejores medidas que puede tomar un planeta en su situación —dijo Calvin cuando la lluvia empezó a apretar—. He hecho arder los bosques de California para mostrarles que, aunque sea más poderoso de lo que jamás puedan llegar a imaginar, también soy clemente. Tómenlo como una muestra de buena fe mientras concluimos la experiencia de este programa de la manera más gratificante posible.

Las naves espaciales se quedaron inmóviles sobre ellos. Un enorme platillo sobrevolaba la playa, los otros estaban desplegados en una cuadrícula perfecta, había uno cada trece kilómetros cuadrados. Y a través de la niebla que descendía desde las colinas, disparados desde cada nave con una melodía triunfante —como la de las trompetas de los ángeles— llegaron rayos puros de la misma luz dorada que Carrey había sentido aquella mañana, pero ahora mucho más potentes. Llenaban el mundo mientras la música sonaba desde las naves, la misma frecuencia sanadora pero ahora con armonías definidas, como el *Adagio* de Barber elevado a un poder cósmico que sanaba todas las heridas en un tiempo récord. Sonaba cada vez más alto mientras las naves espaciales expelían rayos de color rosa dorado y Tan Calvin imploraba...

—Caminen hacia la luz de la felicidad. Libérense, purifíquense. Libérense de las preocupaciones. De las facturas. Del dolor y de la enfermedad. Ya no hay cuerpos llenos de dolor. Ya no hay nadie a quien impresionar. Ya no hay pérdida de ningún tipo. Solo una luz purificadora, la absolución. Es nuestro regalo de despedida para ustedes: la alegría eterna y dolorosa.

Kim Kardashian, con el Hijo de las Estrellas en brazos, dejó al sollozante Kanye para convertirse en el primer ser humano en ir con ellos. Se quitó los tacones de una patada, saltó fuera del patio y con unos pasos extremadamente rápidos corrió hacia el campo de luz, con doce cámaras siguiéndola. Entró en el resplandor, se arrodilló y empezó a gemir. Entonces sus gemidos se volvieron alegres.

Y se produjo el arrebatamiento...

—¡Está subiendo con el culo por delante! —dijo Kelsey Grammer.

Y así era, al principio Kim ascendió balanceándose un poco. Pero entonces aprendió a utilizar el rayo y flotó hacia el cielo como un verdadero ángel, abrazando con fuerza al Bebé de las Estrellas contra su pecho, dando vueltas presa del arrebatamiento, seguida por las cámaras que retransmitían el momento para todo el mundo; #madreestrella, #bebeestrella, y #sigueesaestrella se convirtieron en *trending topics* cuando el *Homo sapiens* se lanzó a su propia desaparición. Primero se fueron los que se sentían solos, vacíos, los enfermos; también un número sorprendente de personas que parecían llevar una vida perfecta pero que en realidad eran, en secreto, completamente miserables. Imágenes que nacían y se reproducían. Las caras de los extasiados no solo parecían indicar que aquello era indoloro, sino que la sensación era increíble. En poco tiempo, en todo el mundo, había millones de personas corriendo hacia la luz, llenando los Campos Elíseos, guardias de prisiones que ascendían con los presos cuando las esferas sobrevolaron los patios de las penitenciarías, familias enteras que subían desde las favelas de Río, olvidando cualquier fe que hubieran profesado con anterioridad para abrazar la de Calvin, que no era exactamente un mesías sino un hacedor de milagros muy fiable.

En Malibú las estrellas de cine estaban hipnotizadas y miraban con incredulidad a Kim Kardashian, que estaba suspendida a treinta metros, entre el mar y la nave. Muchos estaban ansiosos por unirse a ella, por deshacerse de la carga de las personalidades que habían inventado. Algunos corrieron tan rápido hacia la luz que se perdieron la última parte del discurso de Calvin y no vieron cómo movió la lengua, como una lagartija.

—Aquellos que se resistan sentirán un sufrimiento atroz. Los niños masticarán las entrañas de sus madres. Habrá cuerpos que se asarán a fuego lento, otros que serán devorados crudos. Después todos conocerán el hambre y el frío. Horrores que el hombre todavía no ha contemplado. Hasta que deje de existir por completo.

Carrey apartó la vista de la retransmisión y vio a Spielberg hablando por el celular.

—Prepara el *Amblin Doce*. Estaremos allí en una hora.

—¿Qué es el *Amblin Doce*?

—Es una cápsula de escape espacial, Jim —dijo Spielberg con culpabilidad—. Llegado cierto punto, era la única cosa divertida en la que los millonarios podíamos gastarnos el dinero.

—¿Puedo ir con ustedes?

—Lo siento —dijo Tom Hanks—. Es un módulo muy compacto, y Oprah necesita un asiento para su animal de apoyo emocional.

—¿Y qué hay de jugar con la pelota de rugby? ¿Y de asar hot-dogs?

—Nos llevaremos videos de todo eso. Y los guardaremos con cariño —dijo Hanks—. Ha sido genial desayunar contigo por fin. Bueno, tenemos que salir corriendo.

—Deja que se vayan —lo consoló Kelsey Grammer cuando los matrimonios Spielberg y Hanks se fueron caminando por la playa—. Cada uno se encontrará con el fin como desee.

Y el dolor de la exclusión dio paso a un giro maravilloso al ver a otros famosos llegando de todas partes de la colonia, corriendo hacia la luz, llenos de un miedo provocado por décadas de *castings* y rechazos que afloraba ahora por si no conseguían llegar. Lindsay Lohan se alzó como una cometa empujada por una brisa primaveral, gritando: «¡Yupi!» antes de chocar con Diana Ross. Entonces se tomaron de las manos y se estabilizaron la una a la otra, maniobrando para incluir a Keanu Reeves. Se tomaron de los brazos y cantaron un estribillo del éxito de Ross de 1970 *Reach Out and Touch (Somebody's Hand)*, mientras subían como si fueran paracaidistas rebobinados.

Pero el mayor arrebatamiento fue el de Kelsey Grammer.

Caminó hacia los rayos con Bathsheba y sintió en lo más profundo de su ser que, por fin, había encontrado el verdadero amor con aquella esbelta soldado de veintitantos. Tomados de la mano, se arremolinaron hacia el cielo y las palabras brotaron del interior de Kelsey, palabras de amor verdadero que Shakespeare le había dado a Julieta, versos de una belleza tal que los hombres olvidaban su género por completo cuando se pronunciaban en el Globe Theatre, versos que llevaba deseando declamar desde su paso por la academia de interpretación Juilliard de Nueva York pero que siempre le habían sido negados por las estrictas condiciones de su época.

—Mi generosidad es inmensa como el mar —dijo, y ambos se dirigieron una mirada aturdida por encima del Pacífico—. Mi amor, tan hondo; cuanto más te doy, más tengo, pues los dos... son infinitos.

—Es precioso —dijo Bathsheba con lágrimas llenas de una luz dorada.

—¿De verdad lo crees? —preguntó Kelsey—. Pensé que te estaba presionando.

Y entonces tomaron la forma de torcidas de regaliz.

Carrey pensó que quizá todo aquello era la obra maestra de Lanny Lonstein.

O puede que estuviera en un manicomio de lujo, meando por una sonda. O puede que hubiera tenido una sobredosis en un hotel de Las Vegas y que esta pesadilla no fuera otra cosa que el último balbuceo de su moribunda corteza cerebral. El mundo que lo rodeaba no le proporcionaba ninguna explicación, ni lo probaba ni lo contradecía. Aunque resultase engreído, se conformaba con existir. Se acordó de un pasaje bíblico que describía las estrellas cayendo del cielo, y de que luego vio en YouTube que aquello ocurriría: las galaxias girarían y se alejarían tanto las unas de las otras que todo acabaría frío y oscuro. ¿Había algo más bestial que aquello? ¿O más lúgubre? El olvido les llegaría a todos, peor que cualquier ejército del zar. Allí, encima de él, las poderosas naves estaban dejando el puerto.

¿Por qué ponerse exigente con los propietarios, con la destinación?

La luz lo arrastraba hacia ella.

La música también lo llamaba.

Carrey sintió a todos sus monstruos internos acallarse mientras se aventuraba a meter el pie en el borde del campo de luz y luego a atravesarlo con todo su cuerpo. Era real.

Solo aquello.

Los niños pequeños salían disparados como cohetes caseros.

A las almas apesadumbradas les costaba alzarse, como si fueran globos de helio inflados hacía una semana.

Todas sus preocupaciones se desvanecieron.

Las laderas incendiadas, la ciudad distante, las sombras taciturnas. El único lugar era el aquí, el único tiempo era el ahora, de pie en la arena, esperando su ración de milagro. Un cosquilleo atolondrado se extendió por cada una de sus células. Cher y Dolly Parton pasaron por encima de él, cantando el *Hallelujah* de Leonard Cohen y se despertó en él un deseo profundo de unirse a ellas...

Y entonces, sus pies se levantaron del suelo.

Feliz, liviano, liberado de los recuerdos pesados y disfrutando de los felices, que se convirtieron en una consciencia total. Sándwiches de queso a la plancha. Él persiguiendo un disco de hockey a través de un lago helado. Su madre ruborizada. Sana, feliz. Iniciando batallas de comida a la hora de cenar. Ya sabían que, cuando hacía su pastel de queso especial con cerezas, se comerían la mitad y se lanzarían la otra mitad. Relucientes cerezas volando por el aire y su risa melódica que, se dio cuenta entonces, se había convertido en la suya propia.

Su hermano, John, había madurado rápido; a los diez años ya estaba completamente desarrollado. Carrey y su hermana Rita le tendían emboscadas en la regadera y lo veían en plena floración púber, lo avergonzaban cantándole: «¡Pelo, pelo, un pelo largo y precioso...!». Se vio a los ocho años, actuando en la sala. Contaba chistes, su padre se dirigía a los invitados y decía: «¡No es un jamón, es el cerdo entero!». Esperando en el balcón para ver a su padre llegar a casa en su nuevo automóvil, un Vauxhall marrón, que a ojos del joven Carrey era una maravilla de la técnica y del progreso; el vehículo en el que, un verano, toda la familia condujo seiscientos cincuenta kilómetros para ver el Gigante Dormido, una isla en Thunder Bay que parecía un jefe indio descansando. Dibujando, cuando era niño, los cómics que hacía de un hombre llamado Marvin Bocamadalena. Un tren a Sudbury, cuando tenía seis años, dibujando a Marvin Bocamadalena, saliendo al pasillo del vagón y enseñándole Bocamadalena a los demás pasajeros, orgulloso. La mesa de la cocina donde, con dos años contorsionaba su cara, una y otra vez, resistiéndose a una cucharada de puré de coliflor, provocando un ataque de risa en su familia, descubriendo su don, su arma.

Hay que comprender que Jim Carrey y todos los demás en aquella playa eran muy felices, que su final era mucho mejor que el de los miles de millones de almas que habían llegado y se habían ido antes que ellos. Mejor que morir a manos del acero español. Y para Carrey, todo se volvió mejor al escuchar una voz que lo llamaba. Linda Ronstadt. Volvía a tener treinta y seis años, una princesa mexicana. «Volver, volver —cantaba, a su lado, tomándole de la mano—. *Come back, come back*», le susurró cuando él posó su cabeza sobre el pecho de ella. Entonces, por primera vez en décadas, se sintió totalmente tranquilo. Él era el espacio en el que se tocaban su mejilla y la piel de Ronstadt. Él era los dedos de Ronstadt en su pelo. Él era la música de las voces de ambos, cantando «Volver, volver... *Come back, come back...*».

Entonces sintió una garra afilada alrededor de su tobillo. Allá abajo, en el quinto intento, Nicolas Cage, Sean Penn, Willow y Sally Mae habían conseguido echarle el lazo con doscientos metros de cuerda de escalada. A esto siguió un bruto y violento estirón que lo alejaba de su felicidad, como si Carrey fuera un zepelín de corriente ascendente. Se resistió y pensó en la cuerda como una boa constrictor, le dio patadas y la agitó, luchando por volver con Ronstadt, por ir hacia la nada confitada que había más allá de su abrazo.

Pero al final consiguieron traerlo a tierra, lo arrastraron y lo separaron del campo de luz para clavarlo a la arena.

—¡Linda! —gritó una y otra vez, sufriendo por su arrebatamiento interrumpido mientras lo llevaban de vuelta a su casa y lo metían en la cama.

CAPÍTULO 15

Entrar en el rayo del arrebatamiento le había provocado una gran euforia, y que lo sacaran de allí le había dejado a Carrey la mente frágil y borrosa. Solo podía alcanzar las briznas más tenues de las experiencias presentes y pasadas.

«El cuerpo de Natchez Gushue, blanco como un hueso, meciéndose en una tina con cortadas verticales en las muñecas.

»El hedor del amoniaco de las sales aromáticas.

»Una cuchara de plástico llena de macarrones con queso...»

Entonces recuperó cierta claridad: Linda Ronstadt estaba tumbada a su lado. Parecía que lo hubiera estado observando mientras dormía. Él admiró sus dientes, como ya lo había hecho hacía décadas, sus incisivos ligeramente torcidos hacia dentro. Lo había olvidado. Tantas cosas que habían sido tan valiosas antes y que ahora había olvidado.

—¿Qué eres?

—Soy un recuerdo —dijo Ronstadt—. Un resto, no soy real.

—La memoria es una especie de realidad —contestó—. Es mejor recordar que olvidar.

Afuera llovía. La habitación olía a caramelo caliente y a flor de azahar.

—Un día —dijo ella, con su sonrisa traviesa—. Un día, si vives lo suficiente, verás que hay más gente que te ha olvidado que gente que todavía te recuerda. Puede que en una gasolinera. Puede que tomando un café. Incluso aquellos que sepan quién eres solo conocerán una vieja foto tuya. Te habrás entregado al gran olvido. Y serás libre.

Tenía la ropa hecha harapos, manchada. Ella le ayudó a quitarse la camisa y se acurrucó a su lado. Apoyó su cabeza contra el pecho de él y se quedaron dormidos así. Afuera seguía lloviendo con fuerza. Y mientras descansaban, los sistemas de todo el mundo fallaron.

Las cabinas de emisión se vaciaron.

Los militares idearon y abandonaron planes de defensa.

Los pobres empalaron las cabezas de los ricos como si fuesen kebabs, creando tótems espeluznantes.

Tan Calvin había aprendido que el Apocalipsis se componía mejor con contrapuntos, que las escenas azucaradas del arrebatamiento se volvían más poderosas cuando contrastaban con duras escenas de civilizaciones sacudidas en sus últimos momentos. El tiempo avanzaba con normalidad para aquellos que estaban cerca de los campos de luz, para aquellos miles de millones que se alineaban un kilómetro tras otro, arrastrados al olvido. Pero para aquellos que todavía querían seguir viviendo, se estiraba. Mientras que en la habitación de Carrey en Malibú parecían pasar tan solo unos días, unas semanas brutales avanzaron rápidamente en el resto del mundo. Jim y Linda lo veían todo desde el iPhone de él, la retransmisión en vivo del fin del mundo de Calvin era lo único que se veía en todas las plataformas, un video pulido y sincronizado con una música fúnebre sobrenatural. Era el mejor programa jamás visto.

Vieron al vicepresidente de Estados Unidos, un lisonjero predicador metodista con la cara menos sincera que jamás hubiera deshonrado un cráneo humano, anunciando su ascenso al Despacho Oval tras la abdicación del presidente magnate de los casinos. El magnate, decían los comentaristas de internet, había dado a los alienígenas los códigos nucleares de Estados Unidos a cambio de la promesa de infinitos coños extraterrestres y de un departamento en una urbanización de lujo que estaban construyendo en la galaxia de Andrómeda. Unas grabaciones de la cámara de seguridad de la piscina mostraban imágenes de la familia del presidente en pleno arrebatamiento, en un campo de luz privado, subiendo hacia las naves. El vicepresidente estaba ahora dentro de un búnker de la Guerra Fría, con todo el Congreso detrás de él. Pero en cuanto puso la mano en la Biblia para jurar el cargo, un destacamento de marines declararon su lealtad a un senador de Wisconsin. Se oyeron disparos de una automática. La sangre salpicó la lente de la cámara. Gritos y palizas...

Y, de esta forma, los últimos habitantes de la Tierra se vieron obligados no solo a contemplar su propia desaparición sino a encontrarla totalmente adictiva.

—Podría haber sido tan diferente —dijo Carrey—. Teníamos un lienzo enorme en el que pintar. ¿Y esto es lo que hemos creado?

A aquello le siguió un lanzamiento nuclear por parte de los japoneses, cuyo programa de armas atómicas era el secreto mejor guardado del fin del mundo. Pero los misiles esquivaron los campos de luz, algunos de ellos rebotaron y cayeron al mar, otros saltaron hacia arriba y explotaron en la termosfera, una muestra fallida de poder que hizo que el arrebatamiento pasara de ser un simple producto popular a uno muy anhelado y sugestivo. ¿Por qué luchar contra alguien que era inmune a un ataque nuclear total y que estaba ofreciendo un camino indoloro hacia el olvido más placentero? Las familias llenaron las calles de los pueblos y de las ciudades de todo el mundo. Los edificios se vaciaron y se convirtieron en huecos silbantes. La lluvia caía con más fuerza, el cielo vibraba de color rubí al otro lado de la ventana.

—Tengo hambre —dijo Carrey—. Nunca he tenido tanta hambre.

El sol se volvió borroso.

Ronstadt y él comieron sándwiches de queso a la plancha, mientras veían las imágenes de un dron de TMZ que seguía a Rayo Láser Jack y sus secuaces asaltando un platillo que sobrevolaba un Coffe Bean & Tea Leaf en Venice Beach.

Comparados con los fieles de cualquier otra religión, los seguidores de la cienciología, aunque su teoría no fuera perfecta, eran los que más se habían acercado a la naturaleza básica del cosmos. Llevaban puestos unos trajes preciosos de espándex dorado, hechos con un tejido que bloqueaba la luz del arrebatamiento y a los thetanes hostiles. Luchaban con unos lanzaplasma que habían sido diseñados especialmente para ellos por Raytheon, al parecer, la única marca de armas humanas capaz de penetrar los escudos de luz. Lo cual molestaba mucho a Tan Calvin.

Treinta segundos después del asalto, una espantosa raza de robots asesinos salió en masa del platillo disparando mortíferos rayos color carmesí. Los cienciólogos fueron derrotados. John Travolta había encargado hacía tiempo una peluca especial de batalla para encarnar el papel protagonista al que pensaba estar destinado y la usó en aquel enfrentamiento intergaláctico: un tupé de fibra óptica con luces estroboscópicas de todos los colores cuya masa frontal era tan amenazante que los diseñadores la habían apodado en secreto «Cabello de Troya». Pero ni siquiera el nuevo *look* de Travolta estuvo a la altura de los robots asesinos de Calvin. Dando la batalla por vencida, huyó hacia la costa con un hombre herido en cada hombro. Solo Rayo Láser Jack permaneció inalterable. Un primer plano final mostró el rostro del protagonista, lleno de valor y de fiereza mientras se alejaba, inquebrantable, y declaraba:

—¡Cada papel que he hecho me ha servido de entrenamiento para este momento! —dijo, y vaporizó a dos centinelas—. ¡Precioso! —gritó con júbilo y sonriendo de oreja a oreja ante la muerte—. ¡Es precioso! —repitió, y entonces un rayo carmesí lo vio desaparecer.

Unas interferencias interrumpieron la emisión.

—¿Por qué tiene que acabar así? —le preguntó Carrey a Ronstadt, mirando la pantalla.

—¿Qué preferirías, una inundación?

—Tendría un poco más de sentido. Al menos para mí.

—Son todo accidentes, Jim. El mundo entero, el universo entero. Una vida. Accidentes. No es nada personal, nada lo es. Si no fuera esto, sería un asteroide. O el calor del sol.

Ronstadt sonrió con ternura.

—Se acaba —susurró, apoyando la cabeza en el pecho de ella—. ¿Qué hacemos?

Entonces, como una *matrioshka*, el recuerdo de Ronstadt compartió una reminiscencia.

—¿Te acuerdas de cuando fuimos a Tucson?

—¡Sí!

—Cuando era pequeña mi abuela me llevó a una iglesia allí. El estuco era de un color rosa precioso. Y el canto del coro, bellísimo. La llevaban unos benedictinos. Yo no creía en el abracadabra, pero no eran tontos. San Benito vivió después de la caída del Imperio romano. Fue el principio de mil años de oscuridad y de mentiras. De represión. Todo un mundo que llegaba a su fin.

—¿Y qué hicieron?

—Subieron a las montañas, a las cuevas. Se instalaron allí para buscar la paz en sus propias mentes. Vivieron de las sobras y de la caridad.

A él le costaba mantener los ojos abiertos.

—Fuiste buena conmigo.

—Fuimos buenos el uno con el otro.

Sus respiraciones se sincronizaron, todos los puños de su mente se aflojaron mientras caía en un sueño reparador. Cuando se despertó, ella se había ido. Levantó la cabeza de la almohada y vio a Cage, Sean Penn, Carla, Sally Mae y Willow de pie a su alrededor, con las caras cubiertas de pintura de camuflaje.

El olor a plástico quemado soplaba desde la playa.

—¿Dónde está? —preguntó Carrey, cuya única preocupación era la desaparición de Ronstadt.

—Has sufrido un trauma —dijo Sean Penn—. No eres el único. Una guerra nuclear en el subcontinente indio. Dos millones de muertos en una mañana. Vivimos en un mundo que se está volando en pedazos tan rápido como puede.

—El ejército ruso fue liquidado cuando defendía la mansión secreta de Vladímir Putin en el mar Negro —continuó Cage—. El Congreso de Estados Unidos se convirtió al canibalismo después de enterarse de que el suministro de comida de emergencia se había podrido en 1981. El politburó chino vive en un submarino. Somos la última esperanza.

—A mí no me incluyas —espetó Carrey—. Yo quiero a Linda.

—Es el rayo del arrebatamiento el que habla —dijo Cage—. Olvídalo. Es hora de luchar.

Le pasó una elegante pistola plateada.

—¿Qué es esto?

—Un lanzaplasma. Los trajo Travolta.

—Estoy en contra de la violencia.

—La violencia es nuestra vida ahora.

Carrey subió las persianas y miró afuera. Travolta y los cienciólogos habían huido de su batalla y aterrizado en la playa en una lancha inflable con motor, como refugiados en su propia ciudad. Los platillos se habían ido. Solo quedaban unos pocos en la playa, puede que una decena todavía sobrevolara el centro de Los Ángeles.

—Empezaron a irse ayer —dijo Sean Penn—. Enviaron un pulso electromagnético y derribaron toda la red eléctrica. Borraron todos los registros bancarios. Todos tenemos que empezar de cero. —Esta última parte le hizo sonreír—. Se han visto equipos de limpieza en Oxnard, por la costa.

—Llegarán aquí por la mañana —dijo Sally Mae.

—¿Los mismos que se llevaron a Láser Jack?

—Peor. Esos son los Zancos. Cada uno mide seis metros y están cubiertos de escamas tan afiladas como cuchillos *ginsu* —dijo Cage levantando la mano—. Vaya carga, ser el elegido.

—¿Por qué me sacaste de la luz, Nic? —preguntó Carrey—. Estaba listo para irme con Kelsey Grammer y Bathsheba. ¡Con Cher! —exclamó saliendo de la cama y agarrando a Cage por el cuello de la camisa—. ¡Me estaba yendo! ¡Desgraciado! Me estaba yendo. ¿Qué coño se supone que vamos a hacer ahora?

—Ahora luchamos —dijo Sean Penn—. Es lo que nos queda aquí. Se acabaron las comodidades, se acabaron los lujos. El animal humano, de vuelta al hambre. Lucharemos por nuestra propia supervivencia.

—Lucharemos por el té de jazmín —dijo Gwyneth Paltrow, que salió del baño de la habitación con una boina *vintage* de Yves Saint Laurent y la cara pintada con rayas verdes y negras—. Lucharemos por el recuerdo de las ensaladas de pera y arúgula en Bridgehampton. Lucharemos por un mundo lleno de tanta felicidad que la única preocupación sean las líneas de expresión de la cara, y quizá una pequeña operación en el cuello en un momento dado.

—Lucharemos —interrumpió Sally Mae— por un mundo renacido, libre del privilegio hereditario, del capitalismo codicioso, del *body shaming*, de la fama congénita, de las prácticas de préstamo depredador y de los cárteles farmacéuticos protegidos por los gobiernos. Un mundo en el que la privacidad sea un derecho, no una palabra.

—Lucharemos para vengarnos de las brigadas de Láser Jack —dijo John Travolta, que apareció por el pasillo. Había recargado su peluca de batalla, las fibras se iluminaron con airadas olas amarillas y rojas. Su traje de espándex dorado había encogido varias tallas en la secadora de Carrey y rechinaba cuando entró en la habitación—. Lucharemos por la fiebre del disco y por el riguroso cumplimiento de las leyes de propiedad intelectual.

—Jimbo —dijo Sean Penn—. ¿Estás con nosotros?

Carrey conocía su respuesta incluso antes de que le llegara a la cabeza. Alzó el lanzaplasma de los cienciólogos, lo acarició con un gesto que podría haber parecido exagerado en un momento más simple, pero que encajaba con el clímax planetario actual. Con la voz de un sicario veterano que acepta un último trabajo para pagarle la universidad a su hija, dijo:

—Bueno, qué diablos.

Las Hijas de la Anomia eran las únicas con experiencia en combate. En Irak y Afganistán habían presenciado cómo una civilización avanzada podía ser derrotada con ingenio y astucia, y tras una conversación habían elegido el Malibu Country Mart —un centro comercial de lujo al aire libre— como el escenario de combate más ventajoso.

—Me da igual si te entrenaste para *La colina de la hamburguesa* —dijo Carla cuando se reunieron alrededor de un mapa del centro comercial dibujado con prisa—. Me da igual si fuiste un poderoso caudillo militar en una de tus putas vidas pasadas.

—Luché contra los jefes militares —protestó Travolta—. Éramos los únicos que podían ayudar.

Carla pasó su mano de titanio por debajo de la mesa y le dio un golpe con el dedo en el testículo izquierdo, cubierto por su traje de espándex dorado.

—¡Opresora! —exclamó Travolta retorciéndose de dolor.

Carla lo ignoró y continuó:

—Escúchame bien, la que da las órdenes aquí soy yo. Es la única forma de vencer.

—Sí, señora —dijo Sean Penn, encendiendo un Camel nuevo con la colilla del antiguo.

—Quiero a Nic Cage, Sally Mae y Jim Carrey en este cañón antiaéreo que hay encima del Chipotle. Vigilen las colinas y empiecen a disparar cuando los vean. Atráiganlos y luego abandónenlos y retírense. Pero sigan disparando hasta el último momento. Arrástrenlos hasta la Cross Creek Road, justo hasta nuestras minas terrestres.

—Hagan confeti con esos putos alienígenas —intervino Gwyneth Paltrow aplaudiendo. La pintura de guerra la estaba cambiando—. Bailen al son de su agonía.

—Seguro que los ralentizará —dijo Carla—. Entonces es cuando Paltrow, Sean Penn y yo les tiramos granadas de fósforo blanco desde el Urban Outfitters. Los distraemos, los flanqueamos. Después Willow, Travolta, ¿y los cienciólogos?, los incendian con los lanzaplasma desde el Taverna Tony, el restaurante griego.

—¡Ah, Taverna Tony es mi favorito! —exclamó Travolta—. ¿El halloumi frito? Vale la pena a pesar de las calorías.

—¿Sí? —contestó Carla—. Pues esta noche van a servir extraterrestre frito. Los atraparemos en un fuego cruzado. Mientras tanto, Carrey, Cage y Sally Mae cierran filas desde el Chipotle, con más disparos de plasma, claro está, y bloquean todas las vías de salida. Una clásica trampa talibán. Así es como perdí el brazo y la pierna.

Se arremangó el pantalón para enseñarles a todos la pierna de titanio. Aquello les devolvió el ánimo y el espíritu, una prueba de que los indefensos podían prevalecer sobre los poderosos. Inspiró tanto a la banda de actores que compitieron por hacerse los dueños de aquel instante con una frase inmortal.

—Vamos a dejar viudas a unas cuantas alienígenas —dijo Sean Penn.

—¡Vamos a hacerlos picadillo y a masticarlos después! —exclamó John Travolta.

—¡Vamos a echarles un poco de sal a esas BABOSAS! —dijo Nic Cage.

—Vamos a matar por matar y a disfrutar de los cambios que eso provocará en nosotros —afirmó Gwyneth Paltrow—. Quiero deslizarme por sus tripas como si fueran un tobogán inflable.

—No sé si esto es real —declaró Carrey—. Pero no puedo permitirme dudar.

El cielo nocturno estaba rojo como el barro.

Caían cortinas de lluvia cuando transportaron el armamento por la ruta estatal de California y empezaron a convertir el centro comercial en un matadero extraterrestre. Plantaron minas terrestres por toda la Cross Creek Road, rompieron los ventanales de la Taverna Tony y de la tienda de Urban Outfitters y bloquearon las entradas de ambos establecimientos con sacos de arena, convirtiéndolos en nidos de ametralladoras. Subieron el cañón antiaéreo de Cage con unas poleas improvisadas hasta el tejado del restaurante mexicano Chipotle; se movían con dificultad no solo por el peso del acero sino por la pena acumulada de todos los que habían existido antes de ellos, toda la gente que había hecho su papel para mantener la llama de la humanidad encendida, los millones de mártires de Camboya y Pompeya, los muertos sin nombre de todas las guerras que habían sido borrados de los libros de historia porque se desviaban del relato principal. Carrey pensó sobre todo en este último grupo cuando se apiñaron bajo la lona, porque sabía que ya no quedaba nadie para contar su historia y que ellos pertenecerían a aquel grupo si sus vidas se apagaban allí. Cage oteó las colinas con sus binoculares. Sally Mae se sentó, se arremangó la camisa y se quitó el brazo protésico. Tenía un tornillo de titanio insertado en el hueso bajo el muñón, la piel de alrededor estaba rozada y en carne viva después del transporte y la carga. Se restregó el tejido cicatrizado con loción y Carrey sintió un miedo fulminante que lo consumió.

—¿Tienes miedo? —le preguntó a Sally Mae.

—¿Miedo de qué?

—De eso. ¡DEL SUEÑO ETERNO! —gritó Carrey contra la lluvia.

—Ah. No sé. He visto a la gente tomárselo de las dos maneras.

—¿Qué quieres decir?

—Algunos de los más fuertes —contestó Sally Mae— empiezan a llorar, a llamar a sus madres. Y cuando mueren tienen esa mirada, como si estuviera pasando algo horrible, como si estuvieran sufriendo un ajuste de cuentas. Están asustados. Y luego hay otros que te sorprenden. Se van serenos y tranquilos.

—Pero todos acaban igual —dijo Carrey—: todos se van, olvidados.

—Sí —convino Sally Mae—. Todos se van, olvidados.

—Yo no tengo miedo —dijo Cage—. He nacido y he muerto miles de veces.

—Eso es lo que te cuentas a ti mismo —replicó Carrey—. Creo que el miedo a la muerte es tan fuerte que el ego no puede hacer nada para evitarlo. Nos escondemos en historias grandilocuentes. En superhéroes, en dioses. La fama es una plaga de la mente, creímos que nos haría inmortales pero solo se ha comido todo nuestro valioso tiempo.

Toda su vida de esfuerzos parecía ahora muy lejana. ¿Acaso había tenido alguna importancia? Había agotado sus fuerzas y, ¿para qué? Pensó en un pez globo que había visto en la BBC. Una criatura patética, con aletas diminutas, ojos saltones, el cerebro tan grande como una semilla de amapola.

Totalmente común y corriente. Excepto que, muy abajo, en el fondo marino, se contoneaba en la arena para hacer un dibujo geométrico increíble, proporcionado, perfecto, intrincado como un mandala. Y hacía todo aquello para atraer a una hembra con la que aparearse, para transmitir sus genes. ¿Había alguna diferencia entre ellos dos? El pez también tenía talento. Pero seguro que nunca sentía nada que se pareciera al vértigo aterrador que invadía a Carrey en aquel momento, acurrucado contra los sacos de arena, con el corazón palpitándole con fuerza en el pecho.

—Estoy frágil, chicos —dijo—. No sé si seré de mucha ayuda.

Una luz carmesí brilló sobre las colinas. Cage estaba ocupado con el cuchillo, escribiendo su nombre en el tejado cubierto de alquitrán. Carrey le tomó prestados los binoculares y oteó la cresta. Más luces. Más brillantes, más cerca. Entonces miró la Taverna Tony. Travolta estaba peleándose con Willow; por supuesto, se negaba a juntarse con los demás, insistía en la dramática decisión de quedarse allí, con un pie heroicamente plantado sobre los sacos de arena, al estilo del cuadro *Washington cruzando el Delaware* de Leutze. Carrey pasó la vista por el camino y se paró en Sean Penn, que estaba agachado en el refugio que antes había sido un Urban Outfitters y encendía otro Camel. Entonces el cigarro se le cayó de los labios y sus ojos se prendieron con el mismo miedo que había inundado el corazón de Carrey cuando, al mirar con los binoculares en dirección a la colina, los había visto.

—Dios bendito.

Una brigada de limpieza alienígena.

Eran peores que los robots gigantes. Y peores que las serpientes gigantes. Eran robots gigantes pilotados por serpien-

271

tes gigantes, una síntesis de horrores sacados de las Escrituras y de la ciencia ficción. El pueblo de Tan Calvin en su forma desenmascarada, unos tipos asquerosos y sinuosos, tal y como los había visto Cage, que pilotaban unos relucientes exoesqueletos de aleación. Robots de guerra bípedos con insignias que representaban todos los mundos que habían destruido, jeroglíficos apocalípticos arremolinados a través de unos trajes que podrían haber sido descritos como futuristas si nuestros héroes, tras ver a sus enemigos, todavía creyeran en el futuro como un concepto con sentido.

—¿Quién se está inventando historias ahora? —exclamó Cage—. ¡Inflámalos, Sally Mae!

—Soy yo la que da las órdenes —dijo Sally Mae—. Ustedes dos, prepárense para recargar la munición.

Fueron rápidamente a sus posiciones: Carrey de pie ante los proyectiles de artillería, Cage preparado al lado de la culata del arma, Sally Mae apuntando y calibrando al ver a los Zancos acercarse. Avanzaban veinte metros a cada paso, quinientos metros de distancia, cuatrocientos...

Trescientos.

Doscientos...

Sally Mae empezó a disparar, roció a la formación y alcanzó a dos de ellos con los primeros disparos. Las máquinas se sacudieron y apuntaron. Y dispararon los rayos mortales. Una lluvia de luz carmesí asesina. El diámetro de cada rayo era de treinta centímetros y los Zancos los disparaban por centenas; aquello inundó a Carrey de terror. Moriría allí. Pero la descarga se desvió y se estrelló en el restaurante Mr. Chow. Tenían una segunda oportunidad.

—¡Recarga! —gritó Sally Mae.

Carrey levantó los proyectiles de artillería de la caja y se los pasó con cuidado a Cage. Nunca nada en su vida le había parecido tan fascinante y tan vívido como aquel simple acto. El presente, por fin, descontaminado de los pensamientos sobre el pasado y el futuro.

De una realidad que cortaba la respiración.

—Eso es, Jim —dijo Sally Mae—. Lo estás haciendo muy bien.

Apuntando al Zanco más cercano, disparó la descarga que delataría su posición: siete proyectiles que aullaron en la noche. Los primeros tres disparos se estrellaron contra las armaduras de los robots demoniacos y las estropearon. El cuarto y el quinto se desviaron. Pero el último dio en el blanco y convirtió al enemigo en una fuente de llamas verdosas.

Las otras máquinas apuntaban ahora al nido de ametralladoras y disparaban rayos letales al Chipotle.

—¡Muévanse! —gritó Sally Mae.

Bajaron corriendo por la escotilla de acceso, pasaron por la puerta principal y siguieron a la poderosa mujer hasta la Cross Creek Road. El Chipotle estaba en llamas y, a través del humo de la llanta y la carne ardiendo, vieron al primero de los Zancos entrando en el centro comercial, activando las minas enterradas. Se agacharon cuando las gruesas ráfagas blancas hicieron añicos los escaparates. Les pitaban los oídos. Las rodillas del Zanco cedieron y luego cayó al suelo, provocando una onda expansiva que les hizo temblar los huesos. Las máquinas supervivientes se detuvieron y buscaron rastros de esta nueva amenaza cuando, desde el Urban Outfitters, llegó un grito que no se oía desde la batalla de Little Bighorn y que en aquel entonces salió de las bocas de los lakota. Ahora salía de la de Gwyneth Paltrow, que, junto con Sean Penn y Willow, abrieron fuego con un lanzagranadas. A diferencia de los demás, a Gwyneth no le daba miedo el combate. Solo la guiaba un puro espíritu *berserker*,[1] un instinto animal unificado que coreaba desde un lugar salvaje, más allá del corazón humano: «Dominar, matar, sobrevivir». Apuntó al Zanco caído, centró su mira en la cabina del piloto y lanzó tres granadas a aquella criatura que, aunque resultara horrenda a los ojos humanos, tenía gente que lo quería en el vacío de Bootes, recuerdos de fines de semana en la Galaxia Sombrero con los amigos en un enorme baile de apareamiento de limazas, recuerdos que volvieron a cruzar su mente cuando las dos primeras granadas de Gwyneth Paltrow se estrellaron contra su cabina y la destrozaron, y cuando la tercera la atravesó y le abrasó el resbaladizo vientre antes de hacerlo explotar convirtiéndolo en limo cáustico.

Los otros cuatro Zancos esquivaron las trampas.

Rayos letales de color carmesí atravesaron la calle envuelta en humo. A Sean Penn, Carla y Gwyneth Paltrow les costaba apuntar con las armas y llamaban desesperados a Willow y a los cienciólogos.

—¿Dónde están? ¡Nos están masacrando!

Solo Willow mantenía la calma y acribillaba a las máquinas con una ráfaga de disparos de plasma. Los demás habían caído ya en un combate interior. Los dos soldados de Travolta —Harley Sandler y Hurley Chandler— habían estado de malas desde que Sandler le arrebató a Chandler un pequeño papel en la telenovela *Days of Our Lives*. Ahora discutían por quién debería disparar al extraterrestre primero.

—¡Ustedes dos, cállense! —los regañó Willow.

—No les des órdenes a mis hombres —dijo Travolta.

—¡Diles que disparen! ¡Que contraataquen!

—Se acabó —dijo Travolta haciendo acopio de los pode-

---

(1) Los *berserker* eran guerreros vikingos que combatían semidesnudos y como en un trance psicótico, casi insensibles al dolor. (*N. de la t.*)

res de concentración que había aprendido tras años de estudio—. Te reto a un concurso de miradas.

—¿Qué problema tienes?

—Así veremos quién es el verdadero líder.

—¡Nos van a mandar al infierno!

—¡Ya pestañeaste!

Todo el restaurante se iluminó con una luz carmesí brillante cuando los rayos letales se dirigieron a su desacuerdo y rociaron el pecho de Travolta, perforaron limpiamente el cráneo de Willow y biseccionaron los torsos de Sandler y de Chandler, cauterizando la carne y los órganos de manera que aquellas pobres almas no murieron, sino que sobrevivieron en forma de muñones y sus gritos de desconcierto se armonizaron en los tímpanos del cañón alienígena. Con la poca vida que les quedaba, intentaron andar con los codos hasta ponerse a salvo y miraron hacia arriba, con escalofríos, mientras avanzaban hacia las paredes de la Taverna Tony, pintada con un mural de una antigua batalla en las llanuras troyanas, con los héroes de la Edad de Bronce representados allí, en la ciudad del celuloide: Aquiles, Áyax y Diómedes, cuyos espíritus afloraban ahora dentro de Nicolas Cage, que al fin y al cabo era italiano, descendiente de una estirpe troyana. Y un hombre que sentía que había llegado su hora.

—Voy a salir —dijo Cage—. Todos morirán si no lo hago.

—No digas tonterías —replicó Carrey—. Te liquidarán.

—No. Ya te lo he dicho, Jimbo, soy inmune a los rayos letales.

—¡No inventes historias!

—¡Las historias son lo único que nos queda! —gritó Cage—. Ellas y mi espada, *Excalibur*.

Los Zancos se les echaban encima y disparaban al Urban Outfitters.

—¿Te acuerdas del pozo del que te hablé? —preguntó Cage levantando las cejas—. Bueno, pues acaban de sacar de él una cubeta llena de infierno.

—Te quiero, Nic —dijo Carrey. El final estaba cerca para todos, Cage tenía derecho a decidir cómo quería acabar—. Te respeto como artista. Eres alguien con quien compartí mis sueños en esta ciudad, hace mucho tiempo, cuando era otra persona. Apunta al blanco, hermano.

—No podemos quejarnos —dijo Cage sonriendo—. ¿Vas a usar ese lanzaplasma?

—No creo —contestó Carrey y le entregó el arma, a la que de todas formas no le tenía demasiado cariño.

Entonces, seguro de su destino, dejando salir al lobo que llevaba dentro, Nicolas Cage emergió de su escondite en el ardiente Chipotle y se puso a disparar ambos lanzaplasmas a través de la lluvia y del humo, caminando hacia los robots demoniacos que se acercaban. La cola de su abrigo se elevaba al viento, la cabeza le daba vueltas al unir la emoción de todos los géneros al final de la narrativa humana. Era Buck Rogers. Era Doc Holliday. Era el Arcángel Miguel matando al dragón. Era Perseo cerniéndose sobre Medusa y era Nuréyev saliendo de su lecho de muerte para dirigir *Romeo y Julieta* una última vez, y su rostro encarnó a todas aquellas personas como pocos rostros podían hacerlo.

—¡A la mierda los críticos! ¡A la mierda las revistas! ¡Y a la mierda ustedes, hijos de puta, por acosarme a través del tiempo y del espacio! —gritó apuntando contra aquello de lo que cualquier persona en su sano juicio hubiera huido.

Y ya fuera gracias a la fuerza de su pura voluntad, o por accidente o tal vez, por qué no, por el destino, resultó que Nicolas Cage era inmune a los rayos letales de color carmesí. No lo rebanaron cuando se le acercaron sino que se fundieron con él. Era el resultado de una ínfima mutación de su ADN, una diminuta diferencia estructural en sus paredes celulares, que ignoraban la longitud de onda de los rayos de la misma forma que, en la playa, hay algunos que se broncean y otros que se queman. Lo que había dicho era cierto, había ensayado esta escena miles de veces. Disparó densas ráfagas de plasma hacia la cabina de mando de la máquina más cercana, que se quedó parada cuando los disparos mataron al piloto.

—¡Guau! —gritó al ver a Gwyneth Paltrow, Sean Penn y Carla a través del humo, sonriendo de la emoción de haber desafiado a la muerte, y apuntó con el lanzaplasma al monstruo más cercano de los tres que quedaban vivos.

Atravesó sus escudos, absorbió sus disparos carmesís, que solo le provocaban un pequeño tirón en la espalda, se rio de alegría y apuntó y disparó a las rodillas del Zanco, dejándolo inválido al mismo tiempo que Sean Penn y Carla derrotaban a otro con sus granadas de fósforo. Ya solo quedaba uno, el líder del escuadrón, el horrible némesis de Cage durante eones.

Se acercó al robot letal, de seis metros de alto, y a su piloto, que según él era el demonio que lo había perseguido durante incontables noches impregnadas en sudor.

—Me has expulsado de mis casas, de mi vida —dijo Cage—. ¿Por qué? ¿Qué amor he podido conocer, qué ternura, a través de todos estos años, sino tu acoso demente? ¿Y para qué? El cosmos ya es lo suficientemente brutal sin que la gente como tú se tome el sufrimiento ajeno como si fuera un entretenimiento. Se acabó. Esta noche será tu final. —Levantó el lanzaplasma—. Ha llegado tu hora, hijo de puta.

Disparó a la cabina de mando, observado por su víctima. Inmóvil, el aterrorizado capitán reptiloide se puso a llorar a su manera cuando Cage disparó a las esquinas de su cabina y rompió la coraza de polímero. El ocupante se retorció y convulsionó en su arnés cuando la atmósfera de la Tierra se derramó sobre él y lo asfixió. Pero logró enviar un mensaje de auxilio justo antes de que Cage levantara a *Excalibur* para asestarle el golpe que, eso creía, liberaría a la Tierra para los futuros milenios.

La espada se clavó en el abdomen de la serpiente y lo abrió en dos. Cage no se detuvo. Se ensañó, lo apuñaló y cercenó cada órgano como si tuviera miedo de que el demonio pudiera regenerarse mientras Gwyneth Paltrow hacía patinaje artístico sobre las tripas que chorreaban del cuerpo: dos acciones que hubieran ofendido a los dioses de la guerra.

—Chicos —dijo Jim Carrey mirando hacia la colina—. Esto no ha acabado.

Y así era. Sobre las montañas aparecieron no seis, sino por lo menos cien máquinas aniquiladoras extraterrestres. Y no eran Zancos sino Súper Zancos; cada uno medía doce metros y aplastaban árboles y rocas al abrirse paso hacia el pequeño centro comercial, respondiendo a la llamada de auxilio del capitán alienígena. Cada átomo emitía una música escalofriante a medida que se acercaban, el último movimiento del réquiem de Calvin era su último insulto, una versión *ambient* extraterrestre de *This Magic Moment* de Doc Pomus; su trágica y sobrenatural banalidad drenó los últimos trazos de esperanza de sus almas cuando las máquinas dispararon unos rayos letales que ya no eran de color carmesí, sino morado, resultado de una ligera modificación de frecuencia que el pueblo de Calvin había llevado a cabo al enterarse de la inmunidad de Cage. En todas sus visiones, en todos sus sueños, Nicolas Cage jamás había visto un rayo letal morado.

Y entonces entendió que algunas visiones del futuro no conforman una imagen completa.

—¡Me descubrieron! —gritó—. ¡Hay que irnos!

Huyó con los demás bajo una lluvia de aquellos nuevos rayos. Los amigos con los que hacía solo un momento estaba planeando un nuevo mundo ahora solo intentaban sobrevivir.

De cada Súper Zanco salieron veinte cañones como si fueran púas. Las cabinas de mando estaban cubiertas con escudos protectores que tenían un pico parecido al de las máscaras de los doctores de la peste bubónica.

Los supervivientes corrieron por la Cross Creek Road, los rayos letales sobrevolaban sus cabezas, el morado se reflejaba en la lluvia. Entonces, siseando como una víbora, un rayo alcanzó a Gwyneth Paltrow en la pierna y se la amputó justo por encima de la rodilla. Su grito de principiante era el último alarido de cierta clase de humanidad y declaraba que el mundo era ahora una civilización perdida. Carla la recogió y la llevó en brazos por el centro comercial. Se agacharon en un pasaje lateral. Paltrow miró su herida, horrorizada. Tenía las venas cauterizadas y la punta carbonizada del fémur le asomaba por la carne.

—Me quedé sin pierna, me quedé sin pierna... —dijo con la voz entrecortada—. ¡Es increíble!

—Te conseguiremos una nueva —repuso Sally Mae, poniéndole una inyección de morfina en el muslo.

—Estamos rodeados —dijo Sean Penn—. No hay escapatoria.

—¿No podemos tomar un atajo? —preguntó Cage señalando los vehículos abandonados que había en el callejón.

—No serviría de nada —dijo Sally Mae—. Todos son de última generación. Tienen computadoras integradas. Se han frito con el pulso electromagnético.

—¿Y esa? —dijo Carrey señalando una antigua moto Triumph, *vintage*, de finales de los setenta—. Parece analógica.

—Vale la pena intentarlo —contestó Sally Mae—. Pero solo caben tres.

Corrieron hacia la moto. Sally Mae toqueteó los cables de ignición. El motor chisporroteó y vibró tres veces. Entonces el faro delantero cobró vida.

—Venga, chicas —les dijo Sally Mae a Paltrow y a Carla—. Es hora de un retroceso táctico. Es decir, vamos a mover el culo.

—¿En serio? —dijo Carrey—. ¿De repente volvemos a lo de las damas primero?

—Las mujeres tenemos derecho a cambiar de opinión —contestó Sally Mae.

—Tiene que ser así —refunfuñó Sean Penn, con los ojos entornados tras el humo del Camel que le colgaba del labio—. Gwyneth está herida. Sally Mae, tú eres la mejor guerrera, te van a necesitar. Y Carla está embarazada.

—¿Embarazada de quién? —dijo Carrey.

—De mí —rugió Penn—. Está embarazada de mí.

Las mujeres se subieron a la moto: Sally Mae delante, al manubrio, y Carla detrás de ella sujetando a una Gwyneth Paltrow drogada de morfina. Miró a Sean Penn cuando este le puso la mano en la panza y le pidió un último favor:

—Si muero, dile a nuestra hija que me apagué en paz. Con elegancia. Dile a nuestra hija que, en mi último aliento, pensé en su primer aliento. Que eso es lo que nos une. Dile que cada vez que alguien le eche el humo del cigarro en la cara, significara que estoy allí. Cuidando de ella.

—Lo haré —dijo Carla con cariño—. Te lo prometo.

—Háblale de mí también —pidió Cage—. Háblale a todo el mundo. Diles que morí después de matar a un extraterrestre con mi espada *Excalibur*. Y no tienes por qué, pero puedes contar también que era inmune a los rayos letales. Asegúrate de decir que morí de rodillas, con los brazos levantados al cielo, en cámara lenta, como Dafoe en *Platoon*. Es todo lo que te pido a cambio de mi sacrificio.

—¿Y tú, Jim? —preguntó Sally Mae—. ¿Qué digo de ti?

—¿Decimos que te mataron una decena de Súper Zancos? —sugirió Carla—. ¿Una batalla individual?

—No —contestó Carrey—. Que luché con modestia.

—Díganles que Jim tenía cien cabezas y cien brazos... —dijo Gwyneth drogada—. Díganles que hicieron falta cien alienígenas para matarlo y que nunca, nunca se rindió.

A Carrey no le disgustaba la idea. ¿Qué tal si cada una de las mentes tuviera su propia historia? ¿Acaso no era aquello lo más parecido a la realidad? Sería una buena idea, un carnaval de un solo hombre que describiera al artista que contiene multitudes, el único hombre que es todos los hombres. ¿No quería algún tipo de mención? ¿Un papel protagonista en el *Libro del Regénesis*? No pidió nada, sería una nota a pie de página. La duda y la confusión correteaban por su mente como ratones cuando los rayos letales alcanzaron el callejón. No tenía tiempo para discursos fúnebres, solo para un mensaje en una botella.

—Encuentren a mi hija —pidió Carrey—. Encuentren a Jane y díganle que la quiero.

—De acuerdo —dijo Sally Mae—. Ahora tenemos que irnos.

Carrey miró a Penn y a Cage, ambos con experiencia en el género de acción y bélico y, aun así, aterrorizados igual que él ante lo que se avecinaba. Los tres hombres compartieron una mirada de acuerdo que seguramente no era demasiado original, sino la misma que compartieron aquellos chicos que dispararon hacía un siglo a la tierra de nadie que era el Somme; el reconocimiento de que cada uno ponía su vida, cada caricia, cada tarde de agosto, en las manos indiferentes de la fortuna. Y entonces Jim Carrey, Sean Penn y Nicolas Cage, los últimos titanes de Hollywood que se mantenían de pie —unos mortales que se habían convertido en colosos gracias a la adoración del mercado— avanzaron a través de la Cross Creek Road, disparando sus lanzaplasma contra la lluvia morada, con los Súper Zancos pisándoles los talones, picando el anzuelo. Se libraron de casi todos los disparos y abrieron así una ventana de oportunidad para que la Triumph rechinara por la ruta estatal de California, acelerando en dirección hacia el norte. Los instintos pasaban de la lucha a la huida y los hombres echaron a correr como ganado presa del pánico.

Penn fue el primero en sucumbir. Un Súper Zanco le disparó un rayo morado al brazo derecho y se lo partió por la articulación. El miembro cayó al lodo. No había ningún escondite a la vista. Se agachó y recuperó el Camel, todavía encendido, de su mano cercenada. Se lo llevó a los labios con actitud desafiante y le dio una última y satisfactoria calada cuando el segundo rayo le atravesó el corazón. Murió pensando en su hijo, chico o chica, lo mismo daba, que nacería salvaje y libre, y que haría su papel a la hora de reconstruir el mundo, para la creación de un nuevo sistema moral en los duros años que estaban por venir. La conciencia de Sean Penn se sentía segura con aquella dicha incluso cuando su cuerpo se desplomó al suelo, cauterizado y quemado por los Súper Zancos que ahora solo estaban a cien metros de distancia disparando sus cañones.

Cage era su siguiente objetivo, competían por aniquilarlo porque se había revelado inmune. Los rayos letales lo alcanzaron cuando cruzó la calle. ¿Cuántos son capaces de coreografiar sus últimos segundos? Él murió tal y como había dicho, dándose la vuelta para mirar hacia el enjambre, incluso riéndose de ellos, porque si la peor amenaza a la que se enfrentaban era el olvido, no le importaba, serían unas vacaciones infinitas del tormento que suponía la existencia. Cayó en cámara lenta, con los brazos estirados hacia el cielo, en una visión de capitulación cristiana. «Hiciste cosas que nadie había hecho antes, que los demás temían hacer», pensó Carrey al ver el cuerpo de Cage caer al suelo y exhalar un intenso suspiro.

«Me diste valor.»

Pensó en la *Pietà*, en Jesús en brazos de la Virgen María. Las voces de alguna catacumba dentro de él rezaron a la Virgen, le pidieron seguridad, velocidad y, si ninguna de estas dos era posible, una muerte tan bella como la de Cage.

Entonces dobló la esquina donde estaba el Café Habana, cuyo cemento lo protegía de la descarga, y todo su ser pidió a gritos poder volver al lugar y el momento en el que —apaleada, asustada, luchando por respirar— una especie se retorcía y empezaba su historia, hacía quinientos millones de años; un cuento que mezclaba géneros como la fantasía y la comedia, la acción y la aventura, el asesinato y la magia.

Corrió como si ese fuera el último lenguaje existente, con los ojos fijos en el mar.

CAPÍTULO 16

Los Súper Zancos jugaron a destruir el centro comercial con el regocijo de una ira pura. Lanzaban rayos letales que atravesaban la neblina nocturna y bombardeaban las tiendas, parecía el saqueo de un templo desde cierto punto de vista: John Varvatos, L'Occitane, Lululemon, todas en llamas.

Todos los letreros y los nombres carbonizados, entregados al viento.

Jim Carrey corrió con la visión de la muerte de Nic Cage todavía agarrada a su pecho.

Corrió huyendo de la aniquilación hacia la esperanza de la salvación, con la cara cubierta de grasa y de sangre alienígena. Se precipitó por la autopista y luego por una senda que llevaba a la playa, donde, saliendo del acceso de una casa hasta el camino, apareció un enorme y asustado animal, una criatura que se había escapado del zoológico privado de algún excéntrico.

Un rinoceronte.

Ambos se quedaron inmóviles cuando sus miradas se cruzaron. Un instante de apreciación entre especies durante el cual Carrey sintió que su corazón bombeaba esperanza ante la idea de que existiera una mínima posibilidad de que aquel fuera su viejo amigo Rodney Dangerfield. De que Lonstein los hubiera estado guiando hasta allí para que el antiguo dúo se reuniera, que hubiera utilizado un guion simple y puro coraje para cambiar el curso de los acontecimientos contra los Súper Zancos.

—¿Rodney? —susurró.

Y escuchó, esperando una respuesta. Los ojos del animal se abrieron de par en par. Entonces resopló, dilató sus fosas nasales y avanzó contra él. Carrey huyó por el camino, hacia la valla trasera de una mansión a pie de playa. Saltó por encima y cayó en un seto al tiempo que el rinoceronte, furioso, estrellaba su cuerno entre los postes de acero de la valla. El animal luchaba por sacar el cuerno, pero el acero le había hecho un corte profundo en la piel. Lanzaba gritos horrendos, como el sonido de un mirlitón roto, no sonaba humano en absoluto. Los Súper Zancos estaban en la autopista y ametrallaban las mansiones de la playa, sus impactos engendraban demonios de fuego en la noche.

En ese momento, el actor recordó la única regla que había aprendido viendo trozos de la historia de la humanidad en YouTube y Netflix: en los momentos difíciles uno debe huir y no mirar atrás. Corrió por la playa, mirando alrededor, buscando alguna escapatoria. Pero aquel era el paraíso de los ricos: no había barcos de motor ni veleros, solo tablas de *paddle surf* y tumbonas, el ocio norteamericano, en su hora final, muy parecido a un velatorio.

Entonces, a la luz del destello de un rayo morado...

Vio el bote inflable que había traído a Travolta y a los

suyos desde Santa Mónica. Se lanzó por la arena que la marea baja había dejado resbaladiza y empujó la embarcación hacia el agua, con sangre en la garganta; sus gruñidos y gemidos formaban sus últimas plegarias con tanta naturalidad como habían formado las primeras. Los asesinos estaban ahora en la playa, el morado letal llovía por todas partes cuando el barco llegó al agua, cuando Carrey jaló la cuerda del motor.

Una vez, nada.

Otra vez, desesperado, nada.

Se dio la vuelta y vio a los escuadrones de la muerte. Algunos bailaban en señal de celebración y parecía que se reían cuando temblaban sus picos de aleación. Otros habían dejado sus exoesqueletos al lado de montones de cuerpos carbonizados y reptado fuera de sus cabinas de mando para darse un festín de carne asada humana al tiempo que retransmitían la conquista para los encantados televidentes de su mundo. Y a Carrey no le quedaba claro si estaban vomitando por bocas secundarias o eyaculando desde órganos sexuales invisibles, pero echaban chorros de fluido negro de la parte inferior de sus torsos y las peristalsis del atracón los hacían retorcerse.

Aquí debemos detenernos para constatar que Jim Carrey era diferente de aquellos que lo habían dejado todo y habían huido. Hay algo reconfortante en ser erradicado por tu propia especie, en saber que es parte del pacto de las especies, que el filo de la espada podría haber cortado el otro lado. Un consuelo que, aunque exiguo, no está disponible para aquellos que son masacrados por los extraterrestres. Se ensució los pantalones de miedo y, aun así, aceptó su hedor, un hedor humano; le pareció reconfortante y familiar. Los Súper Zancos intensificaron los disparos en el trecho de la playa en el que se encontraba. Él, entre sollozos y súplicas, jalaba el cordón del motor. Una y otra y otra vez...

Entonces, por fin, se puso en marcha y cada célula de su cuerpo vibró esperanzada cuando se subió a la lancha y se agachó, buscando la única seguridad que le quedaba: el mar abierto.

Se quedó tumbado, como en una cama, con miedo a moverse, diciéndose a sí mismo que cada segundo que pasara le daría más seguridad. Rezó a los dioses que le quedaban para que lo salvaran, pero sin la fe suficiente como para mirar atrás hasta por lo menos pasada una hora. Más tarde, cuando ya había avanzado tres kilómetros Pacífico adentro, tiritando, bañado en mierda y miedo, alzó la cabeza para poder entrever la línea de la costa. Se había convertido en una hoguera de baile, la colonia de Malibú estaba en llamas. Su casa también, con el bastón de Chaplin dentro, desaparecido junto con la persona que había sido, junto con el mundo que lo había moldeado. Desde Troya la humanidad canta que hay lágrimas para las cosas y que las cosas mortales conmueven al corazón. Entonces lloró, por Sean Penn y Nicolas Cage, por Sally Mae y Carla, el destino de las cuales nunca conocería. Por su hija, por su nieto, allí donde estuvieran. Lloró incluso por Wink y Al; a pesar de todos los desacuerdos que tenían, lo hubiera dado todo por que estuvieran con él en el bote, por que lo ayudaran a planear, por que lo consolaran y lo animaran. Bueno, quizá Al no, por que comía demasiado y aquello podría ser un problema en un entorno con recursos ilimitados, podría incluso despertar instintos caníbales. Pero Wink sí, sin duda, él por lo menos había hecho de poli bueno. Había creído en Jim cuando los demás no daban un centavo por él. Y tenía experiencia en combate, había visto morir a hombres, igual que él ahora. Era un milagro, pensó Carrey, que

Wink no hubiera perdido su humanidad después de todo el dolor y la pérdida que ahora él también conocía, esa tristeza que lo inundaba al dirigirse cada vez más mar adentro. La costa ya no era sino una orilla de pueblos en llamas, un filamento moribundo...

«Oh, mundo vencido —pensó, las palabras le llegaban con tanta naturalidad como en la sala de rodaje del desierto—. Clamaste a las estrellas para que te liberaran de tu soledad, y así lo hicieron, pero también te despojaron de todo lo demás. ¿Y qué soy yo ahora?»

Un hombre y su mundo están fusionados. No puedes destrozar uno sin herir al otro.

¿Quién había sido?

Un dios del mercado cultural.

¿Y qué era ahora? Una criatura en un bote a quince kilómetros de la costa de California, su vasto patrimonio reducido a una mochila que Travolta había abandonado. En ella había dos cantimploras, un botiquín de emergencia y doce barritas de yogurt sabor «Galletas con Crema» de Rayo Láser Jack, en cuyo envoltorio había un dibujo del torso cincelado de Jack. Al admirar sus esculpidos abdominales, Carrey se acordó de *El último mohicano*, o al menos de la interpretación blanqueada que hizo Daniel Day-Lewis de aquel hombre, que no solo fue permitida sino aplaudida en aquella era cultural obsoleta. Se preguntó si las barritas de yogurt y la visión repentina de nativos sanos eran una invitación cósmica, una breve descarga de esperanza. Encontraría una isla, se pondría súper musculoso. Sería como el último mohicano. En cierto modo, puede incluso que ya *fuera* el último mohicano, ya que todos los humanos tienen un ancestro común.

¿Cómo acababa aquella película?

Sintió entonces que saberlo era de vital importancia, el

modelo narrativo le serviría de guía. Pero había visto tantas películas que confundía el final de todas. ¿Le disparan los franceses? ¿O tenía un bebé al lado de una catarata? Carrey necesitaba saberlo, cerró los ojos, le suplicó a todo el bufet de posibles creadores un recuerdo que lo sacara de dudas, mientras la línea de la costa desaparecía. Y se quedó allí flotando en una oscuridad total.

Entró en pánico y giró el bote hacia lo que pensaba que era el este, acelerando el motor como un loco, esperando que cada acelerón y succión de combustible lo ayudara a encontrar el centro de su mundo. Allí estaba, un hombre que llevaba décadas sin pisar una gasolinera, que asumía que había un GPS integrado en cualquier tablero de controles. Un tipo que ahora maldecía a John Travolta por dejarle un bote salvavidas con un tanque de gasolina en el que solo cabía lo suficiente como para deambular por el puerto deportivo, como comprobó cuando se quedó sin combustible y el motor empezó a chisporrotear. Se golpeó a sí mismo en la cara y gritó hasta que se quedó sin voz y fue incapaz de emitir ningún sonido, enfurecido por haber perdido su único rumbo.

«Es importante desprender buena energía», se dijo a sí mismo, desplomándose exhausto en el bote.

Es vital afirmar, manifestar, irse a dormir con una actitud positiva y con gratitud, y comunicárselo al cosmos. Entonces apareció, un único pensamiento alegre: «El TPG ya no es dueño de nada».

Se despertó bajo un sol cubierto por la niebla, con un dolor de cabeza punzante. Meó pis de color ámbar fuera del bote, que cayó sobre las interminables olas azul oscuro, unas ondas cuya condena era más fuerte que la de los barrotes de una prisión.

Estaba sediento y solo le quedaba una cantimplora.

Dos tragos, tres si iba con cuidado.

Sabía que se podía destilar el agua del mar. Lo había visto en programas de supervivencia. Algo de los lazos moleculares. Había que convencer a la sal de que se desenamorara del agua y eran necesarios un toldo y una vieja botella de plástico. O quizá una lupa. Lo había visto, pero los detalles se le habían desvanecido de la mente.

Tanta información se le había escapado de la mente en los últimos tiempos.

Bebió lo suficiente como para humedecerse la lengua inflamada y su ego buscaba intensamente algo para luchar contra la desesperación. Al final acabó en la más vaga e inasible de las esperanzas...

«Los vientos alisios.»

Recordó una infografía que había visto en Twitter. Los océanos son un sistema vivo. Y él era parte de aquel sistema, eso era seguro, lo sabía, porque acababa de mear en él. Y aquel sistema era parte de otros más grandes que abarcaban una creación que, más o menos, si la comparamos con en el extraño escuadrón de la muerte, era amable y benévola, o indiferente al menos.

«Los vientos alisios.»

Los visualizó llevándolo hacia el norte, a Oregon. Se vio llegando al paraíso del bosque de las Hijas de la Anomia. Vio a Sally Mae y a Jane con coronas de musgo. Vio a su nieto, Jackson, creciendo robusto, preparado para gobernar el nuevo mundo de pureza. Pero entonces la visión se desvaneció. Vio el feliz poblado asaltado. Vio décadas de hambruna, campos yermos, batallas todavía por luchar para obtener reservas de gasolina y carne enlatada, el mundo regresando a las luchas primitivas. Sintió la piel de su frente llena de ampollas.

Ya no pensaba en los vientos alisios.

Se acurrucó en la franja de sombra que formaba uno de los lados del bote, bajó la cabeza todo lo posible. El plástico del bote subía y bajaba con el oleaje.

Vomitó por la borda y los ácidos del estómago le quemaron en la boca.

Se tragó las últimas gotas de agua, su cuerpo se lo pedía, la bilis le picaba en los labios, en el mentón, en la lengua. Estaba mareado, se limpió la cara e hizo gárgaras con el agua del mar y luego se la tragó, sin poder hacer nada contra las súplicas de su sed.

Se quedó dormido, soñó que tragaba lija.

Se despertó, era de noche, sus pensamientos se arrastraban como bloques de granito sobre un trineo.

El océano estaba en completa calma, era como una obsidiana pulida.

Las estrellas brillaban, cristalinas, radiantes, se reflejaban perfectamente en la superficie del agua; la gruesa banda central de la Vía Láctea completaba su espiral alrededor del barco, una rueda sagrada, tiempo y espacio infinitos y liberados de cualquier eje. Asomó la cabeza por un lateral, esperando entrever el infinito y en su lugar vio una criatura demacrada y sin afeitar, con los ojos hundidos por la pérdida de esperanza.

Escupió a aquel espíritu maligno y al darse la vuelta vio que no estaba solo.

Sentado al otro lado del bote estaba Ted Berman, el presentador del programa de la BBC, *Pompeii Reconstructed: Countdown to Disaster.*

—He visto muchas civilizaciones en ruinas —dijo Berman. Llevaba puesto su conjunto estilo Indiana Jones que completaba con un fedora de tienda de segunda mano, y hablaba con su tono amistoso de presentador de la tele—. Pero siempre quise venir aquí, al final real, con el último hombre, Jim Carrey.

—¿Berman? —preguntó Carrey.

—La mente, cuando está privada de sueño y alimento, renuncia a las funciones superiores y busca consuelo en imágenes ya existentes —dijo Berman, como si se dirigiera a una audiencia invisible—. Cada época tiene sus héroes y al final es a estos a quienes ruega. Jim Carrey, aquí presente, no es tan distinto de los últimos habitantes de Pompeya. Kanye West, aunque estuviera loco, estaba dotado de una genialidad real. ¿Qué dios nos queda, al final de la historia, sino formas abstractas? —se preguntó sacando un cuerno de carnero de la mochila.

—¿Para qué es eso? —preguntó Carrey.

—Estamos cruzando una línea —contestó Berman—. Una zona donde los mundos se tocan.

Se llevó el cuerno a la boca y tocó una nota quejumbrosa, un lamento grave, el sonido de un cordero que de repente se vuelve consciente de su sacrificio. Lo mantuvo hasta ponerse rojo, hasta que las venas se le abultaron en el cuello y todas las estrellas en el campo fusionado que eran el agua y el cielo empezaron a vibrar, y luego a arremolinarse...

Primero de forma caótica.

Después formando una intrincada figura, una flor incandescente con innumerables pétalos, cada uno de una longitud de diez millones de años luz, un mandala brillante en el cielo, y Carrey escuchó como si fuese un niño al que le explican cómo volar cuando Ted Berman continuó:

—Esta es la forma de todo lo que ha existido. Todas las vidas que se han vivido. Y la luz que despiden son todos los sueños y todos los recuerdos, cada esperanza y cada deseo.

—Sí —dijo Carrey conmovido—. Es así.

—Y siempre ha estado ahí. Solo necesitaba la calma adecuada para revelarse.

Berman volvió a soplar el cuerno, con una nota un poco más aguda. Los pétalos de las flores se convirtieron en figuras geométricas resplandecientes que se arremolinaron en espirales de Fibonacci perfectas y Carrey se quedó sin aire, asombrado, cuando Berman, con toda la autoridad que le otorgaba un programa en la BBC y un grado de la Universidad de Cornell, dijo:

—Esta es la forma real del tiempo, una infinita espiral de espirales.

Carrey soltó una áspera risita cuando pensó en las veces en que se había preocupado por las limitaciones de la vida humana. Por el tamaño de su cintura. Por haberle añadido aminoácidos de lujo a un *smoothie* de aguacate. El misterio de la infinitud del tiempo había permanecido oculto para él durante toda su vida, esperando a que alguien lo embaucara y lo revelara al hacer sonar las notas de música adecuadas en el punto adecuado del meridiano espiritual.

—Esta noche hemos aprendido mucho —dijo Berman soltando el cuerno de carnero—. Y ahora, me gustaría hablar un momento de nuestro patrocinador: «Los aperitivos de cecina de Slim Jim».

—¿Eh? —preguntó Carrey confundido—. ¿Qué pasa con el tiempo y...?

—La cecina Slim Jim es intensa, picante, y está hecha con todo lo que el hombre necesita —dijo Berman—. ¡Mata el hambre y dale un mordisco a Slim Jim! —Sacó de la mochila diez paquetes de cecina y los sujetó en abanico, como una mano de póquer ganadora—. ¿Quieres cecina, Jim? —dijo.

Carrey se olvidó de cualquier comunión con geometrías orientadoras y se tiró encima de él como un lince. Le arrancó los Slim Jim a Berman de las manos, desgarró los envoltorios de plástico con los dientes, hincó los colmillos en la jugosa carne, royó, masticó, tragó y chupó, guiado por un rugido interno hasta que se calmó y se quedó dormido, con el estómago lleno, con las células animales bien alimentadas.

Se despertó sin el más leve destello de recuerdo, con un alarido que salía de sus manos.

Horrorizado, vio que la carne de sus dedos había desaparecido, arrancada, como si se la hubieran comido las pirañas. Los huesos estaban pelados, manchados de sangre, los nervios y los tendones amputados, colgando. Gritó y luego se retorció del dolor que le provocó el grito, la garganta le quemaba por los ácidos del estómago. Le dolía incluso tragar.

Se acurrucó en posición fetal, temblando, en estado de *shock*, lloriqueando.

«Piensa, piensa, piensa...»

¿Dónde estaba?

En el mar. En un barco. ¿Qué tipo de barco era?

«Un bote.»

Aquello casi no era una palabra, era tan onomatopéyica...

«Bote, bote, bote...»

Era Jim en un bote...

Al afirmar aquella verdad tan básica, se sintió unido al navío cabeceante.

—Jim y Bote, Boty-Jimmy, Jimsy-Botsy, Bojim-Timsy —dijo riéndose—, Jimsy-Botsy, Bomsy Jitsy. —Y se rio tan fuerte que se escupió un coágulo de bilis manchada de sangre en la mano.

Lo miró fijamente y dijo «Flumiluj», una y otra vez, «flumiluj, flumiluj», riéndose como si la risa nunca hubiera sido un negocio.

Se tumbó de lado, tosiendo más «flumiluj».

No había tenido unas arcadas tan fuertes desde que era pequeño y pasó la escarlatina, la gripe o lo que fuera...

Sus recuerdos eran bobinas de película que se disolvían lentamente. Entró en pánico. Se apresuró a revisarlos y preservarlos. Cerró los ojos y buscó en las cajas fuertes del yo imágenes de aquello que lo definía. Pero el daño era irreparable, las habitaciones y las bodegas se inundaron de agua salada, los recuerdos, perdidos, salvo uno...

Cuando volvió a alzar la mirada, su padre, Percy, estaba sentado a su lado. Llevaba puesto su traje de color azul marino, el único traje que tuvo jamás, y su moño favorito, de terciopelo azul.

—Todo está bien, mi niño —dijo tomando las manos heridas de su hijo. Todo el dolor desapareció cuando le susurró al oído—. Hay un espíritu que guía todas las cosas. El universo, un verso. Las estrellas y el mar y el viento que sopla entre los campos de trigo. Y a nosotros, a ti y a mí. Una vez en carne y hueso. Ahora en la memoria. ¿Lo ves? Yo estoy en ti y tú estás dentro de mí.

—Somos los unos y los otros.

—Sí. No estamos separados aunque pueda parecerlo.

Carrey sonrió al pensar que alguna vez creyó ser una persona. Qué ilusión más ridícula. Qué labor tan colosal. Qué agotador ser uno mismo. Alimentar el Ponzi con palabras, con hazañas, intentando ser excepcional. Fue a abrazar a su padre, pero el fantasma había desaparecido. Estaba solo, con la cabeza colgando por la borda de la balsa medio desinflada, con los ojos contraídos, cerrados por el sol.

Desesperado por obtener una prueba de su existencia, rastreó su boca con la lengua hinchada, sacándose una muela de las encías. Aquello no le importó lo más mínimo porque estaba seguro, cuando dejó caer el diente al agua, de que fuera lo que fuera su cuerpo, no era él.

Allí, en unas circunstancias más que terribles, su mente, como en una confesión, le reveló la verdad de lo que era en realidad, como si la suya fuera la única mente en el mundo, y sus percepciones de la realidad en aquel momento fueran las últimas impresiones que su especie registraba —el bosque y el árbol que cae en silencio—; sus sentimientos en el bote eran, con toda la fuerza de la lógica que aparentemente desafiaban, la completa totalidad de la extensión de la verdad humana, el último cabo de la narración de una especie apaleada. Y la verdad, deslumbrante y majestuosa, era que no era un hombre en un bote de plástico robado.

Lo era todo. Lo cual era difícil de definir; la mente, en aquel momento, funcionaba con los últimos rastros de las calorías que le quedaban. Pero era plenitud, y la plenitud era él. Lo sentía tan intensamente, la integración, la interacción y la reconciliación de todas las cosas. El espacio en el que todo ocurre. La plenitud liberaba y ocupaba toda su mente, una palabra reconfortante, carente de sílabas discordantes, una suave exhalación. La plenitud no estaba separada de las estrellas, era total y dichosa...

Los picos nevados del Himalaya. La isla de Manhattan antes de la caída. El río Misisipi y los glaciares que cavaron las grandes llanuras. Y el tiempo también, todo el tiempo. Y todo lo que había más allá de él, la verdad y la mentira y la luz y la oscuridad y Dick Van Dyke cayendo sobre una otomana y amantes dándose los primeros besos en Thunderbird descapotables en un día caluroso de verano y deseos soplados por niños en un diente de león en aquellos dichosos espacios de tiempo en los que la gente miraba al futuro con esperanza y los anillos de Saturno y las galaxias lejanas y los helados. Una lágrima de felicidad desbordó en su ojo, lo último que le quedaba de agua en el cuerpo bajaba poco a poco por sus mejillas...

Nubes esponjosas pasaban ahora frente a un sol algo menos amenazador. En el plano temporal, sobre su cuerpo, cansado y descompuesto, la llovizna despertó lo que quedaba de vida en aquella cáscara, agua y luz...

Se agarró a un nombre que ya no importaba, el sonido por el que lo habían conocido.

Y una voz pareció llegar de la lluvia y susurró...

«Shhhhhhhhh...»

AGRADECIMIENTOS

Queremos agradecer a todos aquellos que nos ayudaron a lo largo del camino: Dan Aloni, Ann Blanchard, Paul Bogaards, Ray Boucher, Jane Carrey, Percy Carrey, Ruth Curry, Jeff Daniels, Jackie Eckhouse, Linda Fields Hill, Gary Fisketjon, Eric Gold, Ginger Gonzaga, Alex Hurst, Chip Kidd, Debby Klein, David Kuhn, Marleah Leslie, Tom Leveritt, Sonny Mehta, Jimmy Miller, Nicole Montez, Tim O'Connell, John Rigney, Dawn Saltzman, Jackson Santana, Gemma Sieff, Jean Vachon, y Boing!

SOBRE LOS AUTORES

Jim Carrey es un premiado actor y artista.

Dana Vachon es coautor, junto a Jim Carrey, de *Recuerdos y desinformación*, y autor de la novela *Mergers and Acquisitions*. Sus ensayos y artículos han aparecido en *The New York Times*, *Slate* y *Vanity Fair*. Vive en Brooklyn.